Carlos S. Nino

Derecho, moral y política. II

*Fundamentos del liberalismo político.
Derechos humanos y democracia deliberativa*

Los escritos de Carlos S. Nino

La presente colección de cinco volúmenes reúne la producción completa de artículos publicados por Carlos S. Nino entre 1966 y 1993, además de algunos escritos hasta ahora inéditos.

El lector encontrará las formulaciones iniciales, redefiniciones y síntesis de las influyentes posiciones de filosofía moral, política y jurídica que el Dr. Nino fue elaborando a lo largo de su prolífica vida académica, junto con el análisis de sus proyecciones más concretas y las respuestas a sus críticos. Los compromisos de intelectual público, que marcaron la vida del autor, también se reflejan en numerosos artículos dedicados al análisis de los problemas institucionales y sociales de los países latinoamericanos.

CARLOS S. NINO	*Derecho, moral y política. I* Metaética, ética normativa y teoría jurídica
CARLOS S. NINO	*Derecho, moral y política. II* Fundamentos del liberalismo político. Derechos humanos y democracia deliberativa
CARLOS S. NINO	*Fundamentos de derecho penal* (provisional)
CARLOS S. NINO	*Teoría constitucional* (provisional)
CARLOS S. NINO	*Consolidación de la democracia* (provisional)

Otra obra de Carlos S. Nino publicada por Editorial Gedisa

CARLOS S. NINO	*La constitución de la democracia deliberativa*

CARLOS S. NINO

Derecho, moral y política. II

*Fundamentos del liberalismo político.
Derechos humanos y democracia deliberativa*

Nino, Carlos Santiago
　Derecho, moral y política II: fundamentos del liberalismo político: derechos humanos y democracia deliberativa / Carlos Santiago Nino; compilado por Gustavo Maurino - 1ª ed. - Buenos Aires: Gedisa, 2007. - v. 2, 240 p. ; 23x16 cm.

ISBN 978-950-9113-73-2

1. Filosofía del Derecho. I. Maurino, Gustavo, comp. II. Título
CDD 340.1

Primera edición: abril de 2007, Buenos Aires, Argentina

© Editorial Gedisa, S.A.
Paseo de la Bonanova, 9, 1° 1ª
08022 Barcelona, España
Tel 93 253 09 04
Fax 93 253 09 05
gedisa@gedisa.com
www.gedisa.com

Hecho el depósito legal que marca la ley 11.723.

ISBN: 978-849-7841-86-3 (España)
ISBN: 978-950-9113-73-2 (Argentina)
Ilustración de tapa de Mirella Musri

Impreso en Argentina
Printed in Argentina

Queda prohibida la reproducción parcial o total por cualquier medio de impresión, en forma idéntica, extractada o modificada de esta versión en castellano de la obra.

Índice

Prólogo, *por Owen Fiss* 9

I.- FUNDAMENTOS DEL LIBERALISMO IGUALITARIO 17
    Las concepciones fundamentales del liberalismo 19
    Discurso moral y derechos liberales 30
    Libertad, igualdad y causalidad 52
    Sobre los derechos sociales 68
    Liberalismo conservador: ¿liberal o conservador? 74
    Autonomía y necesidades básicas 99

II.- LA ÉTICA DE LOS DERECHOS HUMANOS 111
    Sobre los derechos morales 113
    Ética y derechos humanos (en un estado de guerra) 126
    El concepto de persona moral 137
    Positivismo y comunitarismo: entre los derechos humanos
        y la democracia 155

III.- DEMOCRACIA DELIBERATIVA 185
    ¿Qué es la democracia? 187
    Democracia y verdad moral 189
    El escepticismo ético frente a la justificación de la democracia 192
    La justificación de la democracia: entre la negación de la
        justificacion y la restricción de la democracia.
        Réplica a mis críticos 195
    La democracia epistémica puesta a prueba.
        Respuesta a Rosenkrantz y Ródenas 208
    La relevancia moral epistémica de la democracia 218

Prólogo

Owen Fiss
Sterling Professor of Law
Yale University

Carlos Nino falleció en agosto de 1993 a la edad de cuarenta y nueve años. Se encontraba en camino a Bolivia para la segunda lectura de la constitución que había ayudado a redactar para ese país. La Paz y su aeropuerto se ubican en lo alto de los Andes, a casi 4.000 metros, y la altitud es un problema para todo viajero, especialmente para Carlos, quien sufría de asma. Para evitar agobio y molestias, las reuniones iniciales del comité de redacción se habían realizado en Santa Cruz. Más tarde, cuando Carlos viajó a La Paz para la primera lectura de la constitución se sintió mareado e incómodo. La perspectiva de este segundo viaje a La Paz le provocaba cierta inquietud. Al descender del avión, sufrió un ataque al corazón. Sus anfitriones lo llevaron inmediatamente a una enfermería cercana, pero murió antes de poder alcanzar servicios médicos más adecuados.

Misiones como la de Bolivia no eran inusuales para Carlos. Aunque era un filósofo del derecho, siempre estuvo a caballo entre el mundo de la política y el de la filosofía, inspirándose en ambos, a veces impacientándose con uno, luego con el otro. Su primera participación destacable en el mundo de la política había sido en 1982, once años antes, cuando rondaba los cuarenta años. La dictadura brutal y asesina que gobernaba Argentina desde 1976 había empezado a perder el apoyo del público y algunos vislumbraban que los generales renunciarían al poder y convocarían elecciones. La situación económica era insostenible y la junta acababa de sufrir una derrota humillante en su intento por explotar el sentimiento nacionalista al tomar las Islas Malvinas por la fuerza. A medida que la perspectiva de las elecciones se hacía más tangible, Carlos se unió a un pequeño grupo de académicos –cariñosamente conocido como "los filósofos"– que respaldaron al Partido Radical y la candidatura de Raúl Alfonsín.

Alfonsín hizo campaña en defensa de los derechos humanos y prometió llevar a la junta ante la justicia. Las elecciones se celebraron en octubre de 1983 y, para la sorpresa de muchos, ciertamente de los generales, Alfonsín ganó. Fiel a su palabra, Alfonsín inmediatamente persuadió al Congreso para que anulara la amnistía que los generales se habían otorgado a sí mismos. El Presidente también nombró a una comisión con el objeto de investigar los abusos de derechos humanos durante la dictadura y descubrir el destino de los muchos que habían desaparecido. La comisión fue encabezada por el reconocido escritor argentino Ernesto

Sábato, y en septiembre de 1984 la comisión publicó su informe, *Nunca más*. Se iniciaron procesos contra los generales ante un tribunal militar y, en octubre de 1984, cuando dicho tribunal se detuvo abruptamente, negándose a seguir adelante con los procesos, la Cámara Nacional de Apelaciones asumió la jurisdicción.

En abril de 1985, comenzó el juicio de nueve generales en el centro de Buenos Aires. El juicio fue abierto al público y las transcripciones de las sesiones judiciales que revelaban los horrores de la dictadura fueron publicadas en los diarios. En diciembre de 1985, cinco de los nueve generales fueron declarados culpables por la violación de varias leyes penales argentinas durante el reino del terror de la dictadura. Este juicio fue un evento extraordinario en la historia de Argentina y del mundo entero. No era la primera vez, ni sería la última, que un gobierno entrante sometía a juicio a los líderes del régimen anterior por abusos de derechos humanos, pero fue una de las muy pocas veces que tal proeza se conseguía sin la cooperación de una fuerza ejército conquistador.

A lo largo de este período, Nino aconsejó al Presidente Alfonsín en asuntos de derechos humanos. La tesis de Nino en Oxford versaba sobre la responsabilidad criminal y en 1984, mientras esta historia se desarrollaba dramáticamente, publicó *Ética y derechos humanos*. Obviamente, Alfonsín consultó a muchos otros sobre estos temas. Otro miembro de "los filósofos", Jaime Malamud Goti, fue también consejero de la presidencia con especial responsabilidad en el área de derechos humanos; incluso otro, Eduardo Rabossi, trabajó en el Ministerio del Interior como Subsecretario de Derechos Humanos. Aún y así, uno podía advertir inmediatamente la compenetración que se había desarrollado entre Carlos y Alfonsín. Carlos era un erudito, pero a la vez muy sencillo. Siempre jovial, era la personificación de la vida misma, y participaba en las discusiones con gran exhuberancia. Alfonsín siempre trató a Carlos con un afecto especial, casi como a un hijo favorito. En una carta que me escribió tras la muerte de Carlos, el Presidente lo elogiaba por haber sentado las bases de su política en derechos humanos.

Carlos hablaba al mundo, pero también era parte de él. Sus ideas fueron moldeadas por lo que ocurría en el mundo, de la misma forma como estos eventos fueron en parte moldeados por sus ideas. Su agenda intelectual reflejaba las exigencias de la historia, y sus puntos de vista teóricos iban siendo pulidos y a menudo reformulados a la luz de su experiencia vital. Desde esta perspectiva, el hecho más decisivo para el desarrollo intelectual de Carlos fue el juicio de la junta en 1985. En agosto de 1993, justo antes de su infortunado viaje a Bolivia, visité a Carlos en Buenos Aires, y me entregó un manuscrito (en inglés) sobre los juicios por la violación de derechos humanos. En 1996 ese manuscrito fue publicado por la Yale University Press bajo el título *Radical Evil on Trial*. Carlos había trabajado en este libro durante algún tiempo. En él, Carlos examinaba la experiencia histórica de los juicios por violación de derechos humanos, pero el núcleo de su trabajo consiste en el análisis del juicio de Buenos Aires. No es posible leer una sola página sin advertir que Carlos estaba incitado en su labor por una creencia profunda en la justicia de la causa del gobierno y la necesidad de explicar los fundamentos de esta creencia.

Nino no creía en la justicia retributiva. Defendía el derecho del estado a castigar con base en la teoría que el criminal, mediante la violación de la ley, había consentido al castigo que la ley prescribía. Aunque su teoría permitía castigar al criminal, no lo requería. La cuestión sobre si el criminal debía ser condenado quedaba abierta, y la respuesta dependía, según Carlos, de las consecuencias sociales. El enjuiciamiento de la junta era para Carlos un medio para restaurar la democracia en Argentina, promoviendo la deliberación pública y reafirmando las normas básicas sobre las que el nuevo régimen debía descansar. Esta era, para él, la forma más efectiva de prevenir otra dictadura. Esta concepción del asunto dotó al juicio de urgencia moral, pero al mismo tiempo permitió la introducción de ciertas consideraciones pragmáticas. Había que preguntarse constantemente si el juicio fomentaba, de hecho, la consolidación de la democracia.

Alfonsín pensaba de modo similar y le preocupaba que los juicios por derechos humanos devinieran contraproducentes y perjudicaran sus esfuerzos para restaurar la democracia en caso de prolongarse indefinidamente y no limitarse a los oficiales de más alto rango. A instancias del Presidente, el Congreso aprobó una ley en diciembre de 1986 –conocida como la Ley de Punto Final– que limitaba el plazo para interponer nuevas acusaciones. La intención de Alfonsín era evitar el riesgo de una serie infinita de procesos penales que dominarían su presidencia entera y le impedirían atender a otras necesidades sociales. No obstante, la ley provocó un aumento inmediato y dramático del número de acusaciones. En otoño de 1986, había alrededor de 50 acusaciones; hacía mediados de marzo de 1987, el número había aumentado a unos 400, incluyendo a oficiales de los rangos medios e inferiores.

Inicialmente, Nino aplaudió el aumento de las acusaciones y defendió públicamente la Ley de Punto Final ante los reclamos por parte de algunos defensores de los derechos humanos que sostenían que Alfonsín había faltado a su palabra. No obstante, sin él saberlo, el repentino aumento de las acusaciones exacerbó el descontento entre la tropa. En abril de 1987, justo antes del fin de semana de Pascua, un oficial acusado de tortura se rehusó a presentarse ante el tribunal, y pronto un grupo de guarniciones se sublevó abiertamente.

Hubo manifestaciones públicas masivas en Buenos Aires y en algunas provincias en apoyo del gobierno y de su intento de reconstruir la democracia. Los levantamientos no se propagaron, lo que hubiera podido llegar a ser un golpe de estado quedó reducido a un motín. Avanzada la noche del Viernes Santo, recorrí las calles de Buenos Aires con Carlos y vi el orgullo que sentía por las manifestaciones. Representaban en parte un tributo a lo que el pueblo argentino había aprendido de los juicios –nunca más– y una reivindicación de la teoría que él había propuesto para defenderlos. Como souvenir, Carlos me compró la última edición de La Razón con el titular excepcional: "El pueblo apoya a la democracia".

En efecto, los levantamientos sí cristalizaron el sentimiento público en apoyo del gobierno, pero también revelaron la fragilidad de su política en derechos humanos. Aunque la mayoría de las tropas permanecieron leales y no participaron en los levantamientos, el Presidente Alfonsín no consiguió que las tropas bajo su mando marcharan contra los rebeldes y sofocaran el motín. Se produjo una situación de impasse. Desesperado, el Presidente decidió intervenir personalmente. El Domingo de Pascua, voló en helicóptero al bastión rebelde, se entrevistó con los líderes, y volvió a la Casa Rosada, anunciando a las masas reunidas que el orden había sido reestablecido. "Vuelvan a sus casas", dijo, "a besar a sus hijos, a celebrar las pascuas en paz de la Argentina".

Nadie sabe exactamente lo que sucedió durante las negociaciones entre Alfonsín y los líderes de las fuerzas rebeldes aquel día. En mayo, sin embargo, el Presidente Alfonsín propuso al Congreso una nueva ley –conocida como la Ley de Obediencia Debida– que protegía a los oficiales de niveles medios e inferiores contra acciones penales por diversas violaciones de derechos humanos, incluyendo la tortura. Tal como fue aprobada, la ley creaba la presunción irrefutable de que los soldados acusados de tales crímenes habían actuado siguiendo órdenes superiores y, por consiguiente, conforme a la ley argentina, no eran responsables de sus actos. Este giro de los acontecimientos desilusionó a Carlos, quien hizo saber su opinión al Presidente.

El Presidente le preguntó si su oposición a la nueva ley estaba basada en fundamentos morales. Teorías retribucionistas de la pena exigirían que todo delincuente sea condenado, pero Carlos explicó que él no era un retribucionista y que su objeción estaba basada en el temor que esta concesión traería, no paz, sino una escalada de las exigencias por parte de los militares. En tal caso, Alfonsín respondió, lo apropiado de la nueva ley era una cuestión de olfato político. ¿El olfato de quién debería seguir? –el Presidente preguntó afectuosamente a Carlos– ¿el tuyo o el mío? Carlos, fiel a su compromiso con la democracia, pero sin estar dispuesto a rendirse a las conveniencias de la política, respondió, "El tuyo, por supuesto. Después de todo, el pueblo eligió tu nariz, no la mía".

Los temores de Carlos se actualizaron. Durante los dos años restantes de la presidencia de Alfonsín, ocurrieron otros motines, encabezados por una organización conocida como los "carapintada". En las elecciones de mayo de 1989, Carlos Menem, un peronista, derrotó al candidato del Partido Radical. Ante el alto índice de inflación, que se disparó hasta el 200% mensual, desembocó en disturbios callejeros por la comida y una crisis económica general. Menem tomó posesión del cargo en julio, seis meses antes de lo previsto. También hubo motines durante los primeros años de la nueva administración. En 1991 el Presidente Menem, posiblemente con el propósito de asegurar la lealtad del ejército, necesaria para una reforma económica, indultó a todos los oficiales que habían sido condenados por crímenes cometidos durante la dictadura. En contra de la opinión de la gran mayoría del pueblo, los líderes de la junta que todavía se encontraban en prisión bajo la condena de diciembre de 1985 fueron liberados.

Alfonsín había estado resuelto a llevar a los líderes de la junta ante la justicia y años después consideraba el juicio de Buenos Aires como uno de los logros de los que se sentía más orgulloso. No obstante, sabía que para alcanzar su más alta ambición –restaurar y fortalecer la democracia– no podía detenerse con los juicios por violaciones a derechos humanos. También era necesario reformar ciertas instituciones básicas del país, y ello requería modificar la constitución. Por consiguiente, dos programas definieron la presidencia de Alfonsín: los juicios por violaciones a derechos humanos y la reforma constitucional. Para trabajar en la constitución, Alfonsín creó un Consejo para la Consolidación de la Democracia, y naturalmente eligió a Carlos para dirigirlo. A partir de 1986, una vez que las líneas generales de la política del gobierno sobre derechos humanos quedaron establecidas, Carlos dedicó su energía ilimitada a temas de derecho constitucional.

Este nombramiento coincidió con otro acontecimiento en la vida de Carlos. Desde 1987, se convirtió en profesor visitante regular de la Facultad de Derecho de Yale. Además de sus cargos en el gobierno de Alfonsín, continuó como profesor en la Universidad de Buenos Aires, de modo que programó sus visitas a Yale –normalmente una vez cada dos años– de tal forma que coincidieran con el verano argentino y el invierno de New Haven (desde finales de enero hasta mitades de marzo). El derecho constitucional es la asignatura principal, algunos incluso dirían que exclusiva, de la Facultad de Derecho de Yale. Aunque en Yale Carlos impartió principalmente cursos sobre filosofía del derecho y derechos humanos, participaba en todos los seminarios y las conversaciones informales del profesorado sobre derecho constitucional. Una vez, hacia el final, incluso impartió un curso sobre reforma constitucional en Latinoamérica.

Estos cambios de los intereses académicos y profesionales de Carlos no se producían en el vacío. El mundo también estaba cambiando. En 1989 cayó el muro de Berlín y el imperio soviético se desmoronó. Hacia 1991 la propia Unión Soviética se había disuelto. Alentadas por los Estados Unidos y otros países donantes, las naciones recién liberadas de la Europa Central y del Este, y las que surgieron en Asia Central de las cenizas de la antigua Unión Soviética, se lanzaron a la elaboración de nuevas constituciones. El proceso de redacción de una constitución se convirtió en el primer acto de construcción estatal y fue considerado esencial para pertenecer a la comunidad de naciones. Las democracias emergentes en África procedieron de acuerdo con esta misma premisa, y como pone de manifiesto la misión de Nino en Bolivia, la reforma constitucional devino una parte cada vez más importante de la agenda política en la América Latina.

Al principio de los noventa, Carlos se convirtió en miembro de un grupo de estudio mundial sobre constitucionalismo subvencionado por el American Council of Learned Societies. En 1992, publicó un manual sobre esta materia (*Fundamentos de derecho constitucional*). En el mismo período, fue nombrado catedrático de derecho constitucional de la Universidad de Buenos Aires, aunque también conservó su puesto como profesor de filosofía del derecho. Cuando lo visité en Buenos Aires en agosto de 1993, Carlos contribuyó a la lista de mis lecturas asignadas. (Cada vez que viajaba a Buenos Aires llevaba una maleta vacía, sólo para poder traer a los Estados Unidos todos los manuscritos que Carlos me daba para leer). Además de *Radical Evil on Trial*, me entregó un segundo manuscrito, también escrito en inglés, éste sobre derecho constitucional. Fue publicado también por la Yale University Press en 1996, bajo el título *The Constitution of Deliberative Democracy*.

Carlos Nino se formó en derecho, y escribió sobre derecho, pero en su corazón era un filósofo moral. Creía en la objetividad de los juicios éticos –una acción es correcta y otra incorrecta– e insistía en la imparcialidad como base desde la cual juzgar los méritos de las posiciones morales. Nino era un demócrata hasta la médula, pero valoraba la democracia como un medio para alcanzar la imparcialidad: la democracia era un sustituto de la práctica informal de la discusión moral. Destacaba la dificultad que todos tenemos para hacernos una idea vívida de los problemas e intereses de las personas que son muy diferentes a nosotros y concebía el proceso democrático como un medio para trascender estos límites y así conseguir cierta medida de imparcialidad. Las personas tenían que hablar por sí mismas. La teoría epistémica de la democracia de Nino –ampliamente desarrollada en *The Constitution of Deliberative Democracy*– valora la democracia porque amplía el abanico de intereses que serán tomados en cuenta para la formulación de las políticas públicas.

Estos puntos de vista influyeron en su trabajo en el Consejo y su tratamiento académico de temas de derecho constitucional. Los compromisos democráticos de Carlos lo incomodaban frente a algunas formas de control judicial de las leyes y, de modo más importante, lo llevaron a dar gran preeminencia al poder legislativo. Era crítico del sistema presidencialista de gobierno, en el que el presidente y el congreso son elegidos en forma separada. Le preocupaba la perspectiva de un gobierno dividido –el presidente de un partido y el congreso controlado por otro– especialmente en un país como Argentina, donde la disciplina partidista es muy fuerte. Esta división podría conducir al tipo de parálisis y situación de impasse que llevarían al presidente a gobernar por medio de decreto o desembocar en el colapso que se produjo en 1976. Era un gran admirador del sistema parlamentario, en el que el jefe del gobierno es el líder del partido que controla el parlamento.

El Presidente Alfonsín compartía estas opiniones. En varias ocasiones él y Carlos discutieron sobre teoría democrática, y ambos creían que la democracia requería la participación plena de los ciudadanos–más allá de la competencia entre elites. No obstante, Alfonsín no fue capaz de llevar estas ideas a la práctica y convencer a los peronistas, que controlaban el Congreso, para que convocaran una convención constituyente. En consecuencia, Carlos murió sin haber visto su trabajo en el Consejo dar frutos. Durante los últimos años de la presidencia de Alfonsín, Carlos se hallaba drenado por la participación cotidiana en los asuntos de gobierno y ansiaba la libertad que como profesor legítimamente le correspondía. También imagino que aspiraba convertirse en un actor en la escena internacional, deseo que lo llevó a Alemania, Checoslovaquia, Colombia, y, por supuesto, Bolivia.

Después de su muerte, la historia dio un vuelco inesperado, y se convocó una convención constituyente en Argentina. Al sucesor de Alfonsín, Carlos Menem, le incomodaba cada vez más la provisión de la constitución argentina, común en Latinoamérica, que limitaba el mandato del Presidente a seis años sin posibilidad de reelección inmediata. Menem aspiraba a un segundo mandato. De ahí que, en noviembre de 1993, promovió una convención constituyente. Alfonsín, que todavía estaba a la cabeza del Partido Radical, lo vio como la oportunidad para conseguir algunas de las reformas que había intentado llevar a cabo durante su gobierno y apoyó la propuesta de Menem. La convención se celebró en Santa Fe en agosto de 1994, un año después de la muerte de Carlos.

La convención de Santa Fe no se limitó a la propuesta específica de Menem, sino que consideró y adoptó un amplio conjunto de reformas, muchas de las cuales tenían sus raíces en el trabajo que Nino realizó en el Consejo. Estas reformas no transformaron Argentina en un sistema parlamentario, pero se limitó el poder del ejecutivo y se establecieron mecanismos para la coordinación entre los poderes legislativo y ejecutivo. También se reforzó la protección de los derechos humanos. A pesar de la ausencia de Carlos en la Convención, muchos de los jóvenes a los que él había enseñado y que habían trabajado para él en el Consejo estaban presentes, como consejeros de Alfonsín. De vez en cuando, ante alguna encrucijada, Alfonsín se dirigía a alguno de ellos, inquiriendo con nostalgia, "Me pregunto qué diría Carlos". Poco después de la Convención, el Presidente Alfonsín, haciendo gala de su inglés recientemente adquirido, me escribió: "If the Argentine Constitution of 1994 has an intellectual author, it is Carlos Nino." ("Si la Constitución argentina de 1994 tiene un autor intelectual, es Carlos Nino.")

De este modo, Carlos dejó su huella en la política. Sin embargo, un profesor sobrevive principalmente a través de sus alumnos. Carlos fue el mejor de los profesores y estuvo siempre rodeado de un extraordinario grupo de discípulos; un grupo de jóvenes abogados brillantes, dedicados e idealistas que incluía a Gabriela Alonso, Marcelo Alegre, Jorge Barraguire, Martín Böhmer, Gabriel Bouzat, Roberto de Michele, Roberto Gargarella, Marcela Rodríguez, Carlos Rosenkrantz, Roberto Saba y Augustín Zbar. Medio en broma, eran conocidos como los "Nino boys". Algunos lo conocieron en la universidad, otros trabajaron con él en el gobierno, y otros formaban parte del Centro de Estudios Institucionales, una institución que Carlos fundó para apoyar la formación de jóvenes futuros intelectuales. En los años que siguieron a su muerte, muchos de ellos rindieron homenaje a Carlos destacando en la vida pública y académica de Argentina. Ellos habían sentido personalmente el poder de sus lecciones y fueron inspirados por su pasión por las ideas, su dedicación a los valores democráticos y su calurosa personalidad. Otros tendrán que confiar en las historias que rodean su vida y, sobre todo, en su palabra escrita: los muchos libros de Carlos y los casi incontables artículos y ensayos que se recogen en estos volúmenes. Carlos Nino fue un hombre de amplio espectro; escribiendo sobre derecho, filosofía, política y ética, y viviéndolos todos. Fue, quizá, el mejor filósofo del derecho que Latinoamérica ha producido jamás.

I.
FUNDAMENTOS DEL LIBERALISMO IGUALITARIO

LAS CONCEPCIONES FUNDAMENTALES DEL LIBERALISMO*

Introducción

Es casi un lugar común decir que la expresión 'liberalismo' es notablemente ambigua, tanto en el lenguaje coloquial como cuando es usada en el contexto de la filosofía política. Sin embargo, cuando se mencionan las diferentes posturas liberales, no siempre se tiene presente algunas de las concepciones fundamentales que 'liberalismo' denota, asociándose, en cambio, a esta expresión con posiciones más específicas que parecen derivarse de tales concepciones fundamentales.

Las posiciones que la palabra 'liberalismo' evoca inmediatamente son las siguientes:

a) la defensa de los llamados 'derechos civiles fundamentales' o 'garantías individuales', tales como la libertad de expresión, la libertad de culto, el derecho de reunión y de asociación, el derecho a un 'debido proceso legal', etc.

b) la defensa de la forma democrática de gobierno, que implica, básicamente, la existencia de procedimientos para la elección de los órganos estatales superiores y para controlar su actuación, en los que los destinatarios de las normas dictadas por tales órganos tienen una participación decisiva.

c) la defensa de procedimientos para la asignación e intercambio de bienes y recursos económicos entre los miembros de la sociedad que no dependen de pautas relacionadas con la satisfacción de ciertos presuntos objetivos sociales (tales como los de retribuir méritos o satisfacer necesidades) sino del reconocimiento de ciertos títulos históricos sobre tales bienes y recursos y del libre consentimiento para transferirlos.

Estas tres posiciones generalmente asociadas con el liberalismo son conceptualmente distinguibles y son, en ocasiones, defendidas en forma independiente; aún más, uno podría imaginar situaciones hipotéticas (ya que la legitimidad de

---

* [N. del E.] Publicado originalmente en *Revista Latinoamericana de Filosofía*, IV, (1978/2), Chile, pp. 141-150.

algunos ejemplos reales podría ser controvertida) en que alguna de estas posturas sea satisfecha en los hechos sin que ocurra lo mismo con las restantes. Sin embargo, hay argumentos bien conocidos en favor de la necesaria dependencia empírica entre la satisfacción de estas distintas posiciones. Se sostiene, por ejemplo, que la efectiva vigencia de los derechos civiles fundamentales, tales como la libertad de expresión, es un prerrequisito para el ejercicio genuino de una forma democrática de gobierno. O, a la inversa, que un gobierno con participación y control popular es el único que garantiza la preservación de las libertades públicas. Se afirma también que el reconocimiento de los derechos civiles básicos contribuye al respeto por los títulos históricos sobre los bienes y recursos económicos y a que su transferencia se haga sobre la base del libre consentimiento de sus titulares. O se sostiene, aún con más frecuencia, que la disponibilidad individual de tales bienes y recursos es una condición necesaria para el ejercicio efectivo de los derechos civiles y de la forma democrática de gobierno.

No es el propósito de este trabajo encarar la tarea ímproba de discutir los alcances de estas posiciones liberales y de analizar sus posibles relaciones recíprocas, sino llamar la atención sobre la existencia de dos concepciones adicionales de índole más general que expresan el punto de vista liberal, y que, aún resultando familiares a todos nosotros (hasta el punto de estar consagradas directa o indirectamente en nuestra Constitución Nacional), no siempre son tomadas centralmente en cuenta en la exposición, ataque y defensa del liberalismo. Creo que estas dos concepciones se encuentran en un nivel más profundo que las posiciones anteriormente mencionadas en el pensamiento liberal debidamente articulado, ya que la justificación de tales posiciones suele presuponer la defensa de aquellas concepciones. Más aún, el esclarecimiento de estas concepciones fundamentales puede ayudar a entender por qué pensadores sinceramente liberales pueden diferir acerca de algunas de las posiciones específicas referidas y de sus relaciones recíprocas.

2. Inviolabilidad y autonomía de la persona

a) La primera concepción fundamental que quiero exponer del liberalismo, es la que suele denominarse 'individualismo'. Por supuesto, esta expresión es también notoriamente ambigua: puede usarse con un significado cercano a 'egoísmo' o puede aludir a algún tipo de anarquismo; puede identificarse con la defensa de la propiedad privada y del mercado libre o puede estar asociada con el principio democrático 'un hombre, un voto'; puede también hacer referencia a la exigencia de ciertos derechos fundamentales como los relacionados con la privacidad y la libertad de opinión. Pero cualquiera sea la relación que exista, en última instancia, entre estas ideas y la concepción a que quiero referirme bajo el rótulo 'individualismo', esta concepción aparece en principio como claramente distinta a todas ellas.

La concepción a que aludo sostiene, básicamente, que las unidades elementales cuyo bienestar (entendido en sentido amplio) debe tenerse en cuenta para justificar instituciones, formas de organización social, medidas estatales, etc.; son cada uno de los individuos que integran una sociedad, y no cierta 'entidad' supraindividual como el Estado, una nación, una raza, una clase social, o la mayoría de la población. La idea es, para decirlo bruscamente, que estas categorías no hacen referencia a especies de organismos cuyo bienestar y florecimiento sea algo bueno en sí mismo con independencia de la prosperidad de cada uno de los individuos que los integran. Esta concepción se opone a que se justifiquen instituciones o medidas que imponen sacrificios y cargas no compensables a ciertos individuos que integran una sociedad, sin contar con su consentimiento efectivo, sobre la base de que ello redunda en beneficio –incluso en un grado comparablemente mayor al perjuicio causado a aquellos individuos– de la mayoría de la población (o del Estado, la 'raza superior', una cierta clase social, etc.). En definitiva, esta concepción se opone a que ciertos individuos sean usados en beneficio exclusivo de otros. Esto es lo que se suele llamar 'el principio de la inviolabilidad de la persona humana', cuya expresión más clara está dada por la célebre condena de Kant contra prácticas que implican tratar a algunos hombres solo como medios y no como fines en sí mismos.

Esta concepción ha sido, recientemente, puesta de manifiesto en forma explícita por varios filósofos, como John Rawls y Robert Nozick, que han iniciado un movimiento de ofensiva en contra del utilitarismo desde, la perspectiva liberal (a pesar de las notables diferencias que hay entre ellos acerca de las implicaciones del liberalismo en materia económica). Conviene citar algunos párrafos de estos autores que ilustran con mucha claridad los alcances de esta tesis individualista.

Rawls dice: "La característica llamativa de la concepción utilitarista de la justicia es que no tiene importancia, excepto indirectamente, de qué forma [la] suma de las satisfacciones se distribuye entre los individuos, del mismo modo que no importa, excepto indirectamente, cómo un hombre distribuye sus satisfacciones en el tiempo. En ambos casos la distribución correcta es la que produce mayor satisfacción global... De este modo, no hay, en principio, razón alguna para que las mayores ganancias de algunos no puedan compensar las pérdidas menores de otros; o lo que es más importante, que la violación de la libertad de unos pocos no pueda ser saneada por la obtención de un bien mayor compartido por muchos ... Esta concepción de la cooperación social es la consecuencia de extender al conjunto de la sociedad el principio de decisión para un solo individuo, fundiendo a todas las personas en una sola a través de los actos imaginarios de un observador imparcial y sensible. El utilitarismo no toma en serio la distinción entre personas... [U]no puede arribar a un principio de decisión social mediante la mera extensión del principio, de prudencia racional para el caso de la decisión de un solo hombre al sistema de deseos construidos por el observador imparcial. Hacer esto es no tomar en serio la pluralidad y distintividad de los individuos... Aquí tenemos una anomalía curiosa. Es costumbre concebir al utilitarismo como individualista, y hay, por cierto, buenas razones para ello. Los utilitaristas fueron firmes defensores de la libertad y del derecho de pensar sin restricciones y sostuvieron que el bien de la sociedad esta constituido por las ventajas de que gozan los individuos. Sin embargo, el utilitarismo no es individualista, al menos cuando se llega a él por el curso de reflexión más natural, al fundir todos los sistemas de deseos en uno solo, aplicando a la sociedad el principio de decisión de un solo hombre"[1].

A su vez, Robert Nozick expone todavía más explícitamente la misma concepción cuando sostiene: "[S]upongamos que alguna condición acerca de la minimización de la violación de derechos fuera incluida en el estado final a ser alcanzado como objetivo [como lo podría hacer el utilitarismo si definiera el bien intrínseco en relación a la preservación de ciertos derechos]... Esto todavía podría obligarnos a violar ciertos derechos cuando el hacerlo minimiza la suma total (mensurada) de violación de derechos en la sociedad... En contraste con la incorporación de los derechos en el *Estado final* a ser alcanzado, uno los puede ubicar como 'restricciones laterales' a las acciones que se realicen... La concepción de las restricciones laterales prohibe infringir tales restricciones en persecución de ciertos objetivos... Las restricciones laterales a la acción reflejan el punto de vista kantiano subyacente de que los individuos son fines en sí mismos y no solo medios; ellos no pueden ser sacrificados o usados, sin su consentimiento, para alcanzar otros objetivos. Los individuos son inviolables... Pero ¿por qué no se podría infringir la inviolabilidad de una persona para alcanzar un bien social mayor? Individualmente, cada uno de nosotros elige a veces soportar algún dolor o sacrificio para alcanzar un beneficio mayor o evitar un mal mayor... ¿Por qué no sostener *similarmente* que algunas personas deben soportar algunas cargas, que benefician en mayor medida a otros, en aras del bien social global? Pero no hay una *entidad* social, alguno de cuyos bienes se sacrifica en su propio beneficio. Hay solamente personas individuales, diferentes personas individuales, con sus propias vidas individuales... Las restricciones laterales sobre lo que podemos hacer refleja el hecho de nuestras existencias separadas"[2].

Creo que es esta concepción fundamental del liberalismo la que se opone a doctrinas denominadas, en forma suficientemente ilustrativa, 'totalitarias'. Como ve-

---

[1] John Rawls, *A Theory of Justice*, Oxford, 1972, págs. 26 y 27.
[2] Robert Nozick, *Anarchy, State and Utopia*, Oxford, 1974, págs. 28, 31, 32, 33.

remos luego, la expresión 'totalitarismo' puede también ser apropiada para hacer referencia al punto de vista opuesto a la otra concepción fundamental del liberalismo que vamos a examinar; pero, en este contexto, parece claro por qué es totalitaria una doctrina que desconoce esta concepción liberal: porque justifica el sacrificio de personas individuales en beneficio de cierta 'totalidad' (aunque se alegue que esa totalidad está simplemente integrada por la mayoría de la población). Obviamente el liberalismo no se opone a que, por razones de conveniencia se hable en términos de entidades colectivas; pero la diferencia crucial está dada por el hecho de si, cuando aludimos al bienestar de tales entidades, estamos computando el bienestar de sus miembros individuales en forma agregativa o en forma distributiva (en este último caso no diremos que el bienestar de una entidad colectiva se incrementa a consecuencia de una medida que aumenta el buen pasar de una mayoría de sus miembros a costa del sacrificio de una minoría).

Una vez que se tiene en claro esta concepción básica del pensamiento liberal, se puede percibir su vinculación con las posiciones específicas que mencionamos al comienzo como inmediatamente asociadas con el liberalismo, y las razones por las cuales sinceros liberales (dejo aquí de lado posturas hipócritas) pueden disentir acerca de la naturaleza de esa vinculación.

La relación entre esta concepción y la defensa de ciertos derechos individuales parece no presentar mayores problemas. Como se advierte en los párrafos de Nozick citados, es precisamente el reconocimiento de determinados derechos como restricciones laterales a la persecución de objetos colectivos lo que garantiza que algunos individuos no, sean sacrificados en aras de la satisfacción de tales objetivos. Ronald Dworkin sostiene[3] que el concepto mismo de derecho (subjetivo) implica, en contraste con la noción de objetivo social colectivo, su carácter distributivo, y también que la noción de derecho presupone un límite o umbral en contra de la aplicación de medidas justificadas sobre la base de la satisfacción de objetivos colectivos (no sería considerado un derecho genuino aquel que cediera –según la teoría política que lo define– ante cualquier objetivo social plausible).

Pero si pasamos a la segunda posición específica que se asocia comunmente con el liberalismo –la defensa de un régimen democrático de gobierno– su relación con la concepción fundamental que examinamos aparece como más controvertible. Por un lado, se alega que los procedimientos democráticos de elección y control de los órganos estatales constituyen la forma más eficaz conocida de impedir que un grupo social imponga medidas en su propio beneficio y a costa del resto de la población. Pero una vez que esta defensa se hace explícita, se advierte inmediatamente cuál puede ser la obvia réplica; que la democracia, dependiendo como debe hacerlo de las decisiones de la mayoría, parece un procedimiento perfectamente diseñado para

[3] *Taking Rights Seriously*, Harvard, 1977, págs. 90 y ss.

sacrificar a las minorías en aras de los intereses de la mayoría de la población. Esto muestra por qué los que defienden a la democracia sobre la base de la concepción individualista deben recurrir a la idea de que su funcionamiento está limitado por el reconocimiento de derechos individuales no sometidos al voto mayoritario.

Obviamente la vinculación entre la concepción individualista y la tesis liberal en materia económica es objeto de controversias todavía más profundas. Por un lado, se alega que la inviolabilidad de la persona humana exige, para su protección efectiva, que cada individuo pueda controlar libremente al menos un mínimo de bienes y recursos económicos, sin depender de la decisión de órganos centralizados (decisión que, en el mejor de los casos, estaría determinada por preferencias mayoritarias). Por el otro lado, se aduce que la falta de una distribución equitativa de ese control sobre recursos económicos provoca la sujeción de ciertos individuos a los intereses de otros, lo que determina la necesidad de que el control este radicado en órganos imparciales.

b) La segunda concepción básica del liberalismo que quiero distinguir es la que se opone corrientemente al punto de vista que se suele denominar 'perfeccionista' o 'platonista'. Esa concepción sostiene, en lo sustancial, que el estado debe permanecer neutral respecto de planes de vida individuales o ideales de excelencia humana, limitándose a diseñar instituciones y adoptar medidas para facilitar la persecución individual de esos planes de vida y la satisfacción de los ideales de excelencia que cada uno sustente, y para impedir la interferencia mutua en el curso de tal persecución. Esta concepción distingue entre una 'moral pública', constituida por pautas que vedan acciones que perjudican a otras personas interfiriendo con sus intereses, y una 'moral privada' que proscribe acciones que autodegradan al propio agente que las realiza en relación a ciertos ideales de excelencia. El estado, se sostiene, debe sólo ocuparse de homologar o hacer efectivas las reglas de la moral pública, absteniéndose de adoptar medidas que supongan discriminar entre la gente por sus virtudes morales o la calidad de sus planes de vida. De ahí la conocida postura liberal de que el derecho debe solo ocuparse de reprimir acciones que perjudiquen a terceros, proscribiéndose, en consecuencia, leyes de índole paternalista. John Stuart Mill decía al respecto: "[El] único fin por el cual la sociedad está autorizada a interferir con la libertad de algunos de sus miembros es su autoprotección. El único propósito por el cual el poder puede ser legítimamente ejercido sobre un miembro de la comunidad civilizada, contra su voluntad, es para prevenir el daño a otros; su propio bien, sea físico o moral, no es suficiente fundamento; él no puede ser compelido a actuar u omitir porque eso lo beneficiaría o lo haría más feliz, o porque, en la opinión de otros, es lo más prudente o lo que debe moralmente hacer"[4].

---

[4] *Three Essays*, Oxford, 1975, "On Liberty", págs. 14 y 15.

La justificación de esta concepción liberal tiene muchas variantes distintas y todos estamos familiarizados con la mayoría de ellas. Algunos la sustentan sobre la base de ciertas ideas sobre la legitimidad del Estado y sobre el origen de la soberanía política. Otros, como Mill, justifican esta concepción antiperfeccionista aduciendo el valor de la libre experimentación en materia de moral individual y de planes personales de vida, y en la ineficacia e impropiedad de imponer coactivamente ideales de excelencia humana, que deben dejarse librados a la persuasión y al debate crítico. Aun otros autores, como Rawls, recurren a cierta concepción de la persona moral que no está ligada a la satisfacción de ciertos fines sino a la libertad para elegirlos, y a cierta teoría ética sobre lo bueno que depende de la satisfacción de cualquier plan racional de vida que las personas se propongan (con la obvia restricción de que no interfieran con planes ajenos). También se suele justificar este punto de vista liberal sobre la base de una posición relativista en materia ética (que, paradójicamente, se vincula con la defensa de la tolerancia como principio moral).

Es interesante señalar que la expresión 'totalitarismo' parece también apropiada para calificar a la postura que se opone a esta otra concepción fundamental del liberalismo. La posición perfeccionista sostiene que es misión del Estado el regular la totalidad de los aspectos importantes de la vida humana, el hacer efectivas todas las pautas morales consideradas válidas y no solamente las que se refieren a acciones perjudiciales a terceros, el imponer un ideal global de una sociedad perfecta y no sólo un esquema mínimo de cooperación social.

Si examinamos rápidamente ahora las relaciones entre esta segunda concepción básica del liberalismo y las posiciones específicas mencionadas al comienzo, curiosamente las conclusiones no difieren sustancialmente de las que sugerimos en el caso de la doctrina individualista.

Nuevamente, la defensa de ciertos derechos y garantías individuales parece ser central a la concepción antiperfeccionista. Derechos tales como la libertad de expresión, de culto y de asociación son indispensables para la persecución de planes de vida individuales sin interferencia por parte del poder estatal y por otros individuos. Sin embargo, es posible que los derechos que se derivan de esta concepción difieran parcialmente de los derechos que la concepción individualista requiere y que están más relacionados con bienes de los cuales los individuos no pueden ser privados y con ciertos procedimientos (como el 'debido proceso legal') que deben observarse para la privación excepcional de tales bienes.

En relación con la defensa de la democracia como forma de gobierno comienzan a aparecer algunas dificultades. Por un lado, parece claro que la descentralización de los procedimientos de elección de las autoridades y de control sobre su actuación favorece la adopción de cursos de acción para impedir que prosperen medidas que pueden afectar la persecución de proyectos individuales. Es más, el que las medidas públicas adoptadas sean el resultado de cierta expresión mayoritaria que implica hacer compatibles intereses parcialmente conflictivos, genera una tendencia a que esas medidas se circunscriban a una especie de 'mínimo común denominador' entre diversos intereses, dejando margen para su satisfacción recíproca (por ejemplo, el que diversos grupos religiosos deban, tal vez, unirse para constituir una mayoría puede hacer que en lugar de propiciar medidas que favorezcan a una u otra religión decidan propiciar en conjunto la libertad de cultos). Pero, por otra parte, en la medida en que las preferencias que la gente expresa a través del voto no son solamente preferencias acerca de sus propios planes de vida sino también acerca de modelos de conducta que los demás deberían satisfacer, se corre el riesgo de que la suma de esas preferencias referidas a la conducta ajena determine la consagración de un cierto ideal de excelencia humana (curiosamente, la limitación de las preferencias que pueden ser expresadas políticamente a preferencias acerca de los propios intereses puede conducir a un tipo de representación "funcional" considerado, sin duda por razones valederas, como antiliberal). Por esta razón, el defensor de la democracia que alega fundamentos antiperfeccionistas debe recurrir, como el que se apoya en la concepción individualista, a combinar el régimen democrático con derechos individuales cuyo reconocimiento no está sujeto a decisiones mayoritarias.

Como en el caso de la concepción individualista, la relación entre el punto de vista antiperfeccionista y la doctrina económica liberal es una cuestión ampliamente controvertida. Se puede sostener, como se lo hace frecuentemente, que la libertad de elección de planes de vida se restringe seriamente cuando la producción y distribución de bienes, que podrían ser necesarios para la materialización de diferentes proyectos vitales, depende de las decisiones de órganos centralizados (la decisión de producir, por ejemplo, más televisores en lugar de más libros podría perjudicar severamente a quienes han elegido dedicar su vida a la actividad intelectual); y se puede alegar, además, que el mercado es un instrumento ideal para asignar recursos de acuerdo, no a lo que es necesario para cierto ideal de vida homologado oficialmente sino, a las exigencias de intereses privados libremente expresados. Pero, por otro lado, también se aduce que la libertad para conformar la vida de cada uno al plan de vida preferido es una mera quimera si no va acompañada de un poder fáctico para ejercer tal libertad, lo que requiere una amplia distribución de recursos económicos que no está garantizada por la transferencia de bienes a través del mercado. Se alega, asimismo, que el modelo económico liberal tiende a generar preferencias por ciertas formas de vida sobre otras y a exaltar determinadas virtudes personales, en detrimento de virtudes que no son funcionales en relación a ese modelo.

3. La combinación de las dos concepciones

La coincidencia entre las consecuencias del enfoque individualista y de la concepción antiperfeccionista en relación a las tres posiciones específicas comúnmente asociadas con el liberalismo podría hacer pensar que ambas concepciones fundamentales están estrechamente conectadas entre sí. Sin embargo, esto no parece ser así. Es concebible un perfeccionista individualista que busque el florecimiento bajo cierto ideal de excelencia humana de cada uno de los miembros de la sociedad. De este modo, esta posición no admitiría que se sacrifique a algunos individuos para que otros puedan alcanzar el ideal de excelencia postulado. Los que se apartan seriamente del modelo de vida adoptado no serían penados en beneficio del resto de la sociedad, sino en su propio beneficio; en estos casos, la coacción estatal estaría dirigida a rehabilitar moralmente a los que se han autodegradado apartándose de pautas que definen formas de vida decentes. Es más, aun cuando es posible una concepción perfeccionista no individualista (como lo es, por ejemplo, el nazismo con su idea del perfeccionamiento de una raza superior), el perfeccionismo asume generalmente un enfoque de índole individualista, sobre todo en sus variantes conectadas con doctrinas religiosas.

Por otra parte, es también concebible un antiperfeccionismo no individualista. El ejemplo más claro de esta posición lo constituye el utilitarismo. Esta doctrina, como vimos en el caso de Mill, adopta firmemente la idea de la neutralidad del Estado respecto de planes de vida e ideales de excelencia humana, y sostiene, como su tesis central, que el bien de cada uno depende de la satisfacción de sus propias preferencias individuales y no de la materialización de cierto modelo privilegiado de vida; pero también conduce a que se admita como legítimo el sacrificio de minorías en aras de que la mayoría pueda alcanzar una felicidad mayor, satisfaciendo sus propios planes de vida.

Mientras que el individualismo se basa en una concepción atomista de la sociedad, el antiperfeccionismo supone una concepción de la persona humana que exalta su capacidad para elegir libremente sus propios fines. Para el primer enfoque, no hay otros titulares de bienes que los individuos; para el último enfoque, el bien de los individuos está dado por los fines que ellos mismos se proponen. Creo que ambos enfoques son independientes.

Es interesante preguntarse si es plausible concebir como liberal a una posición que adopta una de estas dos concepciones fundamentales con exclusión de la otra. El perfeccionismo, aún en sus variantes individualistas, es generalmente considerado una postura antiliberal. Es más difícil aceptar la misma conclusión respecto de la posición antiperfeccionista no individualista; casi resulta una blasfemia tachar de antiliberales a los utilitaristas, quienes se han contado, históricamente, entre los más decididos e influyentes defensores de la libertad humana. En definitiva, esta es una cuestión de palabras, agravada por la aureola emotiva del término 'liberal', pero tal vez no resulte del todo injusto decir que los utilitaristas clásicos no advirtieron con la debida claridad que su doctrina implica consecuencias respecto de la inviolabilidad de la persona que no se compadecen con su sincera defensa de la libertad (el propio Bentham critica, con contundente ironía[5], la visión organicista de la sociedad, con lo que muestra no ser del todo consciente de que su teoría tiene algunas implicaciones similares a las de aquélla). Si esto fuera así, quizá resulte apropiado decir que el liberalismo implica las dos concepciones fundamentales que he mencionado; que implica tanto la tesis de que el hombre es inviolable y no puede ser usado exclusivamente en beneficio de otros, como la tesis de que cada hombre debe tener autonomía para formar y satisfacer sus propias preferencias y planes de vida; que recoge y combina elementos de la tradición utilitarista y de la tradición kantiana, anulando cada uno de los elementos, aspectos insatisfactorios de la otra tradición.

4. Conclusión

Ver al liberalismo a la luz de estas concepciones fundamentales permite sugerir algunas ideas para encarar la polémica en torno a esta doctrina, que quiero sólo mencionar a modo de conclusión:

En primer lugar, que tal vez la expresión 'liberalismo' no es, al fin y al cabo, tan ambigua como al principio supuse, puesto que, si el liberalismo supone la adhesión a estas dos concepciones, las controversias entre liberales que comparten sinceramente tal adhesión en relación al alcance y límites de la democracia y a la validez de diferentes sistemas económicos, no se deben tanto a diferencias ideológicas de fondo sino a diferencias en cuanto a condiciones para hacer efectivas las exigencias de aquellas concepciones básicas.

En segundo término que ante la frecuente crítica de que el liberalismo es una doctrina esencialmente inigualitaria, los liberales podrían, quizá, replicar que a, sus concepciones fundamentales subyace un principio de igualdad; un principio que Rawls y Dworkin[6] formulan como estipulando que cada hombre tiene derecho a ser objeto de igual preocupación y respeto por parte de las autoridades. Yo interpretaría este principio en relación a las dos concepciones que vimos, diciendo que cada hombre tiene derecho a una igual preocupación por parte del gobierno en cuanto sus intereses no pueden ser desconocidos sobre la sola base de que así se satisfacen los intereses de otros, y que cada hombre tiene derecho a igual

---

[5] Jeremy Bentham, *An Introduction to the Principles of Morals and Legislation*, cap. I, 4.
[6] John Rawls, "A Kantian conception of equality", 96 *Cambridge Review* 94 (1975), pág. 261; Ronald Dworkin, *ob. cit.*, pág. 180 y págs. 272 y ss.

respeto, en el sentido de que no puede imponérsele otros fines personales que los que él mismo ha elegido. Como dice Dworkin, este principio más que exigir que todos reciban un tratamiento igual –en el sentido de imponer una distribución igual de algún bien específico–, estipula el derecho de todos a ser tratados como iguales.

Por último, la identificación del liberalismo con las concepciones fundamentales que he mencionado hace posible desviar la controversia acerca de su validez de las tesis de carácter más instrumental con las que generalmente es asociado; al fin y al cabo, son aquellas concepciones y no estas últimas tesis las que hacen del liberalismo una doctrina tan atractiva para algunos y tan repulsiva para otros. Tanto la defensa como el ataque al liberalismo pueden resultar fortalecidas si se concentran en sus concepciones básicas del hombre y de la sociedad. El objeto de este breve trabajo fue contribuir mínimamente a esclarecer qué merece ser defendido o atacado en la doctrina liberal y no asumir tal defensa o ataque.

DISCURSO MORAL Y DERECHOS LIBERALES*

En este trabajo, discuto el principio de la autonomía personal como uno de los principios que constituyen la base de una concepción liberal de la sociedad[1].

Me propongo presentar cierta formulación del principio, discutir brevemente algunas de las posibles objeciones que puedan hacerse en contra de ella y ofrecer algunos indicios acerca de cómo podría justificárselo a la luz de una concepción constructivista metaética. Esta concepción, que utiliza ideas elaboradas implícita o explícitamente por autores como J. Rawls, T. Scanlon, J. Habermas, T. Nagel, K.O. Apel, K. Baine, etc. así como también por sus precursores, v. gr. Hobbes y Kant, sostiene que los principios morales no son validados en un vacío, sino en el contexto de una práctica social. Esta práctica es la del discurso moral: la actividad de argumentar a favor y en contra de un cierto curso de acción o institución sobre la base de principios.

La práctica del discurso moral satisface las funciones sociales latentes de solucionar el conflicto y lograr cooperación a través de la convergencia de acción y actitudes, esto se logra cuando los participantes terminan por aceptar voluntariamente los mismos principios para guiar y juzgar su conducta.

La práctica incluye algunas reglas y criterios subyacentes que llevan a lograr el consenso. Algunos de ellos son restricciones formales en los principios, como los requerimientos de universalidad, generalidad, publicidad, finalidad. Algunos operan como una definición de la verdad que nos permite filtrar algunos posibles candidatos a ser principios justificatorios; por ejemplo, este es el criterio elaborado por los denominados "contractualistas" que sostiene que un principio moral válido es uno que sería aceptado, o al menos no rechazado, bajo algunas condiciones idea-

---

* [N. del E.] Publicado originalmente en inglés con el título "Moral Discourse and Liberal Rights", en Neil MacCormick & Zenon Bankowky (eds), *Enlightenment, Rights and Revolutions: Essays in Philosophy of Law and Social Philosophy*, Aberdeen, Aberdeen University Press, (1988). Traducción de María Luisa Piqué.

[1] Este trabajo es un extracto de otro más extenso, que trata toda la serie de principios de los que sostengo que constituyen la base de una concepción liberal de la sociedad.

les (de imparcialidad, racionalidad y conocimiento o de razonabilidad o cualquier otro que defina la posición original). Aparte de esto, la práctica del discurso moral puede tener algunos valores inherentes que estarían conectados intrínsecamente con sus funciones y operaciones latentes. La validación de los juicios morales yace sobre esos presupuestos y está dirigida a demostrar que la negación de alguno de ellos implicaría una inconsistencia con respecto a estos presupuestos.

La práctica del discurso moral, como está definida por sus reglas, criterios y valores subyacentes, es un producto histórico contingente. La que forma parte de la cultura en la que estoy inmerso es, principalmente, un producto del Iluminismo, aunque muchos de sus elementos ya estaban vigentes en el mundo clásico. Su rasgo más distintivo, además de los ya mencionados, es la idea de que la moral no es el producto de ninguna autoridad, legal, divina o tradicional sino algo a ser aceptado autónomamente.

En lo que sigue, intentaré conectar –ligera y programáticamente– algunos aspectos estructurales de nuestra práctica del discurso moral con el principio liberal de la autonomía personal el cual, cuando se lo combina con otros da lugar a los derechos humanos. Esta conexión tiene una relevancia doble: puede apoyar al principio en cuestión y a los derechos que surgen de él y puede demostrar la plausibilidad de esta concepción constructivista metaética.

Para detectar esta conexión entre los rasgos estructurales subyacentes del discurso moral y los principios liberales haré algunos juicios sustantivos intuitivos sobre los derechos, no porque les asigne un status epistémico privilegiado a esos juicios sino porque, generalmente, son un buen, aunque revocable, indicio de la aplicabilidad de reglas y criterios que subyacen al discurso moral.

I.- Liberalismo y reconocimiento jurídico de la moral positiva[2]

Si repasamos cualquiera de los catálogos actuales de derechos fundamentales, advertiremos que casi todos ellos son derechos a *hacer* ciertas cosas: a profesar o no un culto religioso, a expresar ideas de distinta índole, a ejercer cualquier trabajo o industria, a asociarse con otros, a trasladarse de un lugar a otro, a elegir prácticas sexuales o hábitos personales que pueden ser practicados, etc. Puede advertirse que estos derechos a hacer algunas cosas son especialmente amplios y genéricos. Obsérvese la inmensa variedad de actividades que se encubren bajo

---

[2] [N. de la T.] El subtítulo original es "Liberalism and the Legal Enforcment of Positive Morality". Si bien "enforcement" no significa, exactamente, "reconocimiento jurídico", en el libro *Ética y Derecho Humanos. Un Ensayo de Fundamentación* (ed. Astrea, Buenos Aires, edición de 1998), Capítulo V apartado 2, el autor incluyó un texto cuyo contenido es muy similar al presente artículo. El apartado fue denominado "Liberalismo y Reconocimiento Jurídico de la Moral Positiva". Por tal motivo, se respetará el subtítulo empleado por el autor en su libro ya mencionado.

el rótulo de "cualquier trabajo o industria" o "hábitos personales". Esto sugiere que, tal vez, estos derechos derivan de un principio general que veda la interferencia con *cualquier* actividad que no interfiera con la actividad de terceros.

Pero es fácil ver que esta clase de principio no es un principio básico en una concepción de filosofía política. Tal como está expuesto, no se advierte su conexión con algún valor o bien fundamental cuya preservación justifique tal extrema abstención por parte del poder público y de los particulares respecto de ciertos actos. ¿Cuál puede ser el valor de permitir realizar a un individuo alguna conducta anodina, cuando podría haber razones muy fuertes de interés público –razones no traducibles en la necesidad de prevenir daños a terceros– para impedir tal conducta?

Para percibir qué es lo que está en juego detrás de este principio, conviene hacer una breve alusión a un tema al que me he referido de manera más completa en otra ocasión[3]: la controversia respecto de si la moralidad de un acto constituye en sí misma una razón para que el derecho interfiera en él. Esta controversia, como es bien sabido, ha dado lugar a extensos debates (las más relevantes fueron los protagonizados por J. S. Mill y J. F. Stephen en el siglo pasado y entre H. L. A. Hart y Lord Devlin a mediados del presente siglo[4]). Hay dos formas corrientes de presentar la cuestión, una de las cuales tiene el efecto de favorecer de antemano a la posición conservadora, y la otra a la liberal. La que favorece a la posición liberal consiste en sostener que lo que está en discusión es si el derecho debería, o no, prohibir todo acto considerado inmoral según las pautas de la moral positiva en una sociedad. Esto hace que la posición conservadora aparezca sumamente endeble ya que, como dice Hart[5], las pautas de la moral convencional pueden llegar a ser tan excesivamente aberrantes que sería irrazonable negar que el derecho debería desconocerlas. La presentación de la cuestión debatida que favorece a la posición conservadora afirma que el debate versa sobre si el hecho de que un acto esté prohibido por una moral *crítica* o *ideal* que consideramos válida es o no es una razón para justificar que el derecho interfiera en tal acto. Esta presentación va en detrimento de la posición liberal, puesto que aun un utilitarista como Mill debe reconocer que el que un acto sea inmoral según el sistema moral que se considera válido (que en este caso está determinado por la nocividad del acto respecto de terceros), es una razón para justificar moralmente una interferencia jurídica en ese acto.

En realidad, la cuestión más interesante y compleja que subyace a esta controversia, por más que no siempre haya sido identificada correctamente por los

---

[3] Véase *Los Límites de la Responsabilidad Penal* (Buenos Aires, 1980) cap. 4.
[4] Véase Nino "*Los Límites...*" y H. L. A. Hart *Law, Liberty and Morality* (Oxford, 1963).
[5] Hart, *Law, Liberty and Morality*.

defensores de una y otra posición, es la que se refiere a qué aspectos o dimensiones de una concepción moral crítica válida pueden reflejarse, según esa misma moral, en regulaciones jurídicas. Mientras que existe un acuerdo respecto de que el Estado puede hacer cumplir justificadamente principios de la moral "intersubjetiva" pública, la cual evalúa las acciones de acuerdo con sus efectos en los intereses de los demás, la cuestión se centra en si el Estado puede también hacer valer, a través de sanciones u otras técnicas de motivación, pautas de la moral personal o autorreferentes, que valoran a las acciones por sus efectos en el carácter moral o en el valor de la vida del propio individuo que las ejecuta. Mientras que la posición liberal en esta materia es que el derecho no puede imponer modelos de virtud personal o excelencia o planes de vida basados en ellos, la posición opuesta es que es misión del Estado hacer que los hombres se orienten correctamente hacia formas de vida virtuosas.

Ronald Dworkin sostiene[6] que ambas posiciones asignan una interpretación diferente del principio de que los hombres deben ser tratados como iguales (lo que, según él, no siempre supone que los hombres deben ser tratados de igual modo). En palabras de Dworkin:

"La primera teoría de la igualdad supone que las decisiones políticas deben ser, en la medida de lo posible, independientes de cualquier concepción particular sobre la vida buena, o sobre lo que da valor a la vida. Desde que los ciudadanos de una sociedad difieren en sus concepciones, el gobierno no los trata como iguales si prefiere a una concepción a otra, sea porque los funcionarios piensan que una de ellas es intrínsecamente superior, o porque ella es sostenida por el grupo social más numeroso o más poderoso. La segunda teoría arguye, por el contrario, que el contenido del tratamiento igualitario no puede ser independiente de alguna concepción de lo bueno para el hombre o de lo que es bueno en la vida, ya que tratar a una persona como a un igual significa tratarla de la forma en que la persona buena y sabia desearía ser tratada. El buen gobierno consiste en tratar a cada persona como si ella estuviese deseosa de materializar la vida que es realmente buena, al menos en la medida en que esto es posible".

El principio liberal que está aquí en juego es el que puede denominarse "el principio de autonomía de la persona". Establece que es valiosa la adopción individual libre de ideales de excelencia humana y de planes de vida basados en ellos. Por lo tanto, sostiene que el Estado (así como también los demás individuos) no puede interferir en esa elección ni en la materialización de esos ideales y planes. El Estado debe limitarse a diseñar instituciones que faciliten la persecución individual de esos planes de vida, de tal manera que impida la interferencia

---

[6] Véase su artículo "Liberalismo" en S. Hampshire, ed., *Public and Private Morality* (Cambridge, 1980), pp. 143ff.

mutua en el curso de tal persecución. Este es el principio que subyace al más específico y menos fundamental "principio de daño", que veda la interferencia estatal con la conducta que no perjudica a terceros. Tal interferencia es objetable en tanto y en cuanto ella implica abandonar la neutralidad estatal respecto de las diferentes concepciones de excelencia personal (como veremos más adelante, esto ocurre en casi todos los casos de criminalización de "actos sin víctima", ya que se suele asumir que esos actos suponen una autodegradación por parte del agente, según algún ideal de virtud personal).

II.- ¿Puede haber un perfeccionismo liberal?

La concepción opuesta al principio de autonomía personal se suele denominar "perfeccionismo". Esta concepción sostiene que, ya que lo que es bueno para los individuos es independiente de sus propias preferencias o deseos, el Estado puede, a través de distintos medios, incluso coercitivos, dar preferencia a aquellos ideales de virtud, planes de vida o intereses que son objetivamente mejores.

Recientemente algunos filósofos han intentado defender una concepción de filosofía política perfeccionista, asumiendo, explícita o implícitamente, que ella es compatible con el liberalismo.

Por ejemplo, Vinit Haksar[7] sostiene que el perfeccionismo no sólo es compatible con una concepción liberal de la sociedad sino que también es requerido por ella. Él sostiene que sólo si asumimos que hay formas de vida superiores a otras, podemos afirmar que hay algo que tienen en común todos los hombres, más no los animales, y que justifica que sean tratados con la misma consideración y respeto. Haksar intenta mostrar cómo fallan las justificaciones de este principio que prescinden del hecho de que la vida humana es intrínsecamente valiosa por contar con la posibilidad de proponerse y desarrollar en forma autónomamente planes de vida.

Sostiene que Rawls fracasa en su intento de fundamentar una posición liberal igualitaria prescindiendo de presupuestos perfeccionistas. De hecho, su valoración de la autonomía como una parte esencial del bienestar humano es un tipo de perfeccionismo.

Según Haksar, la concepción perfeccionista lleva a valorar como mejores los planes de vida que expanden la autonomía de los individuos. Esto implica que otros planes de vida tienen un status inferior en una sociedad liberal, aunque de aquí no se sigue que aquellos que eligen esos planes de vida sean inferiores o merezcan un menor respeto. Tampoco se sigue, según Haksar, que deberían vedarse los planes de vida inferiores. Esto violaría el derecho a igual respeto de cada uno y sería, como sostuvo Mill, contraproducente. Pero el Estado puede abstenerse de facilitar

---

[7] V. Haksar, *Liberty, Equality and Perfectionism* (Oxford, 1979).

planes de vida degradantes. Debería propagar los mejores planes de vida entre los adultos y la juventud que quieren ser protegidos paternalísticamente. Debería tomar en cuenta tales planes de vida mejores al hacer proyectos respecto del bienestar de las generaciones futuras. Haksar propone un compromiso entre, por un lado, desalentar las formas de vida inferiores y, por el otro, tolerar a aquellos que los siguen, permitiéndoles incluso la libre discusión sobre sus méritos.

Esta visión es relevantemente similar a la de Joseph Raz en *The Morality of Freedom*[8]. Raz sostiene que un sistema moral basado en el valor de la autonomía no puede tener como elementos primitivos derechos individuales, ya que la autonomía requiere bienes colectivos que no son el contenido de derechos individuales puesto que no son el objeto de deberes por parte de otros. Raz agrega que es imposible ser neutral acerca de ideales de lo bueno o excluirlos completamente como razones para la acción política. Una base para esta posición es que es imposible distinguir entre lo que antes hemos llamado "moral autorreferente" y "moral intersubjetiva": los ideales de virtud o las concepciones del bien pueden tener un amplio espectro, expandiéndose ellos hacia aspectos de organización social y ambas tienen, en el fondo, la misma fuente como pautas de moral intersubjetiva (puesto que el bienestar de los individuos está atado, esencialmente, a formas de organización social, que constituyen el contenido de la moral). Los defensores de la neutralidad deben entender por "concepciones de lo bueno" toda la moral excepto el propio principio de neutralidad. Otra razón por la cual es imposible excluir los ideales como razones para la acción política es que el Estado no puede basar sus directrices políticas en las preferencias de los individuos, como lo prescribe la política de bienestar, ya que aquellas preferencias se fundamentan en creencias acerca de ideales, y uno no desearía que sus preferencias se satisficieran si dichas creencias fueran falsas porque están basadas en ideales inválidos. La autonomía personal solamente requiere que muchas opiniones moralmente aceptables estén disponibles para las personas, no requiere que las malas lo estén también. Por lo tanto, el Estado debe garantizar este pluralismo, permitiendo a los individuos a acceder a vidas que exhiban diferentes combinaciones de virtud. Sin embargo, el Estado puede accionar para desalentar formas de vida malas aunque esa acción no debe incluir recurrir a la coerción, ya que ello menoscabaría la autonomía en sí misma. Pero el principio basado en la autonomía es un principio perfeccionista y el gobierno debería actuar sobre la base de él para promover las condiciones para la autonomía.

Aunque estos argumentos sacan a la luz serias cuestiones que requerirían una discusión más extensa que la que puede ser llevada aquí, pueden adelantarse, sin embargo, algunas dudas sobre su validez.

---

[8] Oxford, 1986, parte II.

Sería más fácil juzgar esta visión perfeccionista si fuera más explícita acerca de los ideales de vida que deberían ser favorecidos y descalificados por él, de tal manera que fuera posible determinar si el esquema resultante es compatible con lo que comúnmente se identifica con una concepción liberal de la sociedad. Como veremos más adelante, todos los liberales, aceptarían, por supuesto, la descalificación de aquellos planes de vida incompatibles con el principio de autonomía. Harían esto porque menoscaba la autonomía de otra gente por fuera de los límites impuestos por los principios de distribución de la autonomía, tales como los que presentaré más abajo. ¿Existen otras formas de vida que estos "liberales perfeccionistas" ansían excluir? Si existen, probablemente dudaríamos del componente liberal de su posición. Si no existieren, ¿en qué sentido serían perfeccionistas y se diferenciarían de otros liberales que se identifican a sí mismos como antiperfeccionistas?

Lo anterior, se conecta con un segundo foco de dudas que se centra en lo que estos autores entienden por concepciones de lo bueno e ideales de vida. Muchos de sus argumentos están basados en la asunción de que la autonomía en sí misma es un ideal y forma parte de una concepción de lo bueno y que, por lo tanto, el Estado no es neutral acerca de ideales y concepciones de lo bueno cuando promueve autonomía.

Dworkin menciona dos acusaciones a la concepción liberal de la sociedad que son, aparentemente, incompatibles entre sí; una es que el liberalismo es escéptico respecto de concepciones de lo bueno; la otra es que es autocontradictorio porque él mismo incluye una concepción de lo bueno. Para evaluar estas objeciones hay que distinguir entre, por un lado, concepciones o ideales de virtud personal o de lo bueno en una vida o lo que es una vida buena y, por el otro, concepciones o ideales de un orden social bueno o justo. Es verdad, como dice Raz[9], que aquélla es una distinción difícil ya que muchos ideales de vida personal se refieren a aspectos de la organización social o el contexto en el que uno vive. Sin embargo, pienso que algo puede decirse a fin de darle algún contenido a la distinción.

Para entender lo que él llama principio de neutralidad, Raz dice que las concepciones de lo bueno abarcan todos los aspectos de la moral, excepto el principio de neutralidad en sí mismo. Pero esto es circular, ya que el principio de neutralidad pretende ser neutral con relación a concepciones de lo bueno, y uno no puede determinar el espectro de este principio, y, por ende, lo que es el espectro del resto de la moral, sin determinar de una manera independiente lo que es abarcado por concepciones de la buena vida. Sin embargo, uno puede recurrir a este tipo de aproximación después de asignar algún contenido inicial a lo que es una concepción de la buena vida: tomemos la noción intuitiva de que consiste en ideales que valoran po-

---

[9] *Op. cit.*, cap. 5.

sitivamente las acciones y actitudes de una persona según su contribución al valor de su vida y en cómo reflejan un carácter moral virtuoso. El principio de autonomía personal asigna valor a una sociedad en la cual cada uno es libremente capaz de ajustar su propia vida a ideales de este tipo sin la interferencia del Estado o de otros individuos. Si le agregamos a este principio los principios que gobiernan la distribución de las condiciones de autonomía que serán vistas más adelante en este capítulo y consideramos también todos estos otros posibles principios los cuales son incompatibles con ellos, tenemos ante nosotros el campo de la moral intersubjetiva o social, hacia la cual el Estado no puede ser neutral.

Tal como veremos más adelante, el principio de autonomía y los principios que gobiernan su distribución son lo suficientemente ricos como para proveer un sistema normativo entero para la organización social. Todo el resto de la moral que es compatible con principios liberales sólo puede pertenecer a la esfera personal o autorreferente ya que, de lo contrario, o bien sería capturada por los principios sociales liberales o bien sería incompatible con ellos y podría, en consecuencia, ser excluida por inválida. Un ideal personal que no está implícito en los principios liberales y que no es incompatible con ellos puede ser tanto válido como inválido. La visión liberal, a diferencia de la perfeccionista, no necesita tomar postura acerca de la validez de aquellos ideales personales en la discusión sobre principios de la organización social, ya que estos principios no dependen de tal validez. Raz parece argüir que su concepción es perfeccionista porque sostiene que el Estado sólo debería permitir la persecución de ideales válidos. No demuestra, sin embargo, que todos los ideales que son compatibles con el principio de autonomía son válidos; bien podría haber otros fundamentos que los tornaren en inválidos. Si se asume que, más allá de dicha invalidez, el Estado no debería, según el principio de autonomía, interferir, esto no es lo que suele tomarse como una posición perfeccionista.

Por supuesto, el liberalismo descansa en una concepción de lo que es *socialmente* bueno, según la cual la autonomía de los individuos para elegir y materializar ideales que no son incompatibles con esta autonomía en sí misma es algo valioso. Esta adopción de una concepción de una buena sociedad no puede ser etiquetada como "perfeccionista" sin quitarle a este término toda relevancia clasificatoria; usualmente está ligada a la adopción de concepciones incompatibles con la anterior y que conciben como valiosas las interferencias con la adopción libre de algunos ideales que interfieren con una correcta distribución de la autonomía personal. Por esta razón la aserción de Haksar[10] de que Rawls introduce el perfeccionismo por la puerta de atrás, porque la idea de que una vida autónoma es una parte esencial del bienestar humano es una especie

---

[10] *Op. cit.*, p. 166.

de perfeccionismo, no es correcta. Creo que hay cierta confusión cuando se supone que la autonomía es una propiedad de algunos planes de vida, en lugar de una capacidad de elegir entre la más amplia variedad posible de planes de vida. Esto hace que se deslice imperceptiblemente del presupuesto del valor de la autonomía a la conclusión de que algunos planes de vida son mejores que otros y que esto es relevante para la actuación estatal.

En tercer lugar, estos autores no aclaran cuáles son los límites de la intervención estatal a favor de los ideales o planes de vida privilegiados. Cuando los pensadores liberales se oponen al perfeccionismo, lo conciben como una concepción de filosofía política que amplía las funciones del Estado de modo que éste se convierte en árbitro de ideales de excelencia humana en competencia o entre planes de vida basados en ellos. No lo interpretan como una concepción según la cual existen formas de vida mejores que otras. Esta posición será, por supuesto, endosada por muchos liberales que no son escépticos o relativistas respecto de la validez de ideales humanos; su discrepancia es sólo acerca de la relevancia jurídica de esa validez. Por esa razón, es desconcertante que Haksar haga suyos los argumentos de Mill para defender la abstención del Estado en favor de ciertas formas de vida, aunque luego defienda una injerencia tenue en esa materia. No es de ningún modo claro que los argumentos a favor y en contra del intervencionismo estatal en el campo de los ideales personales puedan converger en una posición ecléctica. Si es admisible que el Estado aliente ciertas formas de vida, ¿por qué no hacerlo a través de la pena, una vez que ésta es concebida como una mera técnica de disuasión? ¿Es ése el estímulo estatal que Haksar apoya, y que debería implicar un considerable despliegue propagandístico, compatible con la libre discusión de estilos de vida? En el caso de Raz, el uso de la coerción está limitado a desalentar las acciones que menoscaban la autonomía de la gente, aceptando el principio de daño que veda la coerción ejercida sobre acciones que no tienen ese efecto ya que reduciría la autonomía de las personas. Pero Raz también acepta que el Estado pueda adoptar medidas no coercitivas para promover o desalentar acciones que respondan a planes de vida que son repugnantes. Esto implica, en primer lugar, que hay planes de vida que son repugnantes más allá de que no repercutan en la autonomía de las personas. Posiblemente esto sea cierto, pero Raz no lo ha probado. En segundo lugar, sus argumentos para la interferencia del Estado parecen basarse en el valor de la autonomía y no en otros supuestos valores con relación a los cuales algunos planes de vida pudieran ser repugnantes sin ser nocivos. Y, en tercer lugar, no es claro que las medidas no coercitivas del Estado que promueven o desalientan ideales de vida no limiten la autonomía de las personas (en primer lugar, los impuestos y similares implican una coerción indirecta y esto disminuye la autonomía de algunos sin expandir la de otros; en segundo lugar, la promoción de planes de vida a través de propaganda o provisión pública reduce las posibilidades de elegir o materializar otros, y por lo tanto menoscaba la autonomía de las personas).

Finalmente, Raz tiene razón en que una posición liberal debería ser compatible con una concepción objetivista según la cual las preferencias, aun las autorreferentes, dependen de creencias en valores e ideales, en vez de que los valores e ideales dependan de las preferencias. Pero no es verdad que bajo una concepción objetivista de lo bueno, uno no desearía que se lo ayude a satisfacer una preferencia si el ideal en el que está basada fuera falso[11]. Precisamente, la idea de la autonomía personal implica que, como veremos en la próxima sección, es valioso y, por lo tanto, cada uno de nosotros debería tener la oportunidad de satisfacer sus preferencias aun si resulta que, desafortunadamente, están basados en ideales inválidos. Quien adhiere al principio de autonomía preferiría, por supuesto, que sus preferencias estuvieran basadas en ideales válidos, pero prefiere todavía más tener la capacidad individual de satisfacer cualquier preferencia que llegue a tener (que fueran compatibles con el propio principio de autonomía), más allá de la validez de los ideales sobre los cuales se basan. Esta preferencia de segundo orden no está, por supuesto, basada en el valor que fundamenta las preferencias de primer orden, que pueden ser inexistentes, ni en el valor de satisfacer las preferencias cualquiera fueran los ideales sobre los cuales están fundamentadas, sino que se basa en el ideal social de la propia autonomía. Por supuesto, el valor objetivo de este ideal se presupone y por lo tanto su validez no depende de las preferencias de la gente hacia él. La próxima sección lidiará con la explicación de por qué el principio de autonomía individual debe ser tomado como objetivamente válido.

III.- El discurso moral y la justificación del principio de autonomía.

El principio de la autonomía personal que sostuvimos y defendimos en las secciones previas tiene dos aspectos diferentes. El primero consiste en valorar positivamente la autonomía de los individuos en la elección y materialización de concepciones de la buena vida y planes de vida basados en ellas. El segundo aspecto consiste en vedar al Estado y a otros individuos a interferir en el ejercicio de esa autonomía. Empecemos por el primer aspecto de ese principio, o sea, la asignación de un valor positivo a la libre elección de planes de vida.

Es fácil advertir que esta autonomía personal que el principio valora positivamente es sólo una parte de la autonomía en sentido kantiano. Esta última se manifiesta en la libre elección no sólo de pautas de la moral autorreferente, sino también de cualquier otra pauta moral, incluyendo aquellas que corresponden a la moral intersubjetiva. O sea que aquí tenemos dos sentidos de "autonomía" que

---

[11] *Op. cit.*, p. 166

son tales que uno está comprendido por el otro, y el dominio del último es más amplio que el primero. El último, empleado por Kant y que puede ser considerado como autonomía moral, se refiere a la libre adopción, como guía de acciones y actitudes, de *cualquier* principio moral. El primero, que es el que está incorporado al principio liberal de la autonomía *personal*, se refiere sólo a la libre elección de pautas y modelos correspondientes a la moral personal o autorreferente (que es la que determina los planes de vida de los individuos). Va de suyo que si se prueba que la autonomía moral es valiosa, entonces resulta demostrado el valor de la autonomía personal incorporado en el principio liberal.

La autonomía moral en sentido kantiano está estrechamente conectada con un rasgo fundamental del discurso moral; el hecho de que éste no opera a través de la coacción, el engaño, o el condicionamiento, sino a través del *consenso*. O sea que el discurso moral, a diferencia de, por ejemplo, el derecho, aspira a obtener una convergencia de acciones y actitudes a través de la libre aceptación de los mismos principios últimos y generales para guiar la conducta.

Si éste es el objetivo del discurso moral, entonces cuando participamos en él honestamente, valoramos positivamente la autonomía de las personas que se manifiesta en acciones que están determinadas por la libre elección de principios morales. No importa que valoremos la autonomía como un fin en sí mismo o como un medio para otro propósito autointeresado o colectivo, como la evitación de conflictos y alcanzar la cooperación que son las funciones últimas de la práctica del discurso moral. Lo que importa es que la participación genuina y sincera en esa práctica implica que se valora la libre adopción de principios morales.

La regla básica del discurso moral, que constituye el acuerdo mínimo que suscribimos en forma tácita cuando participamos lealmente en él, podría expresarse de este modo: es deseable que la gente determine su conducta sólo por la libre adopción de los principios morales que, luego de suficiente reflexión y deliberación, juzgue válidos. La presunción de que nuestros interlocutores comparten con nosotros la adhesión a esta regla básica –por más radicalmente que difieran de nosotros en sus ideas morales sustantivas– es lo que le da sentido a nuestra preocupación de convencerlos acerca de la validez de ciertos principios morales. Si ellos no estuvieran dispuestos a guiar sus conductas y actitudes por los principios que honestamente consideren válidos sino por otros factores, o si no estuvieran dispuestos a reflexionar sobre qué principios aceptarían si fueran plenamente racionales, tuvieran en cuenta por igual el interés de todos los individuos afectados etc., el diálogo con ellos sería superfluo e ineficaz como técnica de coordinación de acciones y actitudes. Por supuesto que no podemos extraer de los demás el compromiso de que van a guiar sus acciones no por los principios que, después de la debida reflexión, ellos consideren válidos sino por los principios que son realmente válidos. Éste sería un compromiso inoperante, puesto que cada uno interpretaría que ha sido cumplido o violado según sus propias pautas de moral sustantiva, y no constituiría, entonces, un punto de partida apto para que el discurso moral se ponga en marcha con miras a convergir en acciones y actitudes que son, *ab initio*, divergentes. Por eso, el compromiso mínimo que permite llevar adelante el discurso moral consiste en guiar las propias acciones y actitudes por los principios que uno *juzgue* válidos, luego de sopesar de una manera reflexiva las consideraciones a favor de o en contra de ellos desde un punto de vista moral. (La regla básica del discurso moral contiene también una condición de preeminencia –acciones que son moralmente relevantes deben estar determinadas por la aceptación libre de principios morales por sobre otras consideraciones – y una condición de operatividad –todos los principios morales que se consideren válidos deberían ser tomados en cuenta para guiar las acciones a las cuales son aplicables.)

Puede decirse en conexión con este punto que el objetivo inmediato del discurso moral no es la libre aceptación de cualquier principio moral, no obstante lo aberrante que pudiera ser, sino la libre aceptación de principios morales *válidos*[12]. Es obvio que ajustar nuestra conducta a principios morales válidos es algo valioso, de hecho es tan valioso que, como veremos en breve, podría aun justificar bajo determinadas condiciones la imposición forzosa de aquellos principios. Pero el punto crucial es si este valor es originario o si deriva, como veremos en breve, del valor de la autonomía que se manifiesta en la oportunidad de elegir tanto principios válidos como inválidos. Si la primera alternativa fuera el caso, como sostiene una de las variantes del perfeccionismo, estaría justificada la supresión de la autonomía de la gente y todos los bienes basados en ella, en aras de satisfacer principios que son asumidos como válidos independientemente del valor de la autonomía. Si, en cambio, la autonomía es la fuente de casi todos los valores sociales, como veremos en breve, el valor de satisfacer principios válidos debe derivar del valor de la capacidad de elegir principios válidos o inválidos.

Dije al final de la última sección que la autonomía personal fundamenta la preferencia de ser capaz de elegir pautas autoreferentes aun bajo riesgo de elegir las incorrectas. Esta preferencia, extendida a abarcar no sólo las pautas morales autorreferentes sino también las intersubjetivas, es lo que yace a nuestra participación honesta en el discurso moral. Por este motivo, no recurrimos a otras técnicas que quizás, o, en realidad, muy posiblemente, son más eficaces para hacer que otras personas actúen según principios que, desde nuestro punto de vista, son válidos. Cuando recurrimos a la ardua tarea de discutir los méritos morales de una solución, en lugar de valernos de medios propagandísticos, manipuladores, o coercitivos para promover su adopción, es porque valoramos la libre adopción de principios morales por parte de todos, aun bajo el riesgo de que los otros terminaran por adoptar

---

[12] Debo esta sugerencia a Marcelo Alegre.

los principios que consideramos incorrectos, por sobre la mera satisfacción de principios morales válidos. Es ésta la preferencia que está reflejada en la regla básica del discurso moral que sólo requiere que uno adopte los principios que, después de la debida reflexión y deliberación, considere válidos.

Si esta es una reconstrucción plausible de la regla que expresa el compromiso mínimo que se asume cuando participamos genuinamente en la práctica social del discurso moral, es *pragmáticamente inconsistente* defender, en el contexto del discurso moral, una posición que implique no desear, aun *prima facie,* que los demás acepten libremente, después de la debida reflexión y deliberación, principios que nosotros, pero no ellos, consideramos inválidos.

Para entender mejor este punto, es conveniente advertir que la participación en la práctica del discurso moral es una acción *intencional,* que no tiene lugar por el mero hecho de que se arguya en favor de cierta posición moral, sino que exige además la comunicación de la intención de presentar, explícita o implícitamente, un principio para que el interlocutor lo acepte sobre la base de buenas razones. Esa intención, para ser admisible, debe derivar de la adopción de la regla básica de que es deseable que la gente guíe su conducta por los principios que juzgue válidos. Es, en consecuencia, inconsistente cuando ella se dirige a la adopción de un principio incompatible con esa regla básica.

Esto supone que, como dice Alan Gewirth[13], las acciones tienen cierta estructura normativa. Tal estructura se esclarece si adoptamos la tesis de Davidson[14] de que la expresión de la intención con que se realiza una acción es un juicio valorativo o normativo del tipo "es deseable tal y tal estado de cosas". Si esto es así, y si la intención que hace que la participación en el discurso moral sea honesta y genuina deriva de la adopción de la regla básica de ese discurso, esa intención es expresable a través de un juicio del tipo: "dado que es deseable actuar sobre la base principios libremente aceptados después de la debida reflexión y dado que, si reflexionamos sobre el principio x advertiremos que está basado en buenas razones, es deseable que uno actúe sobre la base de la libre adopción del principio x".

Cuando el principio que está siendo defendido es uno que niega todo valor *prima facie* a la autonomía de las personas en la elección de principios morales para guiar sus acciones, entonces, la intención de quien fuera que asumiera su defensa, necesariamente se expresará en un juicio que padezca algún tipo de autoinconsistencia. Implica la intención de participar honestamente en el discurso moral para negar el valor de la autonomía en la elección de pautas morales. Dada la inconsistencia de la intención con que se lleva a cabo, la formulación de un juicio de esa índole no es una movida permitida en el contexto del discurso moral.

---

13 Véase *Razón y Moral,* Chicago, 1978, p. 48.
14 Véase "Intending" en *Actions and Events* (Oxford, 1982).

No cuenta como una propuesta que puede ser considerada, en ese contexto, sobre la base de sus propios méritos.

Éste es un tipo de justificación sobre la base de la inconsistencia pragmática, análoga a la que John Finnis[15] ha ensayado para fundamentar el valor del conocimiento, llamando a este tipo de argumentos "retorsivos". De la misma manera, hay analogías al tipo de argumento que Gewirth ha presentado para demostrar el valor de la libertad y del bienestar que hacen posible cualquier acción. Sin embargo, en estos últimos casos la argumentación presenta dificultades, puesto que ella aparenta apoyar una conclusión mucho más restringida que la que se pretende justificar. Me parece que, en el mejor de los casos, Finnis sólo muestra que quien se pregunta por el valor del conocimiento presupone el valor del conocimiento de *esa* proposición, pero no de otras. En el caso de Gewirth, creo similarmente que lo que, a lo sumo, se podría concluir es que quien actúa intencionalmente presupone mientras actúa el valor de las condiciones que hacen posible esa acción, pero no el de aquellas que posibilitan cualquier acción. En cambio, me parece que el mismo problema no se plantea en la presente argumentación, puesto que ella se apoya en el hecho de que la formulación de un juicio que niega el principio de autonomía es inconsistente con la regla general que tal formulación debe aceptar a fin de que sea vista como un caso de la práctica general del discurso moral.

Si no hay posibilidad de defender, en el contexto del discurso moral, un principio que niegue el valor de la autonomía moral, esto significa que ese valor es inherente a la estructura del discurso moral. De ahí que la autonomía que se manifiesta en la elección de principios morales para guiar las propias acciones y actitudes tenga un valor moral *prima facie*.

Este valor *prima facie* de la autonomía moral se transmite a las acciones que manifiestan esa autonomía, o sea las acciones que están determinadas por la libre elección de principios morales que prescriben tales acciones. Cualquiera que sea la validez de los principios morales en cuestión, las acciones que están determinadas por la adopción de tales principios tienen algún valor *prima facie*. Esto refleja lo que suele calificarse como el valor de la autenticidad moral y hace eco a la idea que aun en las acciones de un nazi convencido podría haber *algún* valor.

Pero como lo demuestra este último ejemplo, ese valor es sólo *prima facie* y puede verse amplia y contundentemente contrarrestado por otros aspectos de la acción, de modo que el juicio final puede ser que la acción es, todas las cosas consideradas, abominable. En especial, y tal vez exclusivamente, esto es así cuando los efectos de la acción autónoma afectan la autonomía de terceros. Un individuo muerto, violado, engañado, etc. tiene menos capacidad de elegir y materializar sus pautas morales.

---

[15] J. M. Finnis, *Natural Law and Natural Rights*, (Oxford, 1980), pp. 64ff.

Como los principios de la moral intersubjetiva están dirigidos precisamente a preservar la autonomía de los individuos frente a actos de terceros que la menoscaben, entonces hay razones para que el Estado y otros individuos hagan valer tales principios aun contra quienes no los adoptan libremente. Si bien ello infringe el principio de autonomía al impedir la ejecución de de acciones autónomas, esta interferencia puede ser prescripta por el mismo principio de autonomía, puesto que se trata de hacer posible otras acciones autónomas. El balance entre la autonomía que se pierde y la que se gana debe ser hecho según los principios de distribución discutidos en otra parte.

En suma, del principio de autonomía moral podemos derivar una serie de principios de moral intersubjetiva que vedan acciones como matar, dañar, violar, etc. y aun normas permisivas que nos permiten usar la coerción, a fin de hacer valer aquellos principios de moral intersubjetiva. Es de esta manera que, bajo una concepción liberal, el valor de la satisfacción de pautas morales válidas, aun a través de la coerción, deriva del valor de la autonomía en la elección de pautas morales, válidas o inválidas, y no al revés.

Pasemos ahora al segundo aspecto del principio de autonomía de la persona: la prohibición de que el Estado y los particulares interfieran la libre elección y materialización de ideales y concepciones de la buena vida, que son parte de la moral autorreferente. Inmediatamente es obvio que los argumentos que dimos con respecto a los principios intersubjetivos no se aplican aquí. No se puede apelar al propio principio de autonomía moral a fin de justificar la necesidad de restringir la autonomía de algunos individuos para proteger la de los otros, ya que en el caso de los ideales personales que no violan las pautas de moral intersubjetiva estamos tratando con acciones que no afectan la autonomía de terceros. Una cuestión distinta es si es posible prohibir acciones que afectan la autonomía del propio agente, que es el tema del paternalismo[16]. En consecuencia, en la medida en que los argumen-

---

[16] No puedo hacer aquí un análisis del complejo tema del paternalismo (véase, por ejemplo, mi libro "*Los Límites...*", capítulo 4). En lo que sigue, asumo que es posible distinguir una directriz política, medida o visión paternalistas de otra perfeccionista. Mientras que estas últimas contradicen al principio de autonomía ya que favorecen la imposición coercitiva de concepciones de lo bueno o de modelos de excelencia humana, las primeras son compatibles con ese principio, dado que sólo tienden a facilitar el logro de los individuos de su propia concepción de lo bueno, esto es, la concepción a la que él o ella ha adherido subjetivamente. Es discutible si puede haber medidas coercitivas paternalistas. Un individuo puede actuar en contra de su propio interés subjetivo o deseos por ignorancia, coerción, debilidad de la voluntad o problemas de coordinación tales como aquellos del dilema del prisionero. Los primeros dos casos de autolesión no son tratados de la mejor manera a través del recurso a la coerción, pero en relación con los dos últimos podría haber otra manera de sobrellevarlos. Se dice a veces que casos tales como la omisión de usar cinturón de seguridad son casos de debilidad de la voluntad que justifican medidas paternalistas coercitivas (véase G. Dworkin, "Paternalism", en R. Wasserstrom, ed., *Morality and the Law,* Belmont, Cal., 1971). De nuevo, casos tales como aquellos generados por la provisión de salud o de la seguridad social, regulaciones laborales e importan-

tos, basados en el propio principio de autonomía moral, para interferir en la autonomía de algunos individuos no se aplican al caso de la libre elección de ideales autoreferentes compatibles con las pautas intersubjetivas derivadas del principio de autonomía moral, la libre elección de adoptar estos ideales preserva su valor *prima facie* original. De esta manera podemos derivar del principio de autonomía moral, que se aplica a la elección de todas las pautas morales pero que da razones para hacer valer algunas de las intersubjetivas, el principio de autonomía personal, en sus dos aspectos de asignar valor a la libre adopción de ideales personales y de descalificar toda interferencia con tal elección.

Por cierto, puede haber otras razones para impedir la ejecución de estas acciones autónomas (autorreferentes). Pero esto es sumamente improbable, debido a dos consideraciones. En primer lugar, porque si esa interferencia no está justificada sobre la base del propio principio de autonomía, probablemente lo esté sobre la base de un principio que sea incompatible con él (dado el hecho de que el principio y sus derivaciones ocupan un espacio importante en la esfera de la moral social), y por lo tanto la defensa de tal interferencia en el contexto del discurso moral envolvería el tipo de inconsistencia práctica a la que aludí antes.

En segundo lugar, tal interferencia con las acciones autónomas autorreferentes difícilmente sea justificada por una razón que apoya independientemente al principio de autonomía personal. La imposición de ideales personales autorreferentes es autofrustrante cualquiera que sea el principio con que se la quiera justificar. Ello es así por la propia naturaleza de estos ideales, ya que ellos, a diferencia de las pautas de moral intersubjetiva, no pueden ser *satisfe-*

---

ces electorales pueden ejemplificar problemas de coordinación que sólo podrían ser resueltos recurriendo a obligaciones paternalistas coercitivas (en lo que concierne al voto obligatorio, véase mi artículo en *Reforma Constitucional: Segundo Dictamen del Consejo para la Consolidación de la Democracia,* Buenos Aires, 1987). Los argumentos y las medidas paternalistas y perfeccionistas frecuentemente están entremezcladas, como sucede por ejemplo en aquellos que favorecen la interferencia estatal en la tenencia de drogas para consumo personal (véase Nino, *Ética y Derechos Humanos,* Buenos Aires, 1984, cap. 9). A veces, el perfeccionismo determina una directriz política o medida de una manera muy sutil, como cuando las defensas y excusas penales y la medida de las penas son construidas de tal manera que reflejan una evaluación del carácter del agente *vis-á-vis* algún ideal de excelencia humana o virtud (véase Nino, *Los Límites...,* Nino, "Enforcement of Morality through the Criminal Law" en J. J. C. García *et al.,* eds., *Philosophical Analysis in Latin American,* Dordrecht, 1984, pp. 93-113). Por supuesto, el paternalismo se convierte en paternalismo legítimo cuando el individuo consiente con pertenecer a una organización social "total" que aspira a regular todos los aspectos de la vida individual. Tal consenso no es generalmente genuino con respecto a la membresía a un Estado, pero puede ser así en relación con otros grupos, como un kibbutz. Sin embargo, este no es el caso de los niños que crecen dentro de tales grupos. Por lo tanto, el principio de autonomía moral requiere que el Estado provea a toda la sociedad una educación liberal que ponga a los menores en contacto con las más diversas concepciones de lo bueno a fin de capacitarlos a hacer elecciones libres cuando alcancen la "edad de la razón" y, tal vez, opten por salir de las comunidades dentro de las cuales crecieron.

chos sin que sean adoptados espontáneamente. Es parte de lo que requiere el mismo contenido del ideal, que la persona se adhiera a él. Puede satisfacerse el principio que prohíbe matar impidiendo que alguien mate, aun cuando el individuo no haya adoptado libremente el principio en cuestión. En cambio, el ideal de un buen patriota no puede materializarse en un individuo si él no lo acepta libre y conscientemente. Lo más que puede obtenerse a través de la coerción y la presión es un comportamiento externo como levantarse cuando tocan el himno nacional, que, cuando no está acompañado de las actitudes subjetivas adecuadas, constituye sólo una parodia de conformidad que no satisface el ideal en cuestión.

Las directrices políticas y medidas perfeccionistas buscan imponer aquello que sólo puede ser aceptado espontáneamente. Son inherentemente inconsistentes. Tampoco se satisfacen los ideales de excelencia humana cuando la gente los adopta por error o confusión, o sea, cuando se supone que la gente no los habría adoptado si hubiera tomado contacto con ciertos hechos o ideales alternativos. Por esta razón, habrá siempre dudas acerca de estos ideales cuando el contexto social no ofrece oportunidades de contrastarlos con otros o cuando el Estado asume una actitud propagandística a su favor.

En consecuencia, el argumento derivado del carácter autofrustrante del perfeccionismo da apoyo al principio de autonomía personal, el cual es independiente de su derivación del principio de autonomía moral.

Obsérvese, finalmente, que tanto el argumento principal para la autonomía personal como el auxiliar no presuponen una posición escéptica acerca de ideales personales. Más aún, el primero asume que la gente los discute en el contexto del discurso moral, ya que de lo contrario la regla básica del discurso moral no se referiría a ellos sino sólo a la adopción de pautas intersubjetivas y la autonomía moral no incluiría la autonomía personal.

IV.- El contenido de los derechos humanos y el principio hedonista.

Aunque el principio liberal de la autonomía de la persona es perfectamente compatible con una visión objetivista de las concepciones de la buena vida, no requiere tal visión objetivista. También puede ser acomodado con una visión subjetivista sobre tales concepciones, según la cual en la esfera de la vida individual, el valor depende de la preferencia y no al revés. Aquí, el argumento sobre las preferencias es explicado por una suerte de teoría del error.

Sin embargo, tal como hemos visto en la última subsección, la concepción aquí defendida asigna valor objetivo a la autonomía personal, valor que no depende de las preferencias de los individuos. Esto implica que la evaluación de los bienes que son instrumentales para la preservación y expansión de la autonomía personal en la elección y materialización de planes de vida es también objetiva.

La determinación de los bienes que son instrumentales para la autonomía personal está conectada con un problema básico que necesariamente debe enfrentar la articulación del principio de autonomía: ¿El cumplimiento de ese principio requiere maximizar la *satisfacción* de las preferencias o planes de vida que la gente ha elegido o exige sólo maximizar la *capacidad de elección* de planes de vida o preferencias?

En verdad, la alternativa no es fácil de discernir, puesto que si un individuo no tiene los medios para satisfacer un plan de vida que ha elegido, mal puede decirse que tenía la capacidad de elegirlo. Su elección fue completamente inoperante.

Sin embargo, la diferencia se advierte si comparamos las posibilidades que los individuos tienen de satisfacer sus planes de vida con los mismos recursos *ex ante* y *ex post* de la elección; después de la elección, el individuo que ha elegido el plan que requiere más recursos tiene menos posibilidad de satisfacerlo o de atender otras preferencias.

Aquí no nos interesa la cuestión de una supuesta igualdad en el goce de autonomía, sino la cuestión del *grado de autonomía* de los individuos. ¿Debería determinarse por la extensión de la clase de planes de vida que los individuos pudieran adoptar y satisfacer con mayor o menor intensidad o por la medida en que el individuo puede satisfacer las preferencias adoptadas? En el primer caso, es necesario tomar en cuenta los recursos físicos, intelectuales y económicos con que cuentan los individuos (para establecer el grado de autonomía). Dos individuos con recursos equivalentes, lo que podría requerir compensaciones entre diferentes tipos de recursos, gozan el mismo grado de autonomía. En el segundo caso, hay que tomar como fijo la preferencia actual de los individuos, y sólo son relevantes los recursos que sirven para satisfacer, precisamente, aquellas preferencias. Dos individuos tendrían el mismo grado de autonomía en la medida en que sus respectivos recursos alcancen para satisfacer en la misma medida sus respectivas preferencias, más allá de cuán diferentes fueran esos recursos.

Esto plantea la cuestión respecto de si el valor de la autonomía implica preeminentemente el valor de *optar* por diversos planes de vida o preferencias o el valor de la capacidad de *satisfacer* planes de vida o preferencias ya formadas. Se podría decir que ambas capacidades son valiosas y que, en el caso de un mismo individuo, no son incompatibles ya que los recursos que expanden una de las capacidades expanden, en general, también la otra.

Pero en el caso de distintos individuos tales capacidades sí pueden ser incompatibles, puesto que los recursos que necesita un individuo para satisfacer una preferencia cara, podrían reducir el menú de preferencias posibles de otros individuos aun cuando sus preferencias presentes no requieran esos recursos.

Frente a este dilema, casi todos los pensadores liberales como Rawls[17], Dworkin[18] y Ackerman[19], se pronuncian por jerarquizar el valor de la capacidad de optar por diversos planes de vida sobre el valor de la capacidad de satisfacer las preferencias adoptadas. Ellos sostienen que en una concepción liberal de la sociedad los individuos son responsables por sus elecciones de planes de vida y la adopción de preferencias. Esa elección o adopción no debería ser vista como un accidente del que fueron víctimas y por el que el Estado u otros individuos deben compensar con recursos adicionales como si fueran discapacitados físicos o mentales.

No me interesan aquí los principios que efectivamente descalifican la concepción de las preferencias como si fueran accidentales. Por el momento, basta sugerir que si bien la capacidad de satisfacer planes de vida elegidos posee un valor endosado por el principio de autonomía personal (ya que esta autonomía se restringe cuando hay planes de vida imposibles de satisfacer), según ese principio, la capacidad de optar entre *diversos* planes de vida es aún más valiosa. Esto quiere decir que, si bien es justo (contra lo que dice Ackerman[20]) que los recursos no utilizados por los individuos con preferencias más baratas sean no desperdiciados sino redistribuidos para aquéllos con preferencias más caras, esta asignación debe ser provisional y revertirse tan pronto ocurra un cambio en las preferencias de los primeros.

Todo esto todavía deja sin resolver un conjunto abrumador de problemas y complicaciones que deben ser resueltos, muchos de los cuales no pueden ser tratados aquí. Pero aun cuando la formulación del principio de autonomía personal es todavía considerablemente vaga, ella permite, sin embargo, inferir el contenido de algunos derechos individuales básicos, que está dado por los bienes o intereses que esos derechos protegen. Estos bienes son los necesarios para la elección y materialización de planes de vida de los individuos.

El bien más genérico que está protegido por el principio de la autonomía personal es la libertad de realizar cualquier conducta que no dañe a otras personas. Esta es la libertad consagrada por los artículos 4 y 5 de la Declaración de los Derechos del Hombre y del Ciudadano de Francia de 1789, defendida por J. S. Mill en *On Liberty*[21] y recogida por algunos textos constitucionales, como el artículo 19 de la Constitución argentina[22]. Conviene destacar que muchos de los otros

---

17 Véase J. Rawls, "Social Unity and Primary Goods" en *Utilitarianism and Beyond*, Cambridge, 1982, p. 165.
18 Véase R. M. Dworkin "What is Equality?" *Philosophy and Public Affairs* 10 (1981), partes 3 y 4.
19 B. Ackerman, *Social Justice and the Liberal State*, New Haven, 1980, pp. 61f.
20 *Id.*, cap. 5.
21 Véase J. S. Mill, *On Liberty*.
22 El primer párrafo del artículo 19 dice: "*Las acciones privadas de los hombres que de ningún modo ofendan al orden y a la moral publica, ni perjudiquen a un tercero, están sólo reservadas a Dios, y exentas de la autoridad de los magistrados*".

bienes, que son contenidos de derechos particulares son o bien necesarios para la materialización de éste bien, o específicas instancias de él.

Es obvio que, excepto en casos de particulares proyectos místicos, la vida consciente es un bien imprescindible para la mayor parte de los proyectos personales, aun cuando alguno de ellos podría incluir la perspectiva de arriesgar o quitarse esa misma vida. Este último componente de algunos planes de vida plantea problemas serios para distinguir un paternalismo legítimo de un perfeccionismo ilegítimo bajo una concepción liberal de la sociedad. Si bien la disminución voluntaria de las probabilidades de supervivencia limita, como es obvio, las oportunidades para elegir un plan de vida, ella puede constituir un aspecto esencial de un plan de vida que un individuo ha elegido con tal devoción que las demás opciones han perdido sentido para él. Es éste un problema intrincado y aquí sólo quiero decir que el principio de autonomía no permite asignar el mismo valor a la mera vida vegetativa. Alguien que se encuentra, por ejemplo, en un estado de coma irreversible, ha perdido su capacidad potencial para elegir y satisfacer sus planes de vida, aun cuando su supervivencia en esas condiciones sea relevante para los planes de vida de otra gente. Lo mismo es aplicable a la integridad corporal y psíquica. Verse libre de dolores y de depresiones y perturbaciones psíquicas, contar con el funcionamiento normal de los órganos y miembros del cuerpo, no estar afectado por desfiguraciones, en suma, gozar de salud física y mental, constituye una condición que amplifica considerablemente la capacidad de elegir y materializar planes de vida.

Una extensión natural del bien constituido por el goce del buen funcionamiento del cuerpo y de la mente está configurada por la libertad frente a posibles obstáculos externos a ese buen funcionamiento. Unas rejas que impiden moverse son equivalentes a una parálisis de los miembros. Estar sometido a ruidos ensordecedores es tan perturbador como padecer una depresión. Por otro lado, si es valioso como instrumento para elegir y materializar planes de vida contar con el buen funcionamiento de los miembros, también será valioso para los mismos fines poder contar con recursos que amplifiquen ese funcionamiento.

El desarrollo de facultades intelectuales a través de la educación es también una condición imprescindible para elegir y materializar planes de vida En este caso, el bien en cuestión incide fundamentalmente en la capacidad de elección, permitiendo a las personas entrever formas de vidas que no se perciben fácilmente en su ausencia. Claro está que del principio de autonomía personal se infiere podemos derivar no la bondad de cualquier tipo de educación sino de una educación liberal; esto es, una educación que, además de transmitir críticamente las pautas de la moral intersubjetiva, ofrece medios para elegir libre y conscientemente el propio proyecto sin imposición dogmática.

Dado que la vida espiritual de muchos se proyecta en la búsqueda de una realidad trascendente y del contacto con una divinidad, o en la persecución del saber científico, en la expresión de la sensibilidad artística, o en la exploración de formas colectivas de vida, el principio de autonomía personal requiere una amplia libertad de expresión de ideas y actitudes religiosas, científicas, artísticas, políticas, etc. Pero el fundamento de este bien es todavía más profundo que el principio de autonomía personal. Tal como se infiere de la discusión en la sección precedente acerca de la justificación de este principio, la propia regla básica del discurso moral, el principio de autonomía moral del cual deriva el principio de autonomía personal, reconoce una amplia libertad de expresión de ideas.

Un aspecto importante de la autorrealización de un individuo está dada por diversas modalidades de vida afectiva, sexual, familiar, por lo que el principio de autonomía personal consagra una amplia libertad en el desarrollo de la vida privada y de las relaciones íntimas.

El principio de autonomía requiere una considerable libertad de asociación, de modo que los individuos puedan participar en las comunidades voluntarias totales o parciales que consideren convenientes para garantizarse a ellos mismos determinados ambientes y patrones de cooperación que no pueden ser impuestos en una sociedad liberal.

Buena parte de los bienes anteriores requieren, en cualquier sistema económico, el control de los recursos materiales. Esto supone tanto el acceso a ese control como su preservación. Como es obvio, la producción de esos recursos requiere trabajo, y el trabajo constituye tanto un importante medio de autorrealización como un factor que limita esa autorrealización a causa del gasto de tiempo y energía que él implica. El principio de autonomía personal erige como un bien tanto la realización de trabajo significativo como contar con períodos de ocio para atender otros aspectos de la autorrealización.

De la provisión de estos bienes emerge como un bien de segundo nivel la seguridad personal, o sea el de no verse privado de los bienes anteriores por acciones arbitrarias.

Este rápido inventario de los bienes que el principio de autonomía personal reconoce como el contenido de derechos está lejos de ser exhaustivo. Tal vez la laguna más importante que nuestro análisis exhibe está dada por los llamados bienes hedonistas; verse libre de dolor y tener oportunidades de sentir placer. Fueron mencionados sólo al pasar en conexión con el bien de la salud y la integridad física y psíquica, alegándose allí que el sufrir dolor o la incomodidad pueden perjudicar la posibilidad de elegir y materializar planes de vida. Pero la conexión entre sufrir dolor y estar impedido de elegir y perseguir un proyecto personal, y tener placer y satisfacer un plan de vida no es lo suficientemente fuerte como para dar cuenta de nuestra intuición acerca de la bondad de la ausencia del dolor y sentir placer, cualquiera que sean nuestros planes de vida. Esto probablemente significa que estos bienes tienen una fuente de valor independiente del principio de autonomía personal.

Es probable que nosotros debamos aceptar que una concepción liberal de la sociedad incluya como principios de valor no sólo la autonomía sino también un principio hedonista según el cual el placer y la ausencia de dolor son *prima facie* valiosos. Quizá, como argumenta Lawrence Haworth[23], este principio presupone el de autonomía, ya que el placer puede ser definido, siguiendo a Brandt[24], como cualquier sensación que hace que su continuación sea deseada, y esto implica que cuando provocamos placer estamos satisfaciendo un deseo o preferencia. Pero los únicos deseos o preferencias que vale la pena satisfacer son los que son autónomos, ya que sólo los deseos y preferencias que formamos de manera consciente y libre son verdaderamente nuestros y respetarlos incluye respetar a sus titulares. Si esto fuera así, reconocer el principio hedonista implica aceptar el principio de autonomía personal, aunque la inversa no es necesariamente el caso. Esto podría conducir a aceptar el principio hedonista como parte de la base valorativa de una concepción liberal de la sociedad, junto al principio de autonomía personal.

Mucho más de lo que puedo aquí debería decirse sobre el principio hedonista. Especialmente, su conexión con la estructura del discurso moral. Esto debe demostrase para que quede justificado bajo una concepción metaética constructivista. El problema principal que tiene que enfrentar una teoría de filosofía política con relación a los bienes que derivamos del principio de autonomía personal y su suplemento, el principio hedonista, es el de su distribución. El principio de la autonomía personal y el principio hedonista son principios agregativos. Asignan valor a un estado de cosas, la capacidad de elegir y materializar planes de vida para sentir el placer y evitar el dolor. Cuanto mayor sea la cantidad de esos valores en el mundo, mejor, sin perjuicio de cómo son distribuidos entre diferentes personas. Esta cuestión de la distribución demanda otros principios pero el espacio precluye su discusión en este trabajo.

---

[23] L. Haworth, "Autonomy and Utility", *Ethics 95*, 1985, parte 5.
[24] R. B. Brandt, *A Theory of the Good and the Right*, Oxford, 1971, p. 38.

LIBERTAD, IGUALDAD Y CAUSALIDAD*

Lo primero que me propongo hacer en este trabajo es presentar, de manera esquemática, una teoría sobre el modo en que los derechos humanos "tradicionales" (como el derecho a la vida o la libertad de culto) se generan a partir de la combinación de dos conocidos y fundamentales principios de la concepción liberal de la sociedad. Para ello, deberé ignorar una cantidad de problemas que estos principios presentan, pero esto es necesario para arribar al tema principal de este trabajo: la antigua pregunta sobre el alcance con el cual estos principios también justifican, o, por el contrario, descalifican, algunos derechos "nuevos" (como el derecho a la asistencia médica o a una vivienda digna). La tarea de contestar esta pregunta –la cual, por supuesto, trata la cuestión que divide a las ramas conservadoras y progresistas del liberalismo– implica identificar los presupuestos sobre los cuales descansa la existencia de un enlace, o de una brecha, entre ambos tipos de derechos. La tesis de este ensayo es que uno de estos presupuestos se relaciona con concepciones acerca de la *causación de resultados por omisión*.

El principio de la inviolabilidad de la persona

Si revisamos la lista de derechos humanos y centramos nuestra atención en los derechos consistentes en que no se nos hagan ciertas cosas (como el derecho a preservar nuestra integridad corporal) –en oposición a los derechos a hacer ciertas cosas[1]– detectaremos con facilidad que se basan en un principio que, formulado a grandes rasgos, prohíbe causar daño a las personas o imponerles sacrificios, en contra de su voluntad, con el fin de la consecución de objetivos que no

---

* 'N. del E.] Publicado originalmente en inglés con el título "Liberty, Equality and Casuality", en *Rechtstheorie*, vol. 15 (1984), traducción de Andrea de la Fuente.
[1] Esta clasificación de derechos no es nítida, ya que una de las cosas que puede hacérsele a alguien es impedirle que haga algo. Sin embargo, la distinción puede ser utilizada con tranquilidad si interpretamos que la primera clase de derechos sólo abarca a aquéllos dirigidos a evitar que se nos haga daño y excluye a los que consisten en prohibir directamente una conducta.

incluyen, fundamentalmente, consideraciones sobre su bienestar. Este principio puede denominarse "principio de inviolabilidad de la persona". Un principio de este tipo guarda vinculación con la famosa segunda formulación del imperativo categórico kantiano, que nos ordena actuar de forma tal que siempre tratemos a la humanidad, ya sea en la persona del agente o de otras personas, como un fin en sí mismo y nunca como sólo medios[2]. Pero esta formulación de Kant, que fue de alguna manera anticipada por Locke[3], es más amplia que el principio de inviolabilidad tal como lo he formulado, ya que existen formas de tratar a las personas como sólo medios que no involucran dañarlas ni sacrificarlas (imagine, por ejemplo, que alguien tiene en su casa una máquina que funciona gracias a la presión ejercida sobre el pavimento por transeúntes en el exterior. Esto sería una utilización inocua de las personas).

Como bien es sabido, algo parecido a este principio de inviolabilidad de la persona ha sido utilizado recientemente como una fuerte herramienta contra el utilitarismo, al que se acusa de tratar a las personas como sólo medios en cuanto permite el sacrificio de algunas personas para maximizar la felicidad o la utilidad o el bienestar agregados de la sociedad en su conjunto. Lo realmente novedoso de este ataque al utilitarismo es el punto enfatizado por autores como Gauthier[4], Rawls[5] y Nozick[6] de que la razón por la cual esta doctrina permite el sacrificio de algunas personas para lograr el mayor beneficio de otras es que ignora la relevancia moral de la *separabilidad* de las personas, al tratar a los intereses de distintas personas como si fueran los intereses de un único individuo[7].

---

[2] Véase su *Grundlegung zur Metaphysik der Sitten*, Riga 1785; yo utilizo la versión en español, *Fundamentación de la metafísica de las costumbres*, tr. M. Garcia Morente, Madrid 1977, p. 84.
[3] Véase "An Essay Concerning the True Origin, Extent and End of Civil Government", en E. Baker (ed.), *Social Contract*, Oxford 1971, sec. 6, p. 6.
[4] En *Practical Reasoning*, Oxford 1963, p. 126.
[5] En *A theory of Justice*, Oxford, 1972, pp. 26/7.
[6] En *Anarchy, State and Utopia*, Oxford, 1974, pp. 28, 29, 32 y 33.
[7] De las respuestas del utilitarismo a esta importante acusación, tal vez la más ingeniosa sea la esbozada por Derek Parfit en su artículo "Later Selves and Moral Principles", en A. Montefiori (ed.), *Philosophy and Personal Relations*, Londres, 1973, p. 137. Parfit se basa en una concepción compleja de identidad personal según la cual ésta no depende de una propiedad simple sino de la conexidad entre propiedades corpóreas y mentales a lo largo del tiempo. Sostiene que esta concepción puede dar sustento a la comparación interpersonal de beneficios y cargas que caracteriza al utilitarismo, ya que como la identidad deviene menos profunda –porque involucra menos hechos- la importancia de la separabilidad de las personas se vería disminuida. Sin embargo, está lejos de ser claro que la concepción compleja de identidad personal dependa de menos factores que las tenidas en cuenta por la concepción simple (si fuese así, ¡esta concepción sería más compleja que la 'compleja'!), y, de todas formas, tampoco es claro que el número de factores involucrados en una distinción la convierta en menos importante: supongo que tal importancia depende de la naturaleza de esos factores y de la forma en la cual se relacionan con la distinción. Si la concepción compleja no disminuyera la importancia de la identidad personal con respecto a la que posee para la concepción simple, esto tendría el efecto, tal como Parfit admite, de extender la aplicabilidad de principios de distribución, los cuales serían apli-

Thomas Nagel[8] ha argumentado convincentemente que el rechazo de la forma de combinar las pretensiones individuales que caracteriza al utilitarismo presupone un interés impersonal por cada persona como individuo, es decir que adopta el punto de vista de cada persona por separado en lugar de un punto de vista que comprenda a la totalidad del grupo relevante de personas. Nagel cree que la visión 'fragmentada' del razonamiento moral es compatible con dos concepciones diferentes de la igualdad: la que llama 'la concepción de los derechos' –que implica que ciertas pretensiones no pueden violarse para satisfacer otras–, y 'la concepción igualitaria' –que da preferencia a las pretensiones más urgentes (con el fin de arribar a la asignación que sea menos inaceptable para quienes sea más inaceptable). Sin embargo, en ausencia de una discusión más profunda, no resulta claro si la concepción igualitaria (tal como Nagel la ilustra con el ejemplo de un padre que sacrifica los intereses de su hijo sano por los de su hijo discapacitado) satisface la exigencia de unanimidad ínsita en la concepción 'fragmentada' del razonamiento moral, o si, por el contrario, termina acercándose a una forma de utilitarismo negativo que busca reducir la infelicidad. Si bien regresaré luego al igualitarismo (preguntándome si en última instancia se lo puede distinguir de la concepción de los derechos), a primera vista parece que si el razonamiento moral avanzara adoptando el punto de vista de todos los involucrados tomándolos como entidades separadas, debería reconocerse algo como el principio de inviolabilidad de la persona, y los derechos deberían cumplir una función esencial en cualquier sistema moral plausible.

Pero todas estas consideraciones son claramente insuficientes para derivar de ellas cualquier derecho fundamental, ya que si bien exponen cuál sería la función de tales derechos en el contexto de una concepción de filosofía moral y política –"atrincherar" ciertos bienes contra distinta clase de pretensiones–, no indican cuál debe ser su *contenido*. El principio de inviolabilidad de la persona prohíbe el sacrificio de un individuo con fines distintos al de la consecución de su propio bienestar, pero no establece cuáles son los bienes que no pueden ser frustrados sin que se sacrifique a su portador. Algunos podrían decir que aún los bienes más importantes –como la vida– pueden ser sustraídos de un individuo sin que se lo dañe ni sacrifique (por ejemplo, porque esa privación implica el beneficio mayor de la redención de su alma). Otros dirían que ni los intereses más banales pueden ser frustrados sin que su portador sea dañado.

Por lo tanto, esta línea de pensamiento liberal parece ser inconducente, tal co-

---

cables no sólo entre personas sino también dentro de cada persona. De adoptarse esta concepción, algunos principios prudenciales se transformarían en principios morales.

[8] En "Equality", incluido en *Mortal Questions*, Cambridge 1979, y en *The Possibility of Altruism*, Oxford 1970.

mo lo percibió claramente Hart en su crítica[9] a Nozick, cuya teoría se desarrolla casi exclusivamente a lo largo de esta línea, desde su origen en la idea de la *separabilidad* de las personas,. Creo, sin embargo, que podemos esbozar una respuesta a la pregunta sobre el contenido de los derechos si exploramos otra vía (independiente) de pensamiento liberal y estudiamos cómo converge con la recién analizada.

El principio de autonomía de la persona

Si volvemos a repasar la lista de derechos humanos, observaremos que, con excepción de los derechos que fueron tenidos en cuenta en la sección anterior, están conformados por libertades de hacer una gran variedad de cosas: profesar o no cualquier religión, expresar todo tipo de ideas, ejecutar cualquier trabajo inocuo, asociarse con otros, participar en actividades sexuales y mantener hábitos personales cuyos efectos recaigan solamente sobre quienes participan en ellos voluntariamente, etcétera. El rango de actividades abarcadas por estos derechos es tan amplio que es casi inevitable sugerir que el principio que está detrás de ellos prohíbe la interferencia con cualquier actividad que no cause daño a terceros[10].

Pero éste no parece ser un principio básico de una concepción de filosofía política, dado que su conexión con algún valor fundamental que justifique la imposición de límites tan estrictos sobre la acción política e individual está lejos de ser directa y clara.

Para percibir qué está en juego detrás de este principio es útil considerar brevemente la conocida controversia sobre la imposición jurídica[11] de valores morales[12]. Existen dos formas corrientes de presentar el objeto de esta controversia, que a la vez son injustas hacia cada una de las posiciones aquí en conflicto. La presentación que debilita de entrada a la posición 'moralista' afirma que el objeto de la controversia es si el derecho debería interferir con cualquier acto que contravenga la moral *positiva*, lo cual inmediatamente deja expuesta a esta posición a la crítica obvia de que la moral positiva puede ser aborrecible, en cuyo caso sería irrazonable soste-

---

9   En "Between Utility and Rights", incluido en A. Ryan (ed.), *The Idea of Freedom. Essays in Honour of I. Berlin*, Oxford 1979, pp. 83/5.

10   Este principio está consagrado propiciamente en el Art. 19 de la Constitución Argentina: "Las acciones privadas de los hombres que de ningún modo ofendan al orden y a la moral pública, ni perjudiquen a un tercero, están sólo reservadas a Dios, y exentas de la autoridad de los magistrados".

11   [Nota de la T.] En la versión original, se lee "*enforcement*". En lo sucesivo, utilizaremos "imponer" como forma de traducción. En *Ética y Derechos Humanos. Un Ensayo de Fundamentación*, cap. 5 ap. 2, el autor utilizó la expresión "reconocimiento jurídico".

12   Véase una referencia al desarrollo de esta controversia en H.L.A. *Hart*, Law, Liberty and Morality, Oxford 1963; véase también mi obra *Los límites de la responsabilidad Penal*, Buenos Aires 1980, pp. 270 y sigs.

ner que el derecho debe imponerla de todos modos[13]. La presentación que debilita de entrada a la posición liberal sostiene que la cuestión en juego es si el hecho de que una acción sea contraria a una moral *ideal o crítica* proporciona una razón para justificar que el derecho interfiera con ella. La respuesta afirmativa es tan convincente (después de todo, la cuestión en sí misma está formulada desde el punto de vista de una moral crítica) que hasta Mill estaría de acuerdo con ella, siendo su única objeción que la moral (ideal) requiere la existencia de un daño, y que cada individuo es el mejor juez para determinar cuándo se lo daña[14]. En realidad, la cuestión genuina e interesante detrás de esta controversia –a pesar de que muchos de sus protagonistas no la hayan identificado correctamente– consiste en determinar qué aspecto o dimensión de una moral ideal considerada válida puede ser tenido en cuenta por las normas jurídicas. Mientras que existe consenso en que el estado puede imponer reglas de una moral pública o "intersubjetiva", las cuales se refieren a acciones cuyos efectos principales recaen sobre individuos distintos del agente, la pregunta es si el estado puede también reconocer e imponer pautas de una moral personal o "autorreferente", los cuales evalúan las acciones en relación a sus efectos sobre el comportamiento moral de ese mismo agente, prohibiendo la conducta autodegradante. Mientras que la posición liberal sostiene que el derecho no debería intentar imponer ideales de excelencia humana ni planes de vida en particular, la posición contraria sostiene que el fin del derecho es justamente hacer que las personas adopten formas virtuosas de vida; ésta es la concepción perfeccionista de la sociedad[15].

El principio liberal que está en juego aquí, llamado a veces "el principio de autonomía de la persona", establece que es valioso que los individuos elijan libremente sus propios planes de vida y modelos de virtuosidad personal y que, en consecuencia, el estado (y otros individuos) no debería interferir con tal elección, y debería limitarse a la adopción de medidas que faciliten la promoción por parte de los individuos de sus planes de vida, en ausencia de interferencia mutua.

Este principio antiperfeccionista combina con el de la inviolabilidad de la persona en cuanto concluyamos, como hizo Kant[16], que *estamos tratando a una persona como un fin en sí mismo cuando respetamos sus propios fines*. Como dice T.E. Hill[17], una interpretación razonable de lo que Kant quiso decir con 'tra-

---

[13] Tal como Hart arguye en *op. cit.*, p. 78.
[14] Véase "On Liberty", *Three Essays*, Oxford, 1975, pp. 18 y 103 sobre su defensa de una concepción subjetiva del bienestar individual y del conocimiento privilegiado de una persona sobre sus propios intereses. La postura de Mill de que la inmoralidad requiere la existencia de un daño se deriva, por supuesto, de su concepción moral utilitarista.
[15] Véase una referencia a esta concepción en "Liberalism", Ronald Dworkin, en S. Hampshire (ed.), *Public and Private Morality*, Cambridge, 1979, p. 127.
[16] Véase *op. cit.*, pp. 86/7.
[17] Véase "Humanity as an End in Itself", en *Ethics*, vol. 19, oct. 1980, p. 97.

tar a la humanidad como un fin en si mismo' es que este requisito queda satisfecho cuando no desmerecemos las atribuciones que caracterizan a la humanidad, a saber, la racionalidad y la capacidad de fijar objetivos[18].

Este principio de autonomía puede estar ligado a la estructura del razonamiento moral, si tenemos en cuenta que el discurso moral sólo funciona a través del consenso, y que al participar de este discurso estamos valorando implícitamente la libre aceptación por parte de las personas de pautas que guíen su conducta (la perseguida por el discurso). Esta autonomía, en un sentido kantiano –que es más amplio que el anteriormente aludido–, se manifiesta en la elección de pautas no sólo de una moral personal o "autorreferente", sino también de una moral "intersubjetiva". Pero mientras que en relación a esta última debemos admitir que el Estado pueda obligar a las personas a que conformen su conducta con sus pautas aun cuando no los acepten (ya que de lo contrario la autonomía de las demás personas se vería dañada), las razones de tal reconocimiento no se extienden a las pautas de la moral personal o "autorreferente" (cuya violación no daña a terceros). Por otra parte, estas pautas no pueden ser satisfechas a menos que hayan sido libremente aceptadas o sostenidas, ya que su cumplimiento, a diferencia del de las pautas morales intersubjetivas, requiere una convicción subjetiva: lo que a lo sumo puede obtenerse por medio de la coerción y la presión es un comportamiento externo que es sólo una parodia de conformidad que no materializa el ideal[19].

---

[18] Esta interpretación está ratificada por la aserción de Kant de que mientras que el hombre debe perseguir su propia perfección, no debe perseguir la perfección de los demás sino la satisfacción de otros fines subjetivos que constituyen su felicidad (véase, *op. cit.*, p. 86). Esta interpretación también se conjuga con el principio universal de justicia de Kant, según el cual toda acción es aceptable en tanto no interfiera con la libertad de los demás de acuerdo con leyes universales (véase *Metaphysische Anfangsgründe der Rechtslehre*; versión en español *Principios metafísicos de la doctrina del derecho*, México,1968, p. 32).

[19] Por esta razón, las políticas perfeccionistas son autofrustrantes cuando están dirigidas a la imposición de ideales de excelencia: buscan imponer lo que sólo puede aceptarse espontáneamente (esta contradicción se evidencia claramente en la imposición de ciertos gestos patrióticos no obstante que su valor yace en su espontaneidad). *Los ideales de excelencia tampoco se satisfacen cuando las personas los adoptan por error o equivocación, es decir, cuando suponemos que no los habrían adoptado si hubiesen tenido conocimiento de ciertos factores relevantes o ideales alternativos.* [Nota de la T.: en la versión original, esta última frase es: *"Ideals of excellence are neither satisfied when people adopt them through mistake or confusion, that is when it is supposed that people have adopted them if they had been aware of some relevant facts or of some alternative ideals."* Si bien literalmente la frase indica que las personas habrían adoptado estos ideales si hubiesen tenido conocimiento de ciertos factores relevantes o ideales alternativos, entiendo que la interpretación razonable –que se refiere a adopción de un ideal "por error"– es la de la traducción propuesta]. Por supuesto, debemos distinguir al perfeccionismo del paternalismo, que es la política de proteger los intereses subjetivos propios de las personas contra su ignorancia, confusión o debilidad de la voluntad. Pero el paternalismo se transforma en perfeccionismo cuando deja de estar basado en proposiciones fácticas sobre lo que un individuo desea o desearía dadas ciertas condiciones, y se funda en proposiciones normativas sobre lo que un individuo debería desear.

Varios filósofos, como Ch. Taylor[20], Th. Scanlon[21] y V. Haksar[22] han atacado recientemente a los criterios subjetivos sobre el bienestar individual y la posición antiperfeccionista que parece derivarse del principio de autonomía de la persona. Se argumenta que no es posible formular una concepción liberal de la sociedad en ausencia de presupuestos perfeccionistas; que es absurdo otorgar la misma importancia a las necesidades extravagantes que a las necesidades urgentes; que uno puede estar equivocado sobre sus propios intereses, etc.

A pesar de que estos argumentos son muy diferentes, ameritan la misma aclaración respecto de lo que implica la adopción, por parte de la posición liberal, del principio de autonomía. Esta aclaración consiste en distinguir entre las *concepciones del bien*, por un lado, y los *planes de vida personales*, por el otro. Sin duda, el liberalismo no es relativista respecto de las concepciones del bien sino que respalda una concepción según la cual la autonomía de elegir y materializar planes de vida es valiosa en sí misma, más allá de cualquier preferencia subjetiva de las personas por tal autonomía. Pero, por supuesto, no se deriva de esta posición una preferencia por ningún plan de vida; por el contrario, el valor *objetivo* de la autonomía implica que el criterio fundamental que debe ser tenido en cuenta por terceros —como el Estado— para favorecer algunos planes de vida sobre otros es la preferencia *subjetiva* de la persona de cuyo plan de vida se trate.

Obviamente, el valor objetivo de la autonomía se proyecta sobre los bienes instrumentales para la elección y materialización de los planes de vida (éstos incluyen la vida, la integridad corporal, el acceso a la educación, la administración de recursos económicos, etc.). Incluso, es posible ubicar a estos bienes en un orden jerárquico en función de cuán necesarios sean para la elección de la gama más amplia de planes de vida que se puedan tener y cuán fundamentales sean para la materialización de los planes de vida que las personas tienden de hecho a elegir (esto es lo que nos permite no ubicar en la misma jerarquía a la preferencia, por ejemplo, por una práctica religiosa o a tener una vivienda digna que a la preferencia de cruzar la calle en las esquinas sin la interferencia de semáforos[23], o a la de comer caviar todas las noches —éstas últimas generalmente no son tan fundamentales como las primeras para los planes de vida que las personas tienden a elegir—)[24].

---

20 En "What's wrong with negative liberty", incluido en: *The idea of Freedom*, ya citado.
21 En "Preference and Urgency", *The Journal of Philosophy*, vol. LXXII, no. 19, 1975, p. 655.
22 En *Liberty, Equality and Perfectionism*, Oxford 1979.
23 Esto corresponde a un ejemplo de Taylor, *op. cit.*, p. 182.
24 No debemos ignorar las necesidades y gustos excéntricos, sino que éstos deberían ser objeto de medidas especiales que los respeten de acuerdo con su importancia comparativa para el plan de vida de una persona. Otra objeción presentada por Taylor es que un individuo puede estar equivocado respecto de sus intereses y que puede no sentirse identificado con los demás. Es cierto que hay intereses descarriados y marginales respecto del plan de vida central de una persona, y ésta puede repudiarlos y pedir a los demás que los ignoren. Pero este proceso de disociación por parte de la persona de algu-

El principio de autonomía así concebido otorga algún contenido a ciertos derechos básicos cuya función está determinada por el principio de inviolabilidad de la persona. En otras palabras, el principio de autonomía hace posible determinar sobre qué bienes actúan los derechos cuya función es proteger a sus tenedores de las medidas que persiguen algún objetivo colectivo.

3. Conflictos de derechos y sus alcances

Es claro que esta combinación esquemática de los principios de inviolabilidad y autonomía de la persona no resuelve los problemas más importantes que enfrentamos al intentar implementar los derechos humanos fundamentales, los cuales son mayormente problemas de conflictos de derechos.

La primera aproximación a la cuestión de los conflictos de derechos sugiere que cuando nos enfrentamos a dos derechos en conflicto, debemos priorizar al derecho de más importancia por sobre el derecho de menor jerarquía. Pero esta solución, sin más, transgrede el principio de inviolabilidad de la persona, dado que implica desechar los derechos de una persona como medio para preservar los derechos de otra.

Existen algunas otras herramientas que permiten resolver conflictos de derechos o mostrar que un aparente conflicto no es real. El primero de ellos es *la distinción entre bienes primarios y secundarios*: la idea es que no todos los bienes son tan fundamentales para las personas de modo que su privación implique un sacrificio para su portador. Hay bienes que no son necesarios para la elección o materialización de los planes de vida, ya sea porque son fáciles de reemplazar, o porque la persona no está interesada en llevar a cabo un plan de vida que esté basado en ellos, o porque habían sido originariamente asignados a la persona con algún fin social (como un aumento de sueldos tendiente a incrementar el consumo y por ende, reducir el desempleo). La segunda herramienta es la *compensación*: en muchos casos en los cuales debemos privar a una persona de algún bien para preservar bienes más importantes de otras personas, podemos compensar a la primera de manera tal de llegar a una situación en la cual le sea indiferente conservar el bien o perderlo y recibir una compensación (esto puede y debería hacerse, por ejemplo, en el caso de las cuarentenas). La tercera herramienta es el *consentimiento*. La privación de un bien no implica un sacrificio a su portador cuando ocurre conforme a su voluntad. El consentimiento no sólo se materializa cuando la persona quiere el resultado sino también cuando lo prevé como una consecuencia necesaria de su accionar voluntario. Exis-

---

nos de sus intereses debe tener un límite si es que el fin de tal disociación es, como Taylor mismo parece admitir, la satisfacción de *su* plan de vida o de *sus* intereses más importantes -con los cuales los intereses repudiados entran en conflicto-. Lo que a fin de cuentas debemos identificar es cierto plan o forma de vida con el cual la persona se siente identificada, de manera de poder descalificar algunos intereses por ser periféricos o anómalos a su respecto.

te, por supuesto, una variedad de relaciones sociales que implican asignar cargas y beneficios y que no están vedadas por el principio de inviolabilidad de la persona al estar fundados en el consentimiento de los involucrados: este es el caso de las relaciones contractuales, la institución del matrimonio, la designación de cargos públicos, y, como he afirmado en otra parte[25], la imposición de penas cuando sus sujetos pasivos eran conscientes de que su aplicación era una consecuencia normativa necesaria de sus actos voluntarios.

Pero es evidente que si bien estas herramientas para evitar conflictos de derechos cuentan con un campo de aplicación muy amplio, existen casos en los que no son operativos. Creo que en estos casos debemos distinguir la situación de las personas involucradas en el conflicto, a quienes debemos otorgar la libertad de proteger sus bienes primarios en riesgo[26], de la de terceros imparciales como el Estado, que, dado que cualquier cosa que haga afecta la autonomía de algún individuo, debe tomar el curso de acción que menos restrinja la autonomía de las personas. Coincido con autores como Nagel[27] en que el rechazo del enfoque agregativo que caracteriza al utilitarismo no significa que el mismo haya sido desplazado totalmente del ámbito moral. Éste se mantiene disponible para recurrir a él cuando los argumentos basados en derechos no sean suficientes para llegar a una conclusión: cuando las razones sobre lo que es correcto no definen un curso de acción –porque todas son igualmente correctos o igualmente incorrectas–, debemos recurrir a criterios de maximización de algunos bienes sociales.

La pregunta de si estos casos de conflictos de derechos inevitables son en verdad excepcionales o son, por el contrario, experiencias de la vida cotidiana, depende del *alcance* que se otorgue a esos derechos. Es posible asignarles un alcance tan amplio que implique que difícilmente puedan ser protegidos o ejercitados sin que entren en conflicto – esto colocaría a las consideraciones de tipo utilitarista al frente del discurso moral, dado que nos encontraríamos ante la necesidad permanente de maximizar la satisfacción agregada de los derechos–. Por otra parte, también es posible atribuir a los derechos un alcance tan restringido tal que el conflicto entre ellos se torne una rareza – y esto desplazaría a las consideraciones de tipo utilitarista hacia el fondo del discurso moral.

Por ejemplo, ¿se satisface el derecho a la vida o a la integridad corporal cuando el Estado se abstiene de dañar estos bienes y obliga a las personas a hacer lo mismo, o son respetados estos derechos sólo cuando el estado proporciona las condiciones necesarias que permiten preservar los bienes en cuestión –como la asistencia médica– y obliga a los individuos a contribuir a esa provisión? Esta es,

---

[25] En "A Consensual Theory of Punishment", *Philosophy & Public Affairs*, XII, 4.
[26] Desarrollé este tema en *La legítima defensa*, Buenos Aires 1982.
[27] En: "Equality", ya citado, p. 127, véase también su "The Fragmentation of Value", en *Mortal Questions*, ya citado.

por supuesto, la cuestión que divide al liberalismo conservador y al igualitario, y la pregunta fundamental es cuál de estas dos ramas del pensamiento liberal es favorecida por una articulación adecuada de los dos principios que he analizado.

4. Violación por omisión de los derechos y la normatividad de la causalidad

Si prestamos atención a las dos alternativas mencionadas anteriormente que fueron propuestas en relación al alcance de un derecho como el derecho a la vida, rápidamente notamos que dependen en gran medida de si es admitido o no que tal derecho pueda ser violado por *omisión*.

Es fácil ver en la obra de autores como Nozick que la posición conservadora concibe a los derechos mayormente como correlato de obligaciones *pasivas*. Si bien Nozick nunca hace explícito ni justifica este aspecto de su teoría, se pregunta en un punto[28] cómo un defensor de un Estado ultramínimo puede, coherentemente, dejar algunos derechos desprotegidos o mal protegidos en nombre de la no-violación de derechos. Su respuesta[29] es que esta posición es en efecto coherente, ya que los derechos de una persona son violados cuando se la obliga a contribuir al bienestar de otra, pero no cuando no se la provee de cosas que son esenciales para la preservación de sus derechos. Por lo tanto, es bastante claro que para Nozick, los derechos sólo pueden ser violados mediante acciones positivas y no por omisión; su concepción de agresión sólo contempla el comportamiento activo. Esto es llamativo si tenemos en cuenta el hecho de que Kant, cuya segunda formulación del imperativo categórico juega un papel preponderante en la teoría de Nozick, derivó de él deberes pasivos y activos, si bien dio prioridad a los primeros[30].

Este prejuicio hacia las omisiones —que ayuda a reducir a un mínimo los conflictos de derechos que sólo podrían ser resueltos mediante consideraciones utilitaristas— contrasta fuertemente con la *equiparación entre las acciones y las omisiones* propuesta por filósofos como P. Singer[31] y J. Glover[32].

En otro trabajo[33], argumenté que si bien estos autores aciertan en materia de principios, se equivocan en la forma en que aplican la tesis de que no hay diferencias morales entre las acciones y las omisiones a la resolución de problemas morales con-

---

[28] *Op. cit.*, p. 27.
[29] *Op. cit.*, p. 28.
[30] Véase la interpretación de Ping-cheung Lo, en "Critical Revaluation of the Alleged 'Empty Formalism of Kantian Ethics'", vol. 19, jan 81, pp. 190/4.
[31] En *Causing Death and Saving Lives*, Harmondsworth 1977, esp. chap. 7.
[32] En *Democracy and Disobedience*, Oxford 1973, p. 98, and *Practical Ethics*, Cambridge 1979, chap. 2.
[33] En "¿Da lo mismo omitir que actuar?", *La Ley*, 1979-C-801.

cretos: es cierto que una omisión que *causa* un resultado es moralmente indistinguible de la acción positiva que tiene el mismo efecto, pero no todas las omisiones que son condiciones necesarias de algún resultado lo causan, de conformidad con los criterios corrientes de imputación de efectos causales. La omisión que causa un resultado es la que se desvía de una norma o regularidad que genera una expectativa de una acción positiva que hubiese impedido la ocurrencia de ese resultado[34] (por lo tanto, cuando –reproduciendo un ejemplo de Philippa Foot[35]– se dice que es moralmente equivalente omitir enviar a niños indios la comida que los hubiese salvado de la muerte a enviarles comida envenenada, no se tiene en cuenta que la omisión en cuestión no causa la muerte de los niños, mientras que la acción positiva sí la causa). Esta distinción entre causas y condiciones necesarias de ciertos resultados no se aplica, por supuesto, sólo a las omisiones, y no puede ser ignorada en una valoración moral sin consecuencias absurdas (por ejemplo, en el ejemplo de Foot, no sólo seríamos responsables por la muerte de los niños que podríamos haber salvado, sino también por hechos como el sufrimiento que los niños que hayamos salvado podrían padecer en el futuro).

La posición que tiene en cuenta los criterios corrientes sobre la imputación de los efectos causales para equiparar a las omisiones con las acciones positivas parece llevar a una posición intermedia entre las posiciones extremas como las de, por ejemplo, Nozick y Glover. De acuerdo con esa posición, no es cierto que los derechos *sólo* puedan ser violados mediante acciones positivas, pero tampoco es cierto que puedan ser violados por medio de *cualquier* abstención de proporcionar lo necesario para su preservación. Según esta posición, el derecho a la vida, por ejemplo, probablemente no sería violado cuando las personas no reciban sueldos suficientes para alcanzar niveles nutricionales que los resguarden de las enfermedades y la muerte, pero tal vez sería violado cuando se niegue asistencia médica a una persona extremadamente enferma que no puede costearla.

Sin embargo, la posición sobre la relevancia moral de las omisiones en la que se basa la posición moderada referida más arriba está equivocada. Si la causación de un resultado a través de una omisión dependiera de la anormalidad de esa omisión en función de las pautas vigentes, la *moral positiva* se volvería inmune a las críticas basadas en principios de una *moral ideal*, dado que esas pautas de la moral positiva determinarían si un resultado es causado por una omisión, y esto no podría ser ignorado en nuestros juicios críticos[36]. De hecho, la posición moderada sobre el alcance de la violación omisiva de derechos no refleja más que el punto de vista generali-

---

34 Véase H.L.A. Hart y A. M. Honore, *Causation in the Law*, Oxford, 1958, pp. 31 y sigs.
35 En: "The problem of Abortion and the Doctrine of the Double Effect", The *Oxford Review*, 1967.
36 Esta objeción me fue formulada por el Prof. Glover en una carta.

zado de nuestra sociedad. Si una teoría moral como las de Singer y Glover se tornara corriente en una sociedad, adquiriría una especie de autoconfirmación, dado que generaría juicios causales que apoyarían sus juicios morales.

En este punto, parece que nos encontramos acorralados por nuestra aceptación simultánea de las siguientes proposiciones: (1) los juicios morales difieren según la variación de las circunstancias fácticas relevantes; (2) la causación de un resultado mediante una acción es una circunstancia fáctica; (3) tal circunstancia es decisiva para la valoración moral de la acción; (4) la adscripción de resultados causales a una acción negativa u omisión depende de una expectativa acerca de un comportamiento activo que hubiera impedido el resultado; (5) esta expectativa está basada principalmente en pautas de la moral vigente; (6) esas pautas de la moral positiva no pueden condicionar nuestros juicios morales críticos, entre ellos los que valoran acciones. Este es un punto de estancamiento, dado que las proposiciones (1) a (5) implican la negación de la proposición (6).

Creo que para escapar de esta situación de estancamiento, es necesario que abandonemos la proposición que justamente parece ser, a primera vista, la menos dudosa de todas, o sea, la (2). La idea sería que un juicio que adscribe un resultado causal a una omisión (y, probablemente, a cualquier conducta en general) no es puramente fáctico, sino que posee un contenido *normativo*, el cual debe estar justificado. Un juicio causal de esta índole implica adherir a la norma que requiere la acción positiva que hubiera impedido el resultado; él no describe una expectativa de comportamiento activo sino que expresa tal expectativa. La causación de un resultado mediante una acción no es un hecho "duro" sobre el cual pueden apoyarse juicios de valor, sino que presupone en sí misma ciertos juicios de valor. Este enfoque coincide con la objeción formulada por J. L. Mackie[37] a la posición de Hart y Honore de que el concepto general de "causa" tiene un núcleo central puramente fáctico que puede ser determinado sin recurrir a consideraciones valorativas. Luego de analizar algunos ejemplos propuestos por estos autores en apoyo de su tesis, Mackie afirma que aún en los casos más simples y menos controvertidos de adscripción de efectos causales se tienen en cuenta valoraciones y finalidades prácticas de una clase muy general o fundamental (incidentalmente, creo que esta concepción negativa de la causalidad puede generar algunas dificultades para el utilitarismo, ya que implica que no es el caso que tengamos una obligación de actuar porque su omisión sea dañina, sino que una omisión es dañina cuando tenemos, entre otras cosas, una obligación de ejecutar el acto. Esto parecería apoyar una ética deontológica por sobre una consecuencialista incondicionada).

Si la causación de resultados que violan derechos individuales no puede seguir siendo tratada como un hecho "duro" que permite distinguir entre las acciones y

---

[37] *The Cement of the Universe*, Oxford 1974, chap. 5.

omisiones que violan esos derechos, ¿cómo podemos determinar el alcance de tales derechos? ¿Cómo podemos resolver la discrepancia que existe entre el liberalismo conservador y el igualitario en relación a esta cuestión fundamental?

5. Una circularidad entre los dos principios liberales y su superación por el igualitarismo

Lo que hemos visto implica que para determinar el alcance de los derechos no podemos basarnos en la producción de los resultados que los violan; más bien, debemos explorar en qué medida está justificada la imposición de un comportamiento activo para evitar esos resultados. Si está justificada, las omisiones correspondientes violarían los derechos en cuestión. Una buena forma de encarar el problema puede ser preguntarnos el motivo por el cual esas imposiciones de comportamiento positivo son tan escasas en sociedades abiertas en contraste con las totalitarias (como puede deducirse fácilmente mirando los códigos penales respectivos).

Algunos filósofos[38] han argumentado que mientras que la obligación de abstenerse de realizar una acción determinada cierra sólo un camino de acción, la obligación de realizar una acción positiva cierra todos los caminos excepto uno (esto puede ilustrarse fácilmente con un ejemplo trivial: si el gobierno nos prohíbe usar una corbata roja, todavía nos quedan una serie de alternativas en cuanto al uso de corbatas, pero si nos obliga a usar una corbata negra, todas las demás alternativas quedan precluidas). Esto probablemente tenga que ver con el hecho de que las acciones positivas, a diferencia de las omisiones, consumen tiempo y ocupan espacio. Por lo tanto, si nuestras obligaciones positivas se expanden considerablemente, nuestras posibilidades de acción se reducirían mucho más que con una expansión correlativa de deberes pasivos. Por ejemplo, según un enfoque como el de Glove, la posibilidad de cada persona de perseguir su plan de vida se vería considerablemente reducida debido a la falta de tiempo para cumplir con sus obligaciones múltiples hacia los demás.

Esto sugiere que el valor que esta limitación de deberes positivos en las sociedades abiertas tiende a preservar sea probablemente la misma autonomía de las personas consagrada en uno de nuestros principios. La concepción que nos obliga a evitar cada mal que podemos impedir nos compele a adoptar la forma de vida del buen samaritano. En consecuencia, si esta teoría fuese implementada jurídicamente, la posición de neutralidad exigida respecto de los planes de vida se vería dañada.

---

[38] Como P.J. Fitzgerald, en: "Acting and Refraining", *Analysis* XXVII, 1967, pp. 133-9; R.L. Trammer, en: "Saving and Taking Life", *The Journal of Philosophy*, p. 131.

Pero si coincidimos en que el valor que está detrás de la actual política restrictiva respecto del reconocimiento de deberes positivos es la preservación de la autonomía, podemos preguntarnos si tal asignación de obligaciones es precisamente la que más acrecienta la autonomía, o si el reconocimiento de otras obligaciones de comportamiento activo por sobre las generalmente aceptadas en nuestras sociedades no expandiría, en vez de reducir, las posibilidades generales de accionar de las personas. Las diferencias morales entre las obligaciones activas y pasivas que he mencionado son una cuestión de grado, y, a pesar de que la obligación de llevar a cabo una acción positiva restringe mucho más la autonomía del agente de lo que lo hace una obligación *análoga* de omitir (como en el ejemplo de la corbata), existen, por supuesto, obligaciones o deberes de omitir que reducen la libertad en una mucho mayor medida de lo que lo hacen las obligaciones de realizar otro tipo de acciones positivas. Como dice Hart[39], es posible que una pequeña restricción de la libertad de elección de algunas personas —como la que configura los impuestos— produzca una expansión considerable de la libertad de elección de más personas.

Por lo tanto, parece que el alcance de los derechos debe ser fijado teniendo en cuenta cuál es el sistema de obligaciones activas y pasivas, tendiente a preservar y proporcionar los medios para ejercer esos derechos, que más contribuya a aumentar la autonomía de las personas.

Sin embargo, esta conclusión es altamente objetable dado que implica perseguir la satisfacción máxima agregada de algún objetivo universal —en este caso la autonomía— desestimando el principio de inviolabilidad de la persona, y, en consecuencia, la prohibición moral de sacrificar la autonomía de algunas personas con el fin de incrementar la cantidad general de autonomía otorgada a la sociedad en su conjunto. Parece que hemos vuelto a nuestro mismo punto de partida luego de haber recorrido los siguientes pasos: (1) dije que el principio de autonomía debe combinarse con el principio de inviolabilidad de la persona, el cual regula la *distribución* de esa autonomía; (2) dije también que el principio de inviolabilidad crea derechos, y que el alcance de estos derechos depende de la medida en la que se admita que los mismos pueden ser violados mediante omisiones, o sea, depende de la aceptación de obligaciones positivas; (3) pero esta aceptación depende a su vez de concepciones sobre cómo mejor satisfacer el valor de la autonomía; (4) entonces, al final parece que sólo nos queda el principio de autonomía, el que, en ausencia de las restricciones impuestas por el principio de inviolabilidad, se manifiesta como un principio consecuencialista, un principio que fija un objetivo social colectivo cuya consecución debe ser maximizada de un modo agregativo.

Alguien —como Nozick— podría pensar que, ante la conclusión inaceptable de más arriba, la única forma de hacer lugar al principio de inviolabilidad de la

---

[39] En *op. cit.*, p. 85.

persona –esquivando el enfoque holístico de la moral que ignora la separabilidad de las personas – consiste en *evitar entrometernos en la autonomía de la gente,* dejando que cada uno goce del grado de autonomía al que pueda acceder en función de la concatenación de ciertas circunstancias históricas moralmente inobjetables. Cualquier interferencia con las posibilidades de acción que algunos individuos hayan logrado –mayormente gracias a las acciones voluntarias de otros–, implica sacrificar a los individuos afectados como medio para fines distintos a los suyos propios. Pero, por supuesto, esta posición enfrenta la objeción ya sugerida de que, a pesar de que puede no configurarse una violación de derechos en la adquisición de bienes por medio de las acciones voluntarias de otros, tal violación se genera ante la retención de esos bienes cuando otras personas los necesitan para satisfacer sus derechos básicos; que un estado mínimo se alíe con el destino para utilizar *por omisión* a las personas más desafortunadas en beneficio de otras. En otras palabras, esta posición también es pasible de ser acusada de ignorar el principio de inviolabilidad de la persona en la distribución de la autonomía, al aceptar la distribución que resulte de hechos históricos contingentes. Adicionalmente, no es sólo por omisión que un Estado mínimo utiliza a algunas personas como medios para el beneficio de otros: la adquisición y conservación de bienes nunca se debe solamente a hechos naturales sino también a hechos institucionales (la existencia, por ejemplo, de normas jurídicas que definen los modos de adquisición de propiedad y que protegen su posesión por parte del algunas personas); la actividad de dar lugar a estos últimos hechos (la sanción e imposición de las normas en cuestión) pueden ser otra forma de sacrificar a algunas personas para satisfacer los intereses de otras.

Esto parece confirmar la inevitabilidad de renunciar al principio de la inviolabilidad de la persona y resignarnos a operar solamente con el principio de autonomía, debiendo elegir entre maximizar la cantidad agregada de autonomía dada en un grupo social o dejar que los individuos administren por sí mismos la expansión de su autonomía mutua. Pero el dilema entre estas alternativas es falso; existe otra alternativa: maximizar la autonomía de cada individuo por separado hasta el punto en el cual un aumento en la autonomía de uno implicaría disminuir la autonomía de otros individuos por debajo de la suya; esto equivale a una exigencia de expandir siempre la capacidad de acción de aquéllos cuya autonomía está más restringida[40].

Esta posición igualitaria es, creo, la que permite la articulación más plausible de los principios de autonomía e inviolabilidad de la persona. Mientras que conduce a una expansión de la autonomía, no lo hace permitiendo el sacrificio de ciertos individuos para conseguir el beneficio de otras. Esto es así porque trato a otro co-

---

40 Esto guarda concordancia con el principio de la diferencia de Rawls.

mo un medio para mis propios fines sólo cuando mis acciones a su respecto implican que reconozco en él *menos* autonomía que la que reclamo para mí. No utilizo a otro cuando dejo de reconocerle un grado de autonomía de que él sólo podría gozar si yo u otra persona tuviéramos menos autonomía que él – en ese caso, ¡estaría tratándome a mí mismo o a la otra persona como un mero medio! Por lo tanto, el liberalismo igualitario es la única posición que acomoda ambos principios de pensamiento liberal. No es, a diferencia de lo que piensa Nagel, una concepción diferente a la de los derechos, sino la única posición que reconoce totalmente la función de los derechos de impedir que los intereses de algunos individuos sean sacrificados, por acción u omisión, para satisfacer los de otros.

Por supuesto que el igualitarismo no sólo implica que hay un enlace entre los derechos tradicionales y los nuevos –un enlace constituido por el hecho de que ambos están justificados por los mismos principios– sino también que fundamentalmente son los *mismos* derechos: el derecho a la vida, por ejemplo, implica lógicamente el derecho a la asistencia médica, al ser violado tanto mediante la omisión de frenar una enfermedad fatal (en la medida en que el deber de actuar no coloque a la autonomía de algunas personas debajo del nivel del de los beneficiarios), como por la acción de provocar tal enfermedad.

Tal vez la conexión intrigante entre las dos primeras formulaciones del imperativo categórico de Kant se encuentre en la idea de que las personas sólo son respetadas como tales cuando hay un igual reconocimiento de su autonomía, dado que, como afirman Benn y Peters[41], tratar a los demás como cosas seguramente implica ser indebidamente parciales hacia nuestros propios intereses[42].

---

[41] En: *Social Principles and the Democratic State*, London 1977, p. 50.
[42] He presentado diferentes versiones de este trabajo en la Sociedad Argentina de Análisis Filosófico (SADAIF), en el II International Symposium of Philosophy, llevado a cabo en Oxaca, Mexico en 1981, y en el Departamento de Filosofía de la Universidad de Frankfurt; agradezco las sugerencias y críticas de quienes asistieron a estas reuniones, en particular las de Jaime E. Malamud, Ronald Dworkin, Thomas Nagel, Ernesto Garzón Valdés y Norbert Hoerster.

SOBRE LOS DERECHOS SOCIALES*

Los derechos tales como el derecho a la salud, a la vivienda, a la alimentación, a las condiciones dignas de trabajo, son frecuentemente incluidos en la categoría de "derechos sociales". De hecho, esta etiqueta está equivocada ya que conduce a pensar que estos derechos yacen en contraste a los derechos individuales, y ello así porque son disfrutados por grupos y no por individuos o porque presuponen la pertenencia a una comunidad como una condición necesaria para gozar de ellos. En cambio, la concepción liberal de la sociedad ve a estos derechos como una *extensión natural* de los derechos individuales. Nosotros seguiremos la terminología tradicional sólo con miras a no alterar convenciones aceptadas. Los derechos sociales no son siquiera diferentes a los derechos a la vida, a la integridad personal y al resto de los derechos que se refieren a bienes que son necesarios para la autonomía personal. Ellos generalmente se refieren a las condiciones para el disfrute de los derechos individuales por encima de aquellas condiciones que tradicionalmente se tuvieron en cuenta.

Los defensores del así llamado liberalismo "clásico o conservador" se oponen firmemente a los derechos sociales. Uno de los más francos en este sentido es F.A. Hayek. Para él, la justicia se materializa esencialmente en reglas negativas que prohíben la interferencia en el orden espontáneo del mercado –el "cosmos"– y que sólo requieren acciones positivas en circunstancias muy particulares en las cuales hay algún tipo de compromiso voluntario. Este autor considera el concepto de justicia social como absolutamente vacuo, dado que carece de sentido para poder valorar los resultados de un proceso espontáneo; detrás de dicha noción yace el intento de suplantar ese orden espontáneo por un orden deliberado de sujeción: los "impuestos". Hayek sostiene que tampoco es significativo hablar de "derechos sociales", ya que no hay derechos sin la correspondiente obligación y

* [N. del E.] Versión original en ingles "On social rights" en Aulis Aarnio, Stanley L. Paulson, Ota Weinberger, Georg Henrik von Wright & Dieter Wyduckel (eds.), *Rechtsnorm und Rechtswirklichkeit. Festschrift für Werner Krawietz zum 60. Geburtstag*, Berlin (1993). Duncker & Humblot. Traducido por Luciana Ricart.

aquí no habría una tal obligación correlativa, primordialmente en razón de que es imposible identificar quién sería su sujeto; el sujeto no puede ser la sociedad, dado que la sociedad no es un organismo capaz de deliberar. Los derechos sociales, como aquéllos reconocidos por las Naciones Unidas, presuponen, en la postura de Hayek, una visión de la sociedad como una organización y a los ciudadanos como empleados de dicha organización. Con argumentos similares, aunque no siempre tan extremos, muchos pensadores han sostenido que los verdaderos derechos son aquellos que están conectados con lo que Isaiah Berlin denominó como "libertad negativa", esto es, la ausencia de interferencias por parte de otros, especialmente por parte del Estado, y no con la "libertad positiva", la cual se refiere a la autorealización de los individuos.

Al evaluar esta postura del liberalismo conservador, se puede indicar un cierto número de confusiones. Una de ellas es suponer que el orden del mercado es espontáneo. Nada está más lejano a la verdad; en primer lugar, el orden del mercado está basado en la estructura de la propiedad, la cual, como es obvio, está establecida por medio de leyes estatales deliberadamente sancionadas y hechas cumplir, las cuales convalidan ciertos actos de posesión y transferencia de bienes, que podrían no ser reconocidos, y les adscriben ciertos derechos y obligaciones –los cuales podrían tener, como vimos, un alcance diferente– y que establecen sanciones penales que interfieren con aquellos derechos. En segundo lugar, dichas leyes son hechas cumplir[1] por los tribunales y las fuerzas de policía que son mantenidas por medio de la recaudación proveniente de las obligaciones positivas de pagar impuestos. En tercer lugar, el mercado opera a través de contratos, los cuales, para ser hechos cumplir[2], también requieren de la existencia de leyes, tribunales, fuerzas de policía y de impuestos para pagar todos los rubros anteriores. De hecho, a una mayor extensión de la libertad contractual corresponde una mayor intervención estatal para hacer cumplir los contratos; y a un mayor reconocimiento de las nulidades contractuales (debido a una noción más amplia de coerción, necesidades e iniquidades que pueden llegar a afectar a una de las partes) corresponde una menor interferencia estatal, representada por más casos en donde se deniega el servicio público de coerción para hacer cumplir los contratos.[3]

La segunda confusión del liberalismo conservador es pensar que la autonomía personal está constituida por condiciones negativas, como la no-interferencia por otros, y no sólo por la posibilidad de elegir y desarrollar planes de vida

---

[1] [N. de la T.] El término utilizado en inglés por el autor es "enforced". Esta palabra tiene múltiples acepciones en inglés y no hay una forma lo suficientemente satisfactoria de traducirla al castellano. En este contexto, la tradujimos como "hacer cumplir".
[2] [N. de la T.] Aquí también hemos traducido "enforced" por "hacer cumplir".
[3] Véase esta interpretación de las nulidades contractuales en mi libro *La validez del derecho*, Buenos Aires, 1985, cap. X.

que requieren bienes y recursos que deben haber sido provistos tanto por las abstenciones como por la conducta positiva de otros. Como está claro en el caso de Nozick,[4] el liberalismo conservador, como dijéramos, descalifica sin ningún fundamento la posibilidad de que los derechos sean violados por omisión y sólo percibe las acciones positivas como interfiriendo en el "orden natural". En otro lado,[5] hemos sostenido que esta inclinación en contra de las omisiones como una fuente de violaciones de los derechos está respaldada por el hecho de que raramente se le adscribe a ellas efectos causales, como los daños –muerte, lesiones corporales– que se materializan en la violación de los derechos. Pero cuando analizamos porqué las acciones y omisiones se distinguen de la causalidad, la explicación más plausible es que nuestros juicios de causalidad presuponen estándares normativos que diferencian al cauce normal de las "desviaciones" y que implícitamente tomamos de manera acrítica dichos estándares de la moral positiva, la cual sólo excepcionalmente adscribe responsabilidad por omisiones que son condiciones suficientes para el daño. Una valoración crítica de dichos estándares conduce a una revisión de nuestros juicios causales y a una adscripción de efectos causales, y de las subsiguientes responsabilidades, tanto a las acciones como a las omisiones, las cuales son condiciones para la restricción de la autonomía de otros, siempre y cuando dichas responsabilidades no impliquen que los agentes estén posicionados en una situación de menor autonomía relativa que aquellos cuya autonomía está siendo protegida.

Este argumento ha sido recientemente cuestionado por Horacio Spector[6] en una presentación interesante que merece algunos comentarios. Spector reconoce que el liberalismo clásico no puede sostenerse en la supremacía de la libertad negativa por sobre la libertad positiva (lo cual convertiría a este liberalismo en un liberalismo negativo) dado que es conceptual y evaluativamente imposible distinguir una especie de libertad de la otra una vez que uno toma a la autonomía personal como valor fundamental. Sin embargo, Spector cree que el liberalismo clásico puede ser defendido sobre la base de una concepción deontológica de la racionalidad práctica que asume (1) que el deber de no atacar comisivamente la libertad positiva prevalece sobre el deber de no impedir algo que es perjudicial a ese valor; (2) que el bien de cada persona constituye un valor distinto e inconmensurable; y (3) que el requerimiento de no atacar bienes humanos –como la libertad positiva– es relativo-al-agente, de forma tal que mi deber de no violar la libertad de otros no se extienda en el mismo grado al deber de impedir a otros hacer lo mismo. Mi disidencia yace principalmente en el punto (1). Spector re-

---

4 Robert Nozick, *Anarchy, State and Utopia*, New York, 1974, págs. 27-28.
5 Véase mi libro *The Ethics of Human Rights*, Oxford, 1990, capítulo 6.
6 Véase su libro *Autonomy and Rights*, Oxford, 1992.

chaza mi análisis de la causalidad, lo cual lo lleva a asimilar las acciones y las omisiones sobre la base de que hay un concepto descriptivo de causa que no presupone las consideraciones normativas que yo alego (cuando se dice que el verdugo causa la muerte al condenado en la horca, no se asume que éste se apartó de un deber). Además (y Spector cita a Mack a este respecto)[7] si un suceso es una condición suficiente de otro suceso, mencionar otro suceso que no lo hubiera impedido es superfluo para explicar el resultado. Sin embargo, estos argumentos no son convincentes: los estándares de normalidad que excluyen a algunos sucesos como parte de la condición suficiente que tomamos como causa de un resultado no son fácticos pero tampoco son siempre morales (como en el famoso ejemplo de Hart y Honoré[8] sobre si mencionar o no al oxígeno como la causa del fuego en un laboratorio). Cuando, sin embargo, sí son morales, la relación entre ellos y la atribución de causalidad es tan simple como equiparar a la inmoralidad con la generación de causalidad (esto no ocurre, por supuesto, en el caso del verdugo, a pesar de que aquí, también, los estándares normativos intervienen para distinguir causalmente su contribución a la muerte del convicto de aquella acción, por ejemplo, del carpintero que construye el andamiaje y a quien nadie atribuiría causalmente la muerte de las personas ejecutadas). En cambio, en el caso de las omisiones –como está demostrado por los famosos ejemplos de Hart y Honoré[9] sobre la imputación de la muerte de las flores al jardinero que no las regó y no a los vecinos que incurrieron en una abstención similar pero sin tener el deber de cuidarlas– los estándares de normalidad presupuestos en la atribución de efectos causales parecen ser morales e identificar la desviación con la violación. Si admitimos como la causa de los resultados dañinos a algunas omisiones (como aquélla del jardinero o la de la madre que no alimenta a su bebé y de ese modo le causa la muerte, o del guía de montaña quien, contrariamente a su deber, no le agarra la mano al novato que está a punto de caerse), deberíamos también concebir a todas esas omisiones que no presentan diferencias fácticas como una causa, las cuales tampoco difieren desde un punto de vista evaluativo una vez que identificamos y rechazamos las suposiciones en contrario de la moral positiva. El argumento de Mack es trivial, ya que una vez que hayamos identificado a cierto suceso como la causa, ya habremos excluido, de acuerdo a los descriptos estándares de normalidad y a veces de la moral, la ausencia del factor impediente como parte de la condición suficiente. Sin embargo, hay muchos contextos en los cuales no es superfluo desde un punto de vista exploratorio incluir como parte

---

[7] Eric Mack, "Moral Individualism: Agent-Relativity and Deontic Restraints", en *Foundations of Moral and Political Philosophy*, ed. Ellen Frankel Paul et al., Oxford, 1940, págs. 81 y sigs.
[8] Véase *Causation in the Law*, Oxford 1959.
[9] Véase *op. cit.*, pág. 35.

de la condición suficiente la ausencia de la condición que hubiera impedido la satisfacción de otra condición: por ejemplo, podemos citar como la causa del incendio en el laboratorio el deficiente funcionamiento del sistema de exclusión de oxígeno del mismo modo que simplemente citamos la omisión de regar las flores por el jardinero, y como una explicación sería absurdo citar en su lugar el efecto de deshidratación producido por el calor solar. Una vez que aceptamos esto, no hay razón para sostener que los deberes negativos de no afectar la libertad positiva tienen prioridad sobre los deberes positivos, incluso si admitimos, como yo lo hago, la idea de separabilidad de las personas –lo cual significa que la pérdida de libertad positiva de una persona no puede ser compensada por la ganancia en la libertad positiva de otra– y la idea de relatividad agencial la cual se manifiesta no en la supuesta diferencia entre violar por medio de una acción comisiva la libertad de otro y no impedir a otros hacer lo mismo, sino en el hecho de que yo no cause, y que no sea en consecuencia igualmente responsable por, el daño causado a otra persona cuando entre mi acción o mi omisión y ese daño, interviene una acción voluntaria de otra persona. (Lo mismo sucede cuando es una acción comisiva lo que yo realizo, como se evidencia en el caso del carpintero que construye el andamio usado luego por el verdugo.) De todos modos, podría haber algún deber de impedir a otros causar daño, si bien es indudablemente de menor fuerza que el deber de no causar el daño uno mismo, ya sea por acción o por omisión. Si el argumento de Spector fuera válido, la obligación positiva de las personas de pagar impuestos para mantener a la policía y a los tribunales –algo que los liberales clásicos admitirían– no estaría justificada.

La tercera confusión en la cual el liberalismo conservador incurre generalmente –acompañada aquí por las posiciones izquierdistas que sostienen visiones diametralmente opuestas– es entre condiciones de libertad *normativas* y *materiales*. De acuerdo al tipo de liberalismo, las libertades que están desarrolladas en normas tienen prioridad sobre aquellas que están asociadas con las condiciones del ejercicio actual de las anteriores libertades (un eco de esto se manifiesta en la distinción de Rawls entre libertades y recursos, como una expresión de la prioridad de su primer principio). La izquierda, incluyendo a diversas variantes del Marxismo, acepta la misma distinción pero sostiene que el primer tipo de libertad es puramente "formal" y carece de valor: antes bien, es el segundo tipo el que posee valor. Ambas posiciones están equivocadas. Las así llamadas "libertades normativas" no son formales: en tanto son establecidas por leyes positivas, éstas consisten al final en la conducta activa o pasiva de diferentes personas –legisladores, jueces, policías– y son condiciones esenciales para la autonomía personal; por esta razón no hay una diferencia relevante entre estas condiciones y otras –las cuales también están establecidas en normas– que involucran servicios de otros. (Entre paréntesis, el argumento de Hayek en el sentido de que no hay un sujeto para dichas obligaciones positivas de servicios es infundado: el sujeto son todos los ciudadanos en conjunto[10], para usar la terminología de G.H. Von Wright,[11] quienes están obligados a realizar las acciones correspondientes, generalmente pagar impuestos, para que aquéllos cuya autonomía es afectada tengan recursos para disfrutar de igual autonomía que el resto. Con este mismo argumento de Hayek, podría decirse que nadie está obligado a no contaminar el medio ambiente, ya que la obligación se satisface cuando hay un número suficiente de personas no-individualizadas que realizan, en este caso, la omisión correspondiente.)

Estas tres confusiones muestran que el así llamado "liberalismo conservador" es *más conservador que liberal*. Ello así porque, contrariamente al primer postulado metodológico del liberalismo que asume una cierta distancia crítica tanto del orden social como del natural, esta postura primero asume como espontáneo el orden que está establecido por las normas positivas y el fuerte aparato estatal que las hace cumplir, lo cual está apoyado por las obligaciones positivas de los ciudadanos; en segundo lugar, adopta de manera acrítica los estándares de la moral positiva, negándose a atribuir efectos dañinos causales a muchas omisiones; y, en tercer lugar, discrimina sin fundamento entre las leyes positivas y las que deberían ser hechas cumplir[12] para garantizar condiciones adicionales de autonomía, dando prioridad de esta forma a la supuesta libertad normativa que sólo se basa en el primer tipo de leyes.

Una vez determinado esto, todavía hay lugar para un auténtico liberalismo conservador en el consenso que provee la base para una práctica constitucional inspirada por el liberalismo –la orientación del cual hacia, ya sea una posición más conservadora o más progresista, debería llevarse a cabo a través del proceso democrático. Este liberalismo conservador genuino está basado no en distinciones espurias, las cuales hemos desechado, sino en la necesidad de preservar la autonomía personal en contra de excesivos deberes positivos que son correlativos a los derechos sociales. De acuerdo a dicha postura, estos deberes, cuando sobrepasan un cierto límite, pueden amenazar con la exclusión de la mismísima posibilidad de llevar a cabo un plan de vida por sí mismo, con una excesiva concentración de poder en los órganos estatales y con la secuela del abuso y la corrupción, llevando al final a la restricción de la autonomía personal de las personas menos favorecidas. Con esto me refiero a que, a pesar de que la total y absoluta negación de los derechos sociales yace fuera de los límites del liberalismo constitucional, el alcance preciso de dichos derechos, frente a los de propiedad o comercio, será establecido a través del proceso democrático de discusión y toma de decisiones.

---

[10] [N. de la T.] En el original, "*in a general conjunctive way*".
[11] Véase *Norm and Action*, Londres 1963.
[12] [N. de la T.] En el original, "*enforced*", traducido aquí también como "hacer cumplir".

LIBERALISMO CONSERVADOR: ¿LIBERAL O CONSERVADOR?*

1.

El liberalismo, tanto en sus manifestaciones en el plano de la teoría política como en el de la acción política, aparece constantemente dividido en dos grandes ramas que no sólo se enfrentan entre sí, sino que hasta a veces se cuestionan mutuamente la legitimidad de su linaje: el liberalismo que podemos llamar *conservador*[1], o que pone principalmente énfasis en la defensa del mercado libre y de la propiedad privada, y el liberalismo *igualitario*, que avala la posibilidad de redistribuciones de bienes y recursos y de interferencias en las transacciones privadas si ello es necesario para promover la igualdad entre los individuos.

Cada una de estas ramas del liberalismo ha llegado a apropiarse en diversos ámbitos culturales del mote liberal con exclusión de la otra: así, en los Estados Unidos ella designa principalmente a la corriente igualitaria (usándose en contextos teóricos el equivalente a la expresión "libertarianismo" para denominar a la otra), en España y en Latinoamérica ocurre que, a la inversa, se llama "liberal" a corrientes libre empresistas y privatistas, mientras que en Alemania y en Gran Bretaña la expresión se aplica a tendencias más eclécticas.

---

* [N. del E.] Publicado originalmente en *Sistema*, Nº 101 (1991), Madrid. España, pp. 63-85. Agradezco las observaciones hechas por Gabriel Bouzat, Roberto Gargarella, Martín Farrell, Oscar Kornblit, Guido Pincione, Hugo Zuleta, Horacio Spector, Marcelo Alegre.

[1] Al llamar a esta posición "liberalismo conservador" me estoy apoyando parcialmente en el uso ordinario de esa expresión para denominar a posiciones de derecha en el plano económico, como las defendidas en el ámbito teórico por pensadores como Hayek, Friedman o Nozick, sin pretender prejuzgar que se trate de una posición realmente conservadora en un sentido más profundo que el trivial de pretender conservar las instituciones que juzga válidas allí donde existen. Precisamente es el propósito del artículo determinar si esta posición asume o no un tipo de conservadurismo que puede ser incompatible con el liberalismo. Me podría eximir de esta aclaración si eligiera otro rótulo, pero cualquier otro –como "liberalismo clásico"– me parece igualmente equívoco –teniendo en cuenta que hay autores liberales "clásicos" como Kant, que no responden exactamente a esta posición–. Me resisto todavía, por razones estéticas, a emplear un rótulo que no sea de uso corriente como "libertarismo" o "liberismo". Agradezco a Horacio Spector la observación que motiva esta nota.

Por supuesto que la controversia entre estos enfoques teóricos y de la acción política no puede resolverse tomando en cuenta el uso ordinario de ciertas expresiones lingüísticas ni estipulando nuevos significados para ellas. Resulta, en cambio, interesante tratar de detectar ciertos presupuestos o principios básicos del liberalismo, que sean aceptables por las partes en disputa como definitorios del ideario liberal con cualquier caracterización plausible; de este modo, se puede determinar cuál rama del liberalismo es más leal y coherente con esos presupuestos y principios a la hora de derivar implicaciones para la evaluación de instituciones y prácticas sociales o políticas.

Efectivamente, ambos bandos coinciden en términos gruesos y generales en que es inherente al liberalismo asignar un valor prioritario a la libertad individual y acusan al partido opuesto de traicionar ese valor al tener una visión parcial, incompleta o sesgada de la libertad que constituye su objeto: mientras el liberalismo conservador acusa al igualitario de parcelar la libertad al valorar la que se manifiesta en el ámbito político y social, pero no en el ámbito económico, el último acusa al primero de hacer arbitrariamente un corte transversal, valorando cierto *status* normativo o "formal", pero no los prerrequisitos materiales que hacen al ejercicio de la libertad.

Es evidente que esta disputa acerca de qué rama del liberalismo es más consecuente con sus presupuestos o principios tampoco puede resolverse mediante una investigación lexicográfica acerca de la expresión "libertad". Esto es así, en primer lugar, porque esa expresión es ciertamente vaga y ambigua, y en segundo término, porque claramente sus diferentes significados tienen presupuestos valorativos que están en cuestión. Hay algunas distinciones conceptuales, como la que se ha hecho entre "libertad *positiva*" y "libertad *negativa*" a partir principalmente de un trabajo de Isaiah Berlin[2], que tienen valor para esclarecer la controversia, pero todavía ésta no está exenta de algunas confusiones que hacen difícil la tarea de identificar los puntos de conflicto entre ambas posiciones.

La libertad que el liberalismo valora es la libertad para realizar acciones o conductas. Pero no es plausible suponer que este estado de cosas tiene valor en sí mismo. Se podría decir que lo que interesa al liberalismo son hombres libres no acciones libres. La respuesta a esa objeción podría ser que los hombres son libres en la medida en que realicen acciones libres. Pero quien presente la objeción seguiría haciendo notar que no está claro cuál es la relación entre aquellos dos términos. ¿Es posible sostener que un hombre es más libre en la medida en que realice más acciones libres? Esta posibilidad enfrenta en seguida problemas serios:

---

[2] Vease "Two Concepts of Liberty", en *Four Essays on Liberty*, Oxford, 1969. Véase también, por ejemplo, Robert Young, *Beyond Negative and Positive Liberty*, Nueva York, 1986, o Lawrence Crocker, *Positive Liberty*, La Haya, 1980.

el primero es el de la dificultad de *contar* acciones (¿constituyen acciones diferentes las que se describen de modo distinto?[3]; ¿basta una mínima diferencia en la acción básica para que se cuente como una acción distinta?; ¿cómo se subdividen comportamientos continuos?). La segunda dificultad, aun más importante, es que no toda acción voluntaria constituye el ejercicio de una libertad que sea valiosa (por ejemplo, los mínimos movimientos de un hecho que pueda realizar un hombre maniatado, no son computables para atribuirle una libertad significativa).

La consideración anterior nos indica que si la libertad de actuar es axiológicamente relevante para el liberalismo, como parece que lo es esto debe serlo por su relación particular con algún otro valor que permita discriminar entre acciones cuya libertad de ejecución es o no es valiosa.

Como se ha dicho muchas veces ese otro valor que el liberalismo, en cualquiera de sus vertientes, toma como fundamental es el de *autonomía personal*, entendida como la posibilidad del individuo de actuar no sólo libremente, sino conforme a planes de vida e ideales personales que él se dé a sí mismo. El liberalismo defiende el valor de la autonomía personal frente a posiciones *perfeccionistas* que sostienen que es legítimo tratar de imponer a otros individuos, aun recurriendo a la coacción estatal, modelos de excelencia humana o de virtud personal considerados válidos. Este valor es abrazado tanto por pensadores de la izquierda liberal, como John Rawls, como por los del ala derecha, como es el caso de Robert Nozick[4] Es otra cuestión sumamente compleja la de determinar si la autonomía personal es un valor social o si es necesariamente parte de un ideal de excelencia humana y, en este último caso, si constituye un valor independiente o si es un aspecto constitutivo de un valor más completo como el de la autorrealización personal[5].

Lo que sí parece claro es que la autonomía personal es un aspecto de la idea más amplia de la autonomía moral que está dada por la capacidad del sujeto de actuar de acuerdo a normas y principios libremente elegidos, sean esas normas o principios referidos a los intereses de otros y no sólo a los del agente, sean que establezcan exigencias para que la propia vida y el carácter del agente adquieran valor. Como he sostenido en otro trabajo[6], el valor de la autonomía moral y, por ende, el de la autonomía personal, está implícitamente presupuesto en la prácti-

---

3 Véase este tema de la individualización y cómputo de acciones en mis monografías *El concurso en el derecho penal*, Buenos Aires, 1973, e *Introducción a la filosofía de la acción humana*, Buenos Aires, 1987.

4 Véase John Rawls, *A Theory of Justice*, Oxford, 1971, y Robert Nozick, *Anarchy, State and Utopia*, Cambridge, 1974.

5 Véase este tema en mi libro *Constructivismo ético*, Centro de Estudios Constitucionales, Madrid, 1989.

6 Véase *Ética y derechos humanos*, 2ª ed., Buenos Aires, 1989.

ca social del discurso moral que está dirigido a la aceptación libre de principios de conducta: cuando participamos honestamente de esa práctica social es porque queremos convencer a otros, es decir, queremos que acepten libremente, sobre la base de razones y no de condicionamiento o coacción, un principio moral que nos parece válido para guiar en forma convergente nuestras acciones y actitudes.

La relación entre la libertad de acción y la autonomía personal no es, claramente, una relación instrumental, sino de índole constitutiva: la autonomía del individuo se manifiesta a través de acciones libres, pero no toda acción libre es manifestación de la autonomía personal del agente. El flexionar los dedos sin un motivo significativo es una acción tan libre como la del concertista que toca el piano frente a un público apreciativo, pero sólo esta segunda acción es relevante para la autonomía de un individuo, ya que ella puede ser la culminación de un plan de vida libre y cuidadosamente elaborado.

Las acciones libres de los individuos se pueden jerarquizar de acuerdo a cuan centrales ellas sean para sus planes o ideales de vida. Por tanto, la libertad de realizar una acción es un valor para el liberalismo en la medida en que la acción en cuestión sea relevante para el proyecto de vida de un cierto individuo, y más valor tendrá esa libertad cuanto más central sea la acción para la materialización de ese proyecto. De acuerdo con esto, resulta más apropiado hablar de individuos más o menos autónomos que de individuos más o menos libres, ya que es prácticamente ininteligible mensurar la libertad de actuar de que gozan los individuos si no es en función de su capacidad para elegir y materializar planes de vida.

En síntesis, parece que la libertad para realizar acciones constituye un valor para el liberalismo sólo en la medida en que ella es constitutiva de la autonomía personal, que se materializa cuando un individuo da sentido a su vida ajustando sus acciones a un cierto proyecto o ideal.

Para analizar esta idea de libertad de acción como parte constitutiva de la autonomía personal, sin caer en disputas de tipo terminológico, es conveniente examinar primero un concepto más amplio y menos cargado de connotaciones emotivas, para discutir luego de qué manera puede circunscribirse en el ámbito de ese concepto lo que es característico de la libertad de acción que el liberalismo valora: me refiero a la noción de *capacidad* o *poder* para actuar.

2.

Anthony Kenny[7] sugiere que las acciones humanas son el resultado de una tríada formada por poder o capacidades, deseos y creencias. Este presupuesto nos permite, en principio, inferir cualquiera de los elementos de esa tríada de los otros dos y la acción real o hipotéticamente realizada o no realizada por el individuo.

---

[7] Véase *Will, Freedom and Power*, Oxford, 1975.

Por ejemplo, si un individuo mató a otro, sabía lo que estaba haciendo, pero no tenía la posibilidad de no ejecutar esa acción, podemos inferir que no tuvo el deseo o la intención de matar; si podía no haber actuado, pero no tuvo la intención de matar a la víctima; podemos inferir que no sabía lo que estaba haciendo, y si sabía lo que hacía, pero no quería hacerlo, podemos inferir que no tenía capacidad para hacerlo. Conversamente, si el agente no mató a otro a pesar de que se dieron dos de los factores que normalmente conducen a la acción de matar podemos inferir que no se dio el tercero.

Esta aproximación nos indica que la capacidad o poder para realizar una cierta acción de un cierto individuo está dada por *todas aquellas condiciones* que determinan que si el agente hubiera deseado realizar la acción y hubiera tenido las creencias apropiadas él habría actuado, y que hacen que si la acción del individuo no se hubiera ejecutado, no obstante que tuvo el deseo de realizarla y las creencias apropiadas sería porque no se habría dado alguna de ese conjunto de condiciones. En otras palabras, es posible identificar el poder o la capacidad para actuar con los conjuntos suficientes de condiciones necesarias de una cierta acción que excluyen las creencias y deseos del agente que son apropiados para la realización de la acción.

Esta caracterización de la capacidad para actuar es demasiado restrictiva porque ella deja de lado una dimensión de tal capacidad que está referida a la formación de los deseos y creencias, pero, por ahora, nos sirve para una primera aproximación al problema de cómo delimitar la libertad que es valiosa para el liberalismo en el marco del concepto más amplio de capacidad.

Sería una tarea ímproba presentar una tipología de las múltiples, tal vez infinitas, condiciones que constituyen la capacidad para actuar con alguna pretensión de precisión, independencia, completitud y exhaustividad de los ítems enumerados. Pero esto no es necesario para mis propósitos, siendo suficiente esta enumeración sin duda tosca:

a) Condiciones mentales del agente: aquí debemos incluir las propiedades y procesos psíquicos del individuo que no constituyen parte de los deseos y creencias que determinan su acción particular y que hacen que el individuo sea considerado un agente maduro y normal (por ejemplo, se debe computar la autoconciencia como un agente integrado y continuo y la ausencia de *akrasia* o debilidad de voluntad).

b) Condiciones físicas del agente como es obvio, este *item* incluye el apropiado funcionamiento del cuerpo del individuo, de modo que pueda realizar la acción básica[8] que subyace a cualquier descripción más compleja.

c) Acceso a artefactos o instrumentos que amplifican o suplen la capacidad mental y física del individuo.

---

[8] Sobre el concepto de acción básica, véase mi libro *Introducción a la filosofía de la acción humana*, citado.

d) Acceso a un entorno físico apropiado para la acción; esto incluye la presencia de bienes y procesos naturales que facilitan la acción y la ausencia de los que la obstaculizan.

e) Acceso a un contexto de interacción en el que se den las acciones y abstenciones de los demás que facilitan la acción en cuestión.

f) Acceso a prácticas sociales que facilitan la acción: aquí deben incluirse, por ejemplo, las prácticas lingüísticas o las religiosas.

g) Acceso a un contexto institucional que permita y no obstaculice la acción: obviamente, esto está constituido principalmente por la relación de la acción con prescripciones de un orden jurídico vigente.

Es evidente que no todas las innumerables condiciones de la capacidad de acción que pueden ser incluidas en las categorías precedentes o en otras que podamos formular forman parte de la noción de libertad que el liberalismo valora. Ello comprometería a adoptar las acciones e instituciones que las promueven y es imposible diseñar un curso de acción que al promover algunas no frustre otras. Necesariamente el liberalismo debe hacer una discriminación de las condiciones que constituyen la capacidad de actuar, con el fin de configurar la libertad que debe ser promovida. Por más que las condiciones que queden fuera de ese concepto de libertad merezcan alguna valoración positiva, sólo las incluidas en él gozan de prioridad para el liberalismo. Por otra parte, tanto liberales conservadores como igualitarios coinciden en que las personas morales deben tener un acceso *igualitario* a los estados de cosas que son constitutivos de la libertad, ya que nadie tiene *ab initio* más méritos que otros para que se justifique un acceso diferencial.

Por supuesto, los liberales igualitarios y los conservadores diferirán acerca de las condiciones constitutivas de la capacidad para actuar que forman parte del concepto más restringido de libertad de acción que, como aspecto constitutivo de la autonomía personal, deben tener un tratamiento preferencial e igualitario. Dado que esa selección de condiciones constitutivas de la capacidad de actuar que forma parte de la libertad valorada por el liberalismo difícilmente pueda tomar en cuenta principios valorativos más básicos que el mismo principio de autonomía personal, que resulta configurado por tal selección, veamos si hay criterios basados en diferencias ontológicas entre aquellas condiciones que incidan en un supuesto impacto diferente sobre la autonomía personal.

3.
Entre las condiciones constitutivas de la capacidad para actuar enumeradas se pueden distinguir: a) condiciones *fácticas y normativas*; b) condiciones *intrínsecas y extrínsecas* al agente, y c) condiciones *positivas y negativas*.

Conviene analizar si algunos de estos criterios distintivos nos permiten circunscribir las condiciones que están denotadas por el concepto más específico y axiológicamente relevante de libertad de acción.

a) *Condiciones fácticas y normativas*

Esta es una de las distinciones más aludidas en el debate entre liberales igualitarios y conservadores. En efecto, es tradicional en el pensamiento liberal de derecha identificar la libertad con una serie de facultades, permisiones, garantías, etc., que están otorgados por un orden jurídico vigente. Tales son, por ejemplo, los derechos y garantías constitucionales referidos a la expresión, a la religión, a la movilidad física, a la asociación, al comercio, al uso y disposición de la propiedad y algunos otros. Es decir, se identifica la libertad con condiciones que corresponden a la última categoría de la enumeración precedente. Respecto de esas condiciones constitutivas de la libertad, el liberalismo conservador admite, por supuesto, que debe haber una distribución y asignación igualitaria entre todos los individuos; se rechaza, consecuentemente, todo tipo de discriminación en la titularidad de los mencionados permisos y garantías por razones moralmente irrelevantes, como puede ser la raza, el sexo, la religión, la nacionalidad.

Por supuesto, el liberalismo conservador no da el mismo tratamiento a las condiciones fácticas que hacen posible la realización de las mismas conductas —como la de disponer de dinero para pagar una solicitada en un diario o la de disponer de una silla de ruedas o de un auto para movilizarse—. Ellas no forman parte constitutiva de la libertad o del aspecto relevante de la libertad que tiene un valor tal que sólo se satisface si es distribuido igualitariamente entre los individuos.

Aun John Rawls, quien es considerado, como dije antes, el principal representante filosófico del liberalismo igualitario, parece adherir a esta distinción entre condiciones normativas y fácticas. Como se sabe, Rawls[9] defiende dos principios de justicia que tienen un orden jerárquico lexicográfico (hasta que el primero no sea satisfecho no lo puede ser el segundo: el primer principio es el de la libertad y prescribe la distribución igualitaria del sistema más extenso posible de libertades básicas que incluyen la de conciencia, la de poseer propiedad personal, la de verse libre de arrestos arbitrarios, etc. El segundo principio establece que las desigualdades sociales y económicas sólo están justificadas si van en beneficio de los miembros menos aventajados de la sociedad y están ligadas a posiciones abiertas a todos. Esto todavía no dice nada acerca del tipo de condiciones constitutivas de las libertades básicas establecidas por el primer principio. Sin embargo, RAWLS aclara posteriormente (pág. 204) que una cosa es la libertad y otra son los medios o falta de medios

---

[9] En *ob. cit.*

necesarios para ejercer esa libertad –como los que pueden estar excluidos por la pobreza o la ignorancia–, los que constituyen no la libertad misma, sino el valor de su libertad para el individuo y está regido no por el primer principio, sino por el segundo principio de justicia, que, recordemos, tiene una jerarquía inferior y no prescribe una igualdad estricta. De este modo hay que entender que lo que Rawls define "el sistema más extenso de libertades básicas" son condiciones normativas establecidas por el orden jurídico vigente.

Por cierto, que otros liberales igualitarios se han unido a los socialistas para denunciar esta idea de libertad identificada con condiciones normativas, como cosa diferente de otras condiciones de naturaleza fáctica, que permiten o promueven el efectivo ejercicio de la autonomía personal. Es conocida la frase de que lo que ese tipo de liberalismo garantiza es la libertad del rico y el pobre para dormir bajo los puentes de París. Así, se dice corrientemente que las condiciones normativas sólo garantizan derechos y libertades "formales" que convierten a los individuos en personas morales sólo en el papel de un texto jurídico o una declaración, pero no en la realidad de su vida.

Creo que estas dos posiciones extremas son incorrectas. La distinción entre lo fáctico y lo normativo tiene un carácter diferente según estemos empleando uno u otro de dos conceptos de normas: por un lado, el que hace referencia a normas o principios ideales, que son en última instancia un tipo de *proposiciones* y sirven, en el caso de ser válidas, como razones para justificar acciones (por ejemplo, el principio de que no debe abusarse de la confianza que se deposita en uno). Es obvio que si usamos este concepto de normas hay, en efecto, una radical censura ontológica entre las normas y los hechos empíricos; tales hechos, sea que se relacionen con la formulación de la norma, sea que estén asociados con su cumplimiento no son relevantes para la validez o existencia de una norma ideal. Por otro lado, podemos emplear un concepto de normas que se refiera a reglas vigentes. En este último caso, se trata en realidad, como bien lo analiza Hart[10], de *prácticas sociales* que están constituidas por una serie de conductas y por actitudes frente a otras conductas. Por ejemplo, la existencia de una norma positiva como la que prohibe matar requiere de una generalizada abstención de la conducta de matar a otros acompañada de la conciencia de que no se debe matar, actitudes críticas frente a quienes se apartan de esa regularidad de comportamiento, y, si se trata de una norma jurídica, ciertas conductas adicionales como la formulación de la prescripción de no matar y la de usar ese aparato para castigar a quienes matan por quienes tienen acceso al aparato coactivo estatal.

Es obvio que quienes suponen que la libertad que es objeto de valoración por el liberalismo está constituida por una serie de derechos y garantías normativas

---

[10] Véase *The Concept of Law*, Oxford, 1960.

no aceptarían que esa libertad está materializada con sólo adscribir validez a un sistema normativo ideal que otorga tales derechos y garantías –con lo que la posición en cuestión se materializaría automáticamente–, sino sólo cuando esos derechos y garantías están receptados en un sistema jurídico vigente, es decir, a través de las prácticas y pautas de conducta de quienes controlan directa o indirectamente el aparato coactivo del Estado[11]. Solamente cuando tiene eficacia un orden jurídico que, por ejemplo, garantiza el libre ejercicio de la religión esta libertad se materializa. Tal eficacia implica naturalmente que de hecho los funcionarios públicos no interfieran con el ejercicio religioso acudiendo al aparato coactivo estatal, que buena parte de los miembros de la sociedad tampoco lo haga y que el aparato coactivo estatal sea efectivamente usado para tratar de impedir y eventualmente sancionar los casos excepcionales de interferencia.

Por tanto, la libertad que se constituye por condiciones normativas de carácter positivo o social depende, en última instancia, de una serie de hechos, principalmente constituidos por conductas pasivas y activas de otros (las de no interferir y las de impedir y sancionar las interferencias, entre otras).

Esto implica que se equivocan quienes acusan a los defensores del valor de esta libertad de avalar algo que es puramente formal, que existe sólo en el mundo de las ideas, a lo sumo en el de las colecciones de papeles. La libertad que depende de las condiciones normativas de la capacidad de actuar se materializa por medio de *conductas* de otros y tiene, por supuesto, fundamental importancia para el desarrollo de autonomía personal.

Pero también se equivocan, como ahora resulta evidente, quienes consideran que hay una diferencia categorial entre las condiciones normativas y fácticas que constituyen la capacidad de actuar, justificando así una prioridad valorativa entre la satisfacción de las primeras y la satisfacción de las últimas. Ambos tipos de condiciones son de carácter fáctico, aunque, por supuesto, son hechos diferentes los que constituyen cada una de las clases de condiciones, mencionadas antes, constitutivas de la capacidad de actuar.

Se podría sostener que en esta diferencia entre los hechos involucrados en las condiciones normativas de la capacidad de actuar reside el fundamento de su prioridad axiológica. Sin embargo, esto no parece convincente por dos razones: en primer lugar, porque no se ve cuál puede ser la relevancia axiológica de la diferencia entre las conductas, por ejemplo, de sancionar a quien me desconecta un micrófono para impedirme hablar en público y la de conectarme ese micrófono. En segundo término, porque las condiciones normativas positivas y las fácticas no normativas que constituyen la capacidad de actuar se presen-

---

11 Véase esta caracterización de sistema jurídico vigente en mi libro *Introducción al análisis del derecho*, Buenos aires, 1982.

tan interrelacionadas, ya que el objetivo de establecer las primeras es que se den las segundas (raramente las condiciones normativas positivas tienen efecto en promover la autonomía personal si no determinan conductas que no forman parte del establecimiento y aplicación de las normas positivas), así, la conducta de sancionar a quien me desconecta el micrófono está dirigida a provocar que no se ejecuten conductas como esa para impedir hablar; y la conducta de conectarme el micrófono para que pueda hablar puede estar determinada por acciones que forman parte de prácticas normativas vigentes como las que pueden constituir la obligación moral o jurídica positiva de facilitar la libertad de expresión por parte de otros.

En otras palabras, no sólo no hay una diferencia ontológica entre las condiciones normativas positivas que constituyen la capacidad de actuar y las condiciones fácticas no normativas, de modo que justifique una valoración diferente, sino que el primer tipo de condiciones se trata de satisfacer con el objeto de satisfacer condiciones del segundo tipo, por lo que resulta absurdo establecer una jerarquía axiológica a favor de las primeras.

b) *Condiciones intrínsecas y extrínsecas*

Otra posibilidad de diferenciar las condiciones constitutivas de la capacidad de actuar con el fin de delimitar la libertad que el liberalismo valora es tomando en cuenta hasta qué punto ellas son intrínsecas a los agentes morales o son condiciones que son externas a ellos.

En la enumeración anterior dos de los *items* parecen corresponder a la categoría de condiciones intrínsecas al agente los que se refieren a las condiciones mentales y físicas de la acción. Los demás, en cambio, parecen aludir a circunstancias que son extrínsecas al agente, ya que dependen del estado del mundo circundante.

A primera vista resulta claro que las condiciones intrínsecas al agente deberán tener prioridad valorativa en relación a las extrínsecas. La no satisfacción de esas condiciones no sólo pueden impedir una cierta acción o un tipo de acciones, restringiendo la autonomía del agente, sino que hasta pueden destruir al agente o al menos descalificarlo como persona moral. La destrucción física de las personas, los atentados a su integridad corporal, los daños que se pueden causar a su estabilidad y continuidad mental son sin duda más graves que la privación de recursos externos que impida la realización de una u otra acción. Por grave que sea, en términos de autonomía, la situación a que se somete a los ciudadanos en un estado totalitario como Irán o China, es aun más grave la situación en que se práctica el exterminio masivo o se hacen experimentos médicos con la gente sin su consentimiento.

Aun cuando el tema de la identidad personal preserva complejidades que no pueden encararse aquí, puede aceptarse que ella está relacionada con la continuidad y conexidad de procesos físicos y mentales[12], de modo que ella se quebranta cuando los procesos en cuestión resultan alterados. Tal vez sea esto lo que explique nuestra resistencia a aceptar cualquier política de distribución coactiva que abarque, por ejemplo, órganos humanos.

Dada esta prioridad valorativa de las condiciones intrínsecas al agente parece posible justificar restringir el concepto de libertad que el liberalismo valora a tales condiciones que constituyen la capacidad de acción. Esto parecería dar razón al liberalismo conservador, que pone énfasis en derechos como el de la vida, la integridad corporal, la libertad de movimientos como el objeto principal de una protección igualitaria por parte del Estado. Al fin y al cabo, Locke comenzaba su justificación de la propiedad privada con la soberanía de los hombres sobre sus cuerpos para luego extenderla a los objetos materiales que se mezclan con el trabajo de tales cuerpos.

Sin embargo, esta jerarquización de las condiciones físicas y mentales intrínsecas al agente presenta obvias complicaciones. En primer lugar, es evidente que ellas mismas están condicionadas por circunstancias del contexto externo. Todos los demás *items* que he enumerado inciden de una u otra manera en las capacidades mentales y físicas del agente. El acceso o no a recursos, las acciones y abstenciones de otros, las prácticas sociales, etc., perjudican o promueven aquellas capacidades. Pero esto no sería decisivo porque se podría decir que hay entre las circunstancias externas y las intrínsecas al agente una relación de medio a fin y ello no excluye, sino que, al contrario, ratifica la prioridad de las últimas condiciones. Lo que ocurre es que, en segundo término, muchas de las capacidades físicas y mentales no se valoran en sí mismas, sino en función de algún objetivo que incluye, en forma constitutiva, condiciones externas, por lo que se revierte la relación de medio a fin entre uno y otro tipo de condiciones. Por ejemplo, en nuestra cultura no se valora en demasía la capacidad de un individuo de mover las orejas e incluso se valora menos que en sociedades primitivas algunas destrezas físicas menos exóticas; tampoco se valoran en sí mismas algunas condiciones mentales como la memoria visual. Esto seguramente incide en que no sea verdad, en tercer lugar, que haya alguna posición liberal plausible, como el liberalismo conservador, que se limite a incluir en el concepto de libertad que debe ser objeto de protección igualitaria sólo a las condiciones mentales y físicas del agente junto a los derechos a la vida y a la integridad física, cualquier posición liberal incluye las libertades de expresión, de religión, de reunión y el derecho de propiedad, que obviamente, requieren por definición condiciones extrínsecas al agente.

12 Véase D. Parfit, *Reasons and Persons*, Oxford, 1984.

Por tanto, se puede concluir que, sin perjuicio de que las condiciones intrínsecas al agente plantean problemas particulares en términos de la identidad y la inviolabilidad de los agentes morales no es plausible restringir el concepto de libertad que el liberalismo valora a tales condiciones y no es así como procede el liberalismo conservador.

c) *Condiciones positivas y negativas*

Una obvia distinción entre las condiciones constitutivas de la capacidad de actuar mencionadas antes es la que toma en cuenta si ellas se materializan a través de la presencia o de la ausencia de ciertos hechos. Por ejemplo, la capacidad física para actuar puede estar dada tanto por el hecho positivo de que el agente tiene músculos bien desarrollados como por el hecho negativo de que no tiene una afección cardíaca. La capacidad mental puede estar constituida por la posibilidad de hacer cálculos complejos y por la ausencia de ciertas perturbaciones como la paranoia. El acceso a recursos o instrumentos que expandan la capacidad física o mental incluye la ausencia de factores inherentes a ese acceso que pueden implicar otras inhabilidades (por ejemplo, el uso de una silla de ruedas puede involucrar una limitación en la libertad para usar las manos). Las conductas de los demás que expanden nuestra capacidad para actuar pueden ser tanto comisivas como omisivas (el que podamos saltar hasta la próxima roca en un escalamiento puede depender tanto de que el que está más arriba de nosotros nos atraiga con su mano hacia su posición, como de que quien está más abajo de nosotros no nos tire en su dirección). Las prácticas e instituciones sociales y jurídicas que favorecen la acción incluyen, como es obvio, tanto aspectos positivos como negativos (favorece una acción tanto el que las prácticas de la sociedad incluyan ciertos ritos religiosos como el que no haya reacciones adversas contra quienes lo practican; tanto el que exista en la legislación positiva el divorcio vincular como el que no exista la pena de muerte para el adulterio). Por cierto, que se puede hacer exactamente la misma distinción entre factores positivos y negativos en relación a las circunstancias que, en lugar de promover, perjudican ciertas acciones.

A primera vista parece, en efecto, que las condiciones de índole negativa que favorecen la acción tienen prioridad valorativa sobre las positivas y en consecuencia, tienen un título mayor para constituir la libertad de acción defendida por el liberalismo: es más importante que uno no se vea afectado por una enfermedad o discapacidad física o mental que poseer cualidades excepcionales de la misma índole; es preferible que los recursos que uno posea no involucren cargas o riesgos excesivos que tener acceso a recursos extraordinarios, es más deseable verse libre de la interferencia de los demás que contar con la ayuda positiva de los demás; es mejor que las prácticas sociales y las instituciones jurídicas no nos impidan nuestras acciones que las promuevan.

Esto parece tan obvio que muchos liberales conservadores, como NOZICK[13], se han apoyado directamente, sin mayor fundamentación en esta preeminencia axiológica de las condiciones negativas de la acción sobre las positivas para articular un concepto de libertad valiosa, principalmente en lo que se refiere a las conductas humanas: de acuerdo a este concepto los derechos de los individuos se violan cuando son agredidos por actos positivos, pero no por la omisión de proporcionar a tales individuos recursos que facilitarían sus acciones.

En parte, la distinción mencionada entre libertad negativa y positiva está relacionada con esta diferenciación de factores negativos y positivos que constituyen la capacidad para actuar, aunque la distinción en cuestión también ha resultado asociada con la diferenciación entre libertad y autonomía o autorrealización o con la diferenciación entre capacidad y su actualización. En el primer caso, se supone que el verse libre de interferencias o de anormalidades es más importante que el contar con ayuda o con condiciones excepcionales.

Sin embargo, es misterioso cuál puede ser el fundamento de esta prioridad axiológica de las condiciones negativas que constituyen la capacidad de acción sobre las condiciones positivas. Aun dejando de lado que la misma situación fáctica puede describirse alternativamente en términos positivos o negativos (por ejemplo, como "sequía" o "falta de lluvia"), no parece que haya una diferencia ontológica entre uno y otro tipo de condiciones, o, si la hay, ella parece ir en desmedro de las condiciones negativas, ya que algunos dudan acerca de la entidad ontológica de los hechos negativos. Hay filósofos que sostienen que tales hechos negativos no son más que descripciones diferentes de los mismos hechos particulares que podrían ser descritos en forma positiva. En el caso específico de las acciones, las instancias omisivas resultan de establecer que un agente no realizó los movimientos corporales que hubieran correspondido a una cierta descripción de acción y, en algunos casos, que esa no realización de movimientos corporales apropiados, causa un estado de cosas que es relevante para otra descripción de acción[14]. Es dudoso si la no realización de ciertos movimientos corporales se predica del agente o de los movimientos corporales que él realizó en lugar de los omitidos. De cualquier modo, parece claro que los hechos negativos, sea que se los concibe como una especie de particulares o como un tipo de descripción de particulares inespecíficos, suelen ser relacionados causalmente con cualquier otro tipo de evento, tanto cuando se trata de acciones o de hechos naturales. Así decimos normalmente que la falta de nieve cau-

---

13 Véase *ob. cit.*, pág. 27.
14 Véase mi monografía citada, *Introducción a la filosofía de la acción humana*, cap. IX.

só la baja del caudal de agua de un lago o que la omisión de regar las flores causó que éstas se murieran.

No hay nada, pues, en la ontología de los hechos negativos, cualquiera que éste fuere, que parezca justificar un tratamiento diferente al de los positivos, desde el punto de vista valorativo. Sin embargo, el liberal conservador podría aun señalar que la selección de los hechos negativos de una u otra índole que facilitan la acción se hace siempre en contraste con un modelo de normalidad: la ausencia de una enfermedad o inhabilidad presupone un modelo de las habilidades y condiciones de un hombre normal (nadie dice que es enfermo si se cansa por subir diez pisos por escalera); las abstenciones que se computan como necesarias para la libertad de actuar son las que se espera de los individuos (forma parte de nuestra capacidad de acción, por ejemplo, la abstención de otros de ponernos un pie para hacernos tropezar; pero no la de levantarse de un banco de una plaza para permitir que nos sentemos en él); los aspectos que deben estar ausentes en las prácticas e instituciones sociales para garantizar nuestra actuación libre son aquellos que normalmente se supone que no deben estar incluidos en ellas en el marco de nuestra civilización (ellas no deben incluir la prohibición del divorcio, pero no necesariamente está excluida la de la poligamia).

Como puede sostener el liberal conservador, la circunstancia de que los hechos negativos que constituyen la libertad para actuar se seleccionan según pautas de normalidad explica por qué ellos tienen preeminencia sobre los hechos positivos, porque tendemos a describir positivamente aquello que se sale de lo normal o esperado y, en consecuencia, a describir lo normal en forma negativa como la ausencia de hechos de esa índole (por ejemplo, es más corriente caracterizar a la salud como ausencia de enfermedades y caracterizar a cada una de estas últimas en forma positiva que proceder a la inversa).

No hay que confundir, sin embargo, la circunstancia de que las abstenciones se identifican sobre la base de ciertos estándares de normalidad con la hipótesis absurda de que tales abstenciones son siempre más normales que las acciones positivas, justificándose así que se incluyan sólo a las primeras entre las condiciones de la capacidad de actuar que forman parte de la libertad que el liberalismo valora. No es más normal, como es obvio, ayunar que comer. Por otro lado, también los estándares de normalidad son relevantes en el caso de las acciones positivas, no, en general, directamente para su identificación, sino por ejemplo, para atribuirles algún efecto causal (y, en consecuencia, indirectamente para identificarlas de acuerdo a descripciones que toman en cuenta tales efectos), ya que generalmente las acciones, como otros fenómenos, son vistas como causas de un estado de cosas cuando constituyen condiciones suficientes de ese estado de cosas en las circunstancias *normales* del contexto.

En el caso de las acciones humanas parece haber, sin embargo, una razón que el liberal conservador puede alegar para que la libertad para actuar esté más bien asociada a normas de abstención por parte de los demás que a normas de actuación comisiva; las abstenciones no consumen tiempo ni ocupan espacio, por lo que la libertad de A de realizar una cierta acción gracias a la abstención de B es compatible con la libertad de B de realizar al mismo tiempo muchas otras acciones; en cambio, las acciones positivas sí consumen tiempo y ocupan espacio y, debido a ello, la libertad de A de realizar una determinada acción gracias a la acción comisiva de B no le deja a éste libertad para realizar al mismo tiempo ninguna otra acción. La suma de libertades de acción de que gozan los ciudadanos parece maximizarse en la medida en que la libertad de acción de uno requiera principalmente omisiones y no también acciones comisivas por parte de los demás.

El liberal conservador puede vincular las dos últimas consideraciones de la siguiente manera: no es que en abstracto los hechos negativos, como las abstenciones de los demás, sean más normales que los positivos; sin embargo, presupuestos valorativos como los que acabamos de ver que se refieren a la distribución de la libertad están incorporados a los estándares de normalidad vigentes en nuestro contexto social y ellos determinan que pocos hechos positivos puedan computarse como condiciones relevantes de la libertad de actuar que el liberalismo valora. Es un hecho que esa libertad está constituida principalmente por circunstancias negativas como la ausencia de enfermedad o la abstención de los demás de torturar y no por circunstancias positivas como la de tener acceso a ciertos instrumentos o la acción comisiva de otros de proporcionarnos recursos. El que ese hecho esté basado en ciertos estándares de normalidad vigentes en el medio social no lo descalifica como una plataforma sólida en la que el liberal conservador pueda apoyarse para justificar una discriminación entre condiciones de la capacidad de actuar a los efectos de constituir la libertad de acción que resulta valorada por el liberalismo.

Quedémonos por ahora con esta respuesta del liberalismo conservador que luego de descartar la diferenciación entre condiciones constitutivas de la capacidad de acción sobre la base de su carácter normativo o fáctico, intrínseco o extrínseco al agente, se apoya, finalmente, en la discriminación entre condiciones positivas y negativas sobre la base de estándares de normalidad que parecen presuponer ciertas valoraciones plausibles. La aparente prioridad de las condiciones normativas y la de las intrínsecas al agente parece, en realidad, encubrir esa prelación de las condiciones negativas sobre las positivas, ya que es natural que la ausencia de ciertas acciones de terceros la identifiquemos con la presencia de normas que prescriben esa ausencia o que se la adjudiquemos al agente como un atributo intrínseco.

En el examen de esta posición vamos a concentrarnos principalmente en el caso de las acciones de terceros y no en otras condiciones negativas de la capacidad de actuar como el acceso a recursos o a prácticas e instituciones sociales o aun propiedades físicas o mentales del agente. Esto se justifica por el hecho de que o estas otras condiciones son reducibles a acciones de terceros o, si no, son relevantes para el discurso práctico intersubjetivo en la medida en que son afectables por acciones de terceros.

Pero antes de juzgar esta respuesta es necesario examinar los otros aspectos de la capacidad de actuar que fueron dejados de lado cuando la identificamos provisoriamente con las condiciones que hacen que el agente actúe cuando se dan los deseos y las creencias apropiados.

4.

No siempre es verdad que un agente que actúa determinado por ciertos deseos y creencias por ese solo hecho haya actuado libremente. La libertad de acción no sólo está excluida por obstáculos que impiden que la intención del agente y sus creencias produzcan la acción apropiada, sino que también se ve perjudicada por factores que inciden en esos deseos o creencias. Quien entrega el dinero a un asaltante que lo amenaza con matarlo está realizando una acción determinada por sus deseos y creencias –el de no ser muerto y el de creer que si no se entrega la bolsa se pone en peligro la vida–, pero la acción está lejos de ser libre.

Hay dos formas en que ciertos factores pueden incidir en los deseos o creencias convirtiendo a la acción resultante en una acción no libre: una de estas formas es *externa* a tales deseos y creencias y se produce cuando ellos son manipulados o condicionados sin incidir en el razonamiento práctico del agente. La forma más obvia de afectación externa de los deseos o creencias es mediante el "lavado de cerebro", la propaganda subliminal o la manipulación química o física de centros nerviosos. En cambio, en el caso de condicionamiento o afectación *interna* de los deseos o creencias se opera sobre su contenido proposicional de modo que el agente forme ciertas creencias o deseos a través de otros. Por ejemplo, produciendo ciertos hechos, como una amenaza, se obtiene que el agente adquiera creencias o deseos que antes no tenía o manipulando las pruebas o desviado la atención del agente de modo que no advierta ciertos datos de la realidad se puede hacer que se formen creencias falsas.

Por supuesto, que los factores que pueden afectar externa o internamente los deseos o creencias del agente no siempre son el resultado de la acción deliberada de otros, bien pueden ser el resultado de accidentes o de fenómenos naturales; tal es el caso de algunos tipos de enfermedades mentales o de situaciones de necesidad que tienen un impacto compulsivo equivalente al de la coacción.

El problema con estas causales excluyentes de la capacidad de actuar es que cualquier caracterización que se haga de ellas rápidamente provoca contraejemplos de situaciones en las que esa caracterización se satisface y, sin embargo, no es plausible sostener que la capacidad del agente esté afectada. Por ejemplo, no basta para caracterizar a un factor externo que limita la capacidad del agente decir que él condiciona o causa la formación de un deseo o de una creencia, ya que lo mismo ocurre tal vez con todos nuestros deseos o creencias si tomamos en cuenta factores hereditarios, neurofisiológicos, psíquicos, sociales, etc. No es fácil encontrar un criterio que, por ejemplo, permita distinguir plausiblemente entre la fisiología del hambre de un impulso eléctrico que aplicado a alguna zona cerebral provoque ese o algún otro deseo.

Tal vez la cuestión es aun más difícil cuando se refiere a la afectación interna de las creencias o deseos: una amenaza coactiva o un estado de necesidad no se pueden caracterizar por el mero hecho de que implican para el agente un costo o un mal, ya que, de lo contrario, muchísimas decisiones y acciones que llevamos a cabo corrientemente quedarán descalificadas como no libres. Tampoco, por cierto, pueden ser caracterizadas sobre la base de la perturbación de ánimo que producen en el agente, puesto que hay muchos casos en que ellos restringen la libertad de acción, no obstante, que no tienen esos efectos psicológicos, y hay muchas otras situaciones en que el agente sufre tal tipo de perturbación y, sin embargo, la libertad de actuar no se encuentra afectada.

Esta dificultad para distinguir las situaciones en que la capacidad de acción del agente se ve afectada por factores que inciden en la voluntad o en las creencias del agente se refleja en discusiones como la que se refiere a la diferencia entre ofertas y amenazas. ¿Cuándo el anuncio de una acción u omisión por parte de alguien, si quiere recibe el anuncio hace o deja de hacer otra cosa, deja de ser una oferta para convertirse en una amenaza? Si alguien me anuncia, por ejemplo, que construirá en su casa lindera una pared que me tapará el sol a menos que yo le pague una suma de dinero, me estaría haciendo una oferta o una amenaza? Nozick[15] ha analizado este tema, dando origen a una interesante discusión, y propone un criterio distintivo que está basado en determinar si quien recibe el anuncio querría pasar de la situación previa al anuncio a la situación en que éste ha sido efectuado: en el caso de una oferta el ofertado desea pasar de la situación de preoferta a la situación de oferta, mientras que en el caso de una amenaza, por supuesto, el amenazado no querría pasar de la preamenaza a la amenaza.

Sin embargo, este criterio distintivo es cuestionable porque él depende de cómo se construya la situación contrafáctica: la formulación de una oferta está supeditada a una serie de condiciones, entre otras un contexto normativo, que hagan a ella tanto posible como necesaria para alcanzar cierto resultado. Si la situación de preoferta incluye, por ejemplo, un contexto en el que las normas relativas a la pro-

---

15 Véase "Coerción", en *Philosophy, Politics and Society*, P. Laslett, W. G. Runciman y O. Skinner (comps.), Oxford, 1972.

piedad fueran diferentes y uno puede impedir recurriendo a la justicia que el vecino construya la pared que me obstruye el sol, por supuesto que preferiría esa situación de preoferta a la situación en que la oferta puede hacerse y se hace.

El mismo tipo de problemas que incide en la determinación de la capacidad de acción se presenta con la distinción entre penas y tarifas. ¿Cómo puede distinguirse, por ejemplo, entre una multa por mal estacionamiento de una tarifa que cobre la municipalidad por estacionamiento en la vía pública?[16]. De hecho, muchas veces los automovilistas terminan tomando como tarifa lo que se intentó establecer como multa, pero la diferencia no puede depender sólo del monto, ya que es obvio que hay multas triviales y tarifas onerosas. Tampoco parece adecuado el criterio que se basa en aspectos expresivos, como el sentimiento de condena pública que acompaña a una pena, ya que esto no siempre está presente cuando el hecho antecedente es relativamente trivial o hasta visto como moralmente loable.

La única distinción posible entre los factores internos o externos que restringen la capacidad de acción de un individuo y los que no lo hacen es la que toma en cuenta consideraciones *normativas*. Si empezamos con el último ejemplo, esto se ve con más claridad: la multa se distingue de la tarifa en que la acción antecedente de la primera está prohibida, mientras no lo está el acto por el que se establece la tarifa; por cierto, que esto requiere un criterio de identificación de las prohibiciones que no dependa a su vez de que al acto se le imputa una sanción[17]. Si luego examinamos el caso de las ofertas y amenazas advertiremos que, como ya se insinuó, ella depende del contexto normativo; esto se ve claramente en el caso del mafioso que "ofrece" protección contra eventuales daños; la oferta no es tal, sino una amenaza porque tales daños serían el resultado de una actividad delictiva que el mismo mafioso u otro conectado con él está dispuesto a realizar.

En el caso de factores que inciden externamente sobre los deseos y creencias de la gente es un poco más difícil advertir la relevancia de las consideraciones normativas. La locura, la manipulación del funcionamiento del cerebro a través de estímulos físicos o químicos, las técnicas subliminares no parecen ser distinguibles en términos normativos, sino sobre la base de consideraciones puramente causales. Sin embargo, las dificultades sumamente conocidas para caracterizar a esos factores distinguiéndolos de otros que inciden normalmente sobre nuestra capacidad de actuar y, no obstante, no son vistos como restrictivos de la libertad, llevan a preguntarse si tal caracterización no depende también, al menos en parte, de consideraciones de índole normativa. Creo que la respuesta es positiva, por lo menos en lo que se refiere al aspecto siguiente que he tratado más extensamen-

---

' 16 Véase este tema en mi libro *Los límites de la responsabilidad penal*, Buenos Aires, 1980.
17 Véase este tema en *Introducción al análisis del derecho*, citado, cap. 3.

te en otro lugar[18]: si esos factores estuvieran parejamente extendidos sobre todo la población relevante difícilmente se verían como limitativos de la libertad, por lo menos a los efectos de imputar a la acción de que se trate consecuencias normativas, como obligaciones, responsabilidades, pérdida de derechos, etc. En otras palabras, si todos los miembros de la sociedad fueran mentalmente inmaduros o anormales, estuvieran sometidos a algún factor químico o físico que perturbara su funcionamiento cerebral, etc., sería absurdo que estos condicionamientos se tomaran como causales excluyentes de las responsabilidades, obligaciones, etc., que se incurren como consecuencia de actos "voluntarios" como el contraer matrimonio, celebrar contratos o cometer delitos. Esto implica que necesariamente debe haber consideraciones normativas que hagan relevante el hecho de que las incapacidades sean o no compartidas; obviamente no hay una diferencia causal entre las limitaciones a nuestro pensamiento que devienen de una estructura cerebral compartida por todo el género humano y las limitaciones impuestas por padecer tal o cual enfermedad mental.

5.

El desarrollo de las dos secciones previas nos sugiere que no hay posibilidad de seleccionar aquellas condiciones de la capacidad de acción que son parte de la libertad que el liberalismo valora sin recurrir a estándares de normalidad o presupuestos de índole normativa. Esto lo vimos, en primer lugar, en relación a las condiciones que hacen que el agente actúe si tiene la intención de hacerlo y las creencias apropiadas. Vimos que entre las múltiples condiciones de ese tipo solemos seleccionar como constitutivas de la libertad las omisiones más que las acciones positivas de la libertad y que ello es así porque presuponemos ciertos estándares de normalidad que tal vez estén apoyados en valoraciones plausibles. También acabamos de llegar a la misma conclusión en relación a los factores que inciden, interna o externamente, en la formación de deseos y creencias del agente: la selección de aquellos que restringen la libertad necesariamente tiene en cuenta consideraciones normativas, como la corrección o la licitud de lo que se enuncia como oferta o amenaza o, de nuevo, la normalidad o no del factor en cuestión en cierto grupo relevante.

El que la identificación de la libertad de acción dependa de consideraciones normativas parecerá convenir a este concepto en algo relativo y subjetivo desprovisto de toda base empírica.

Sin embargo, la conclusión anterior podría contestarse en parte si distinguimos entre los dos tipos de normatividad a los que aludimos en la sección 3: las normas pueden concebirse o bien como prácticas sociales, es decir, como una

---

[18] Véase *Ética y derechos humanos*, cap. 7.

combinación compleja de comportamientos o actitudes, o, alternativamente, como proposiciones deónticas que pueden formar parte de un razonamiento práctico destinado a justificar acciones o actitudes. Las normas o estándares de normalidad a los que se acude cuando se seleccionan ciertas condiciones que hacen a la capacidad de acción con el fin de incorporarlas al concepto de libertad de actuar que es constitutivo de la autonomía personal son normas o estándares vigentes en el contexto social. Cuando asumimos que la omisión de interferencias, la ausencia de amenazas o de condicionamientos irregulares son parte de la libertad de actuar estamos implícitamente apoyándonos en ciertas prácticas sociales que determinan los comportamientos especiales, la licitud de reacciones anunciadas y la relevancia de compartir o no ciertos factores condicionantes de la voluntad y del conocimiento. El concepto de libertad si bien sería entonces normativo, lo sería sólo en el sentido de depender de normas positivas. Como vimos antes, esas normas positivas no son más que complejos de acciones y actitudes. Por tanto, no sería cierto que tal concepto no tenga base empírica ni que dependiera de consideraciones subjetivas.

Diferente debería ser la conclusión en lo que se refiere a la relatividad de este concepto normativo de libertad de acción. Efectivamente, las normas positivas y los estándares de normalidad son, como cuestión de hecho, variables de sociedad en sociedad. Por ejemplo, cuáles son los casos excepcionales de actos positivos de otros que constituyen la libertad de acción de un agente es algo considerablemente variable (en algunas sociedades, ellos son muy raros, como la omisión de la madre de alimentar a un bebé recién nacido, en otras hay, en cambio, una importante cantidad de actos positivos de otros que se consideran constitutivos de la libertad de acción de un individuo, por ejemplo, la ayuda de los compadres entre los campesinos bolivianos). Lo mismo, un anuncio de cierto comportamiento puede verse como oferta, o como amenaza, o como multa o como tarifa según las prácticas sociales e institucionales: por ejemplo, la dote paterna puede ser algo obligado cuya privación puede constituir el objeto de una amenaza o algo simplemente supererogatorio cuyo anuncio constituye una oferta bienvenida. De igual modo, si es relevante o no que ciertos factores condicionantes sean compartidos entre los miembros de una sociedad puede variar con el contexto social: la miseria puede constituir una causal que vicia la voluntad para celebrar contratos o cometer algunos delitos en ciertas sociedades, pero no en otras.

El liberal conservador puede sacar buen provecho de este carácter normativo-social del concepto de libertad de acción constitutivo de la autonomía personal. En efecto, este concepto parece avalar las soluciones conservadoras en materia de propiedad privada y libertad contractual. De acuerdo a las normas y estándares de normalidad vigentes en nuestra cultura y prácticas sociales, quien está presionado por necesidades económicas para celebrar cierto contrato o cometer un delito no ve afectada su libertad; nadie está restringido en su libertad de acción por la omisión de otros de prestarle instrumentos o recursos que son de su propiedad; tampoco constituye una amenaza que lesione la libertad el que, por ejemplo, alguien anuncie que va a talar los árboles de su jardín afectando el atractivo del vecindario.

Apoyándose en estas reglas vigentes de legitimidad y normalidad, el liberal conservador puede sostener, entonces, que la libertad de actuar que es constitutiva de la autonomía personal no es coextensiva con la capacidad de acción, sino que sólo comprende aquellas condiciones que se desvían de aquellas normas. Como vimos, cuando se trata de comportamientos humanos, que son los que importan en la discusión moral, tales condiciones están constituidas básicamente por abstenciones de interferir y no por conductas activas de proveer recursos u otro tipo de ayuda. De este modo, según Nozick[19] se perturbaría la libertad de los espectadores de Wilt Chamberlain si se impide que le paguen el dólar de entrada que ellos consienten en transferirle, pero ellos no perturban la libertad de nadie al no gastar ese dólar, o parte de él, en atender necesidades básicas de cierta gente. Esta discriminación basada en pautas de normalidad se refleja por cierto en la adscripción de efectos causales a los diversos comportamientos: nadie dice que quienes no ceden el dólar que se propone pagar a Chamberlain, a quienes tienen necesidades básicas insatisfechas, les causan a estos últimos algún daño; en cambio, sí se causaría un perjuicio si se impidiera ese pago voluntario a Chamberlain.

En suma, el liberalismo conservador puede bien sostener que una vez que admitimos que la libertad de acción constitutiva de la autonomía personal no puede estar integrada por todas las condiciones que determinan la capacidad para actuar –lo que haría al concepto absolutamente inútil para la evaluación moral y política por su enorme amplitud– la única discriminación posible entre tales condiciones es, como vimos, la que está dada por pautas positivas de normalidad y legitimidad (algunas de ellas basadas, como vimos, en valoraciones tan plausibles como la que toma en cuenta la maximización de la libertad global cuando las obligaciones se refieren a omisiones y no a actos positivos). Al ser esas pautas prácticas sociales, el concepto de libertad basado en ellas preserva una base empírica y objetiva, aunque es necesariamente relativo al contexto social en el que se dan tales pautas. Este concepto de libertad coincide con el propugnado por esta rama del liberalismo, ya que conduce a privilegiar un derecho de propiedad robusto y a una libertad de mercado prácticamente irrestricta.

6.

Sin embargo, creo que esta posición del liberalismo conservador puede ser cuestionada sobre la base de presupuestos centrales del liberalismo.

---

[19] Véase *Anarchy, State and Utopia*, citado.

Dado que la relación entre la libertad de acción y la autonomía personal no es, como vimos, instrumental sino que la primera es constitutiva de la segunda, el concepto de libertad de acción no es valorativamente neutro, a diferencia de lo que ocurre con la noción más amplia de capacidad para actuar. Por tanto, si el concepto de libertad de acción se construye a partir de una selección de las condiciones de la capacidad para actuar que tome en cuenta prácticas sociales, se produce a través de este concepto un salto ilegítimo entre proposiciones fácticas y juicios valorativos. De la verificación del hecho de que, según las pautas vigentes, quienes se abstienen de dar una cantidad de dinero para comprar comida para chicos hambrientos y la gastan, en cambio, en ver espectáculos de baloncesto no causan la destrucción de los chicos y sí, en cambio, se les causaría un perjuicio si se les impidiera el último gasto, se infiere que en el primer caso la libertad de los chicos no se ve limitada, lo que se valora positivamente, y que en el segundo caso la libertad de los potenciales espectadores sí se afectaría negativamente, lo que se deplora.

Esta adopción sin beneficio de inventario de las pautas vigentes de legitimidad y normalidad puede ser cuestionada. Implica aceptar tácitamente una posición moral convencionalista, ya que las convenciones sociales determinan nuestros juicios morales críticos. El convencionalismo moral, o subjetivismo ético colectivista[20], tiene deficiencias notorias: implica una posición moral conservadora, ya que no hay posibilidad lógica de objetar las pautas vigentes en la sociedad; la posición de la minoría que no comparte tales pautas se vuelve muy curiosa desde el punto de vista lógico, puesto que se convierte automáticamente en falsa por definición; por otra parte, la discusión moral transgrupal se convierte en imposible, ya que cada parte en la discusión usaría conceptos diferentes por estar referido a partes diversas. El relativismo ético implícito en esa posición tiene las dificultades para reflejar la fenomenología de la práctica de la discusión moral.

Pero lo importante es que esta posición liberal conservadora subvierte un presupuesto fundamental del liberalismo: el que toda práctica o convención social es susceptible de evaluación crítica, tal vez con la sola excepción de la misma práctica de criticar. Este presupuesto constituye el rasgo distintivo del discurso moral posiluminista, que rechaza toda autoridad –divina, humana o tradicional– y somete cualquier producto de ella, al control de la crítica racional. En verdad, este rasgo esencial del liberalismo está estrechamente asociado a la idea de autonomía personal, puesto que ella al contrario de lo sugerido por Hegel, privilegia el valor de la libre elección individual de principios de conducta sobre el de la elección colectiva de pautas que hace una sociedad a lo largo de su historia. Por esto es que hay una cierta relación entre el *holismo*, que toma como sujetos mo-

---

[20] Véase *Ética y derechos humanos*, citado.

rales a entes supraindividuales, y el perfeccionismo, que niega el valor de la autonomía personal.

El liberalismo conservador está impedido de criticar pautas y convenciones sociales, ya que las toma como base de conceptos empleados en esa misma crítica, como es el concepto de libertad. Cuando sostiene, por ejemplo, que esa libertad no se afecta por la omisión de los demás de conceder ciertas prestaciones positivas que facilitarían la acción, está adoptando sin discusión crítica las normas positivas que restringen, en nuestro contexto social, los deberes positivos a unos pocos casos; si tales deberes fueran más amplios de acuerdo a prácticas sociales vigentes, el conservador debería concluir que la libertad sí estaría afectada cuando tales deberes no se cumplen. En especial, no se vería al mercado económico como una institución que automáticamente garantiza la libertad, ya que las posibilidades de acción en el mercado no sólo se ven facilitadas por las acciones de los demás, sino que también se ven restringidas por sus abstenciones: el que alguien se niegue a contratar mi trabajo por un salario que permita satisfacer mis necesidades básicas o que alguien se niegue a ofrecerme atención médica adecuada a cambio de honorarios que son asequibles a mi ingreso constituyen obvias cortapisas a mi libertad de acción constitutiva de la autonomía personal. De este modo, cuando se asume que toda transacción que ocurre en el mercado, bajo ciertas condiciones, promueve la eficiencia –siguiendo el criterio de superioridad Pareto, ya que ambas partes están mejor sin que nadie empeore–, no se toma en cuenta las externalidades constituidas por el hecho de que algunas personas pueden resultar dañadas por omisión a través de tales transacciones, puesto que ellas las dejan en una posición peor de la que tienen derecho a acceder.

Sin embargo, vimos que el liberalismo conservador puede reconocer que las pautas sociales incorporan valoraciones plausibles como la de que la libertad total se maximiza cuando las obligaciones de comportamiento activos se minimizan. Pero esto no salva el carácter liberal de esta posición, ya que es, en primer lugar, irrelevante para su fundamentación si las valoraciones incorporadas a las prácticas sociales son o no plausibles, o más bien su plausibilidad está dada por el hecho de su incorporación misma a tales prácticas; en segundo lugar, la plausibilidad de esa valoración es altamente cuestionable: que la libertad total se maximiza cuando se exige sólo abstenciones es circular si se parte de un concepto normativo de libertad y es falso si se habla en términos descriptivos de capacidad de actuar, ya que ello dependerá de las acciones que se exijan (las acciones tendentes a satisfacer necesidades básicas tienen un gran poder multiplicador de la capacidad de acción); por otra parte, es discutible, como en seguida veremos, que la libertad deba maximizarse agregativamente en lugar de distribuirse de acuerdo a otros criterios.

Esta aceptación no crítica de las pautas morales y jurídicas vigentes hace, entonces, que el liberalismo conservador no sea, en realidad, una posición liberal, sino conservadora. "Liberalismo conservador" parece una contradicción en términos, ya que, como dije, el liberalismo repudia la conservación acrítica de cualquier convención social.

Sin embargo, la situación del liberalismo genuino frente a esta cuestión no parece ser fácil, ya que si no está autorizado a basar el concepto valorativamente cargado de libertad de acción en normas positivas tiene que encarar de nuevo la cuestión de cómo seleccionar entre las múltiples condiciones constitutivas de la capacidad para actuar las que integran la libertad de acción que es parte de la autonomía personal. La respuesta obvia a este desafío es, por supuesto, que las normas que hacen posible esa selección no deben ser las de una moral positiva, sino las de la moral *crítica* o *ideal* que se considera válida. Pero es evidente que aquí reaparecen las objeciones de falta de base empírica y objetiva.

Hemos visto, sin embargo, que hay un valor que está implícito en la misma práctica de la discusión moral y que no puede ser negado sin incurrir en inconsistencias prácticas; él es, por supuesto, el valor de la autonomía personal. Pero parece imposible recurrir sin circularidad a ese valor para delimitar la libertad de acción que es parte constitutiva del mismo. Como el liberalismo no parece aceptar otro valor por encima de la autonomía personal, no se ve a qué podemos acudir para determinar sus alcances a través de los de la libertad de acción.

No obstante, si bien el liberalismo no puede admitir un valor superior a la autonomía está comprometido a cierta forma de tratar a la autonomía; está implícito en el discurso moral liberal el que ninguna persona moral debe ser instrumento de otra y que cualquier principio aceptable de distribución de autonomía debe tomar en cuenta imparcialmente el punto de vista de todas las personas morales. Esto implica, según he tratado de argumentar en otro lugar[21], que debe maximizarse la autonomía de toda persona moral salvo cuando ello implique distinguir la autonomía de otra persona moral hasta un nivel inferior al de que la que se intenta maximizar; de lo contrario, la última persona estaría siendo usada como medio en beneficio de la primera. Esta exigencia de imparcialidad tal vez deriva de la misma idea de autonomía personal cuando esa idea se combina con los requisitos formales de universabilidad y generalidad de los principios morales. Tal combinación implica, en primer lugar, una jerarquización de los intereses de cada uno, según su vinculación con el plan de vida elegido; en segundo término, implica un aislamiento de la vida de cada persona respecto de las decisiones de otros (el liberalismo conservador no aísla a la vida de los individuos de la decisión de los demás de *no* ayudarlos o de *no* comerciar con ellos[22]). Así, se es parcial, por ejemplo, si se privilegia el interés de unos pocos en divertirse piloteando aviones deportivos sobre el

---

[21] *Idem.*
[22] Véase mi artículo "Autonomía y necesidades básicas", en *Doxa*, núm. 7, 1990.

interés de muchos de gozar de un medio ambiente sin fuertes ruidos con fines de descanso, no porque los primeros sean menos, sino porque en términos de autonomía es menos importante, para ellos mismos, el interés en la diversión que el interés en el descanso en un medio ambiente sereno.

La igualdad que el liberalismo abraza no implica la idea de equiparación, sino la de no explotación: excluye la supresión de un punto de vista al supeditar los intereses que se defienden desde ese punto de vista a los que se defienden desde otro, sin que haya una propiedad general relevante para el principio defendido.

Estas consideraciones son las que llevan al liberalismo genuino, o sea, el liberalismo que no acepta acríticamente convenciones sociales, a adoptar una posición igualitaria: la única discriminación posible entre las condiciones de la libertad constitutiva de la autonomía personal es la que toma en cuenta su incidencia en la autonomía de otros. De este modo, qué conductas de los demás serán constitutivas de la libertad de acción de cada uno no dependerá de que sean activas o pasivas, sino de si la autonomía de alguno resulta o no incrementada a costa de una menor autonomía de otros.

Los factores que afectan la formación de creencias o deseos del agente se consideran limitativos de su libertad de acción sólo cuando lo afectan desigualmente en relación a los otros integrantes del grupo social relevante; el anuncio de una acción condicionado a la conducta de otro será una amenaza o una oferta dependiendo de que ella sea ilegítima o legítima de acuerdo a un orden normativo que asegure la distribución igualitaria de la autonomía; una acción será objeto de una pena o de una tarifa de acuerdo a que ella esté o no prohibida según aquel orden normativo.

Por supuesto, que el igualitarismo que abraza necesariamente toda concepción genuinamente liberal no implica un compromiso apriorístico a favor de cierto sistema económico sobre otro; como bien lo aclaran autores como Rawls, qué sistema de adjudicación e intercambio de recursos económicos es más compatible con los principios liberales es, dentro de ciertos límites, una cuestión empírica e instrumental que depende, entre otras cosas, de estructuras de interacción vigentes en la sociedad y en el contexto internacional, las motivaciones prevalecientes, los grados relativos de escasez, el tipo de distribución de bienes preexistente.

No obstante, es importante tener en cuenta en las discusiones sobre qué sistema económico se ajusta más a los principios liberales, que el liberalismo no es dual: en la medida en que él valore la autonomía personal y la libertad de acción que es constitutiva de ella no puede comprometerse a *conservar* convenciones sociales relativas sin evaluación crítica, y en la medida en que encare tal evaluación crítica no tiene otro criterio para distribuir la autonomía personal y para determinar los alcances de la libertad de acción que el de no supeditar la autonomía y libertad de uno a las de los otros. El liberalismo no puede sino ser igualitario.

AUTONOMÍA Y NECESIDADES BÁSICAS*

El reconocimiento de necesidades básicas como dato relevante para distribuir bienes, disponer tratamientos, asignar derechos y obligaciones parece dividir aguas entre diversas concepciones de filosofía política. Mientras que los enfoques que parten de una visión teleológica de la naturaleza humana, como el aristotélico –tomista– o el marxismo asumen en forma central ese reconocimiento, el liberalismo, en sus diferentes versiones, parece excluir el reconocimiento de necesidades básicas en favor del lugar central que ocupan los deseos o preferencias en los criterios de distribución propuestos.

El objeto de este artículo es reivindicar el papel relevante del reconocimiento de necesidades básicas en el marco de una concepción liberal de la sociedad.

1.

Ante todo es conveniente hacer ciertas aclaraciones sobre el concepto de necesidad básica. Wiggins[1] contesta al economista que le preguntó si una necesidad no es al fin y al cabo un deseo por el que uno no está dispuesto a pagar, diciendo que una necesidad se distingue en forma relevante de los deseos: mientras yo puedo desear comer un plato de ostras, pero no las ostras envenenadas que hay en el plato, el necesitar algo no es intencional, no depende del estado mental del agente, sino de la realidad. Si bien hay un sentido instrumental de necesidad que depende de los deseos del agente, hay un sentido absoluto en que el fin al que la necesidad está condicionada está fijado como parte del concepto. Ese fin es el de evitar un daño que está definido por normas, relativas a ciertas circunstancias, de florecimiento humano. Este tema es retomado por Frankfurt[2] cuando explica el principio de precedencia de las necesidades sobre los deseos sobre la base de

---

* [N. del E.] Originalmente publicado en *Doxa*, Publicaciones Periódicas Nº 7, (1990), España, pp. 21-34.
[1] Véase David Wiggins, "Claims of Need", en *Morality and Objectivity*, T. Honderich, comp., Londres, 1985, pág. 52.
[2] Véase Harry Frankfurt, *Necessity and Desire*.

que hay necesidades "categóricas" que no dependen de deseos y que no se puede evitar tener. La privación de estas necesidades constituye un daño que debe distinguirse de la mera ausencia de beneficio que se produce cuando se frustra un deseo. La precedencia de las necesidades sobre los deseos se funda en el hecho de que es peor causar un daño que no dar un beneficio.

Sin embargo, este criterio es objetado en forma convincente por Goowin[3], quien sostiene que la distinción entre causar un daño y no dar un beneficio se debe al hecho contingente moralmente de si el individuo tenía acceso previamente al bien en cuestión, en cuyo caso su privación constituye un daño, o no lo tenía, en cuyo caso consiste en la mera negación de un beneficio. Por lo tanto, el principio de precedencia de las necesidades sobre los deseos tal como es interpretado por Frankfurt implícitamente favorece el mantenimiento del *statu quo*.

Goowin examina también la posibilidad de defender la precedencia de necesidades sobre deseos sobre la base del principio liberal de autonomía personal. Las necesidades estarían supeditadas al fin de promover la autonomía de la persona. Pero esta posición parece paradójica porque conduce a frustrar deseos previamente formados para proteger la formación de otros deseos. La creación de autonomía no puede ser más importante que el ejercicio de esa autonomía, sino que a lo sumo debe haber un compromiso entre estos dos objetivos.

Aquí llegamos al punto crucial para determinar el papel de las necesidades en el marco de una concepción liberal de la sociedad: las necesidades cuyo reconocimiento es relevante analizar son las categóricas o absolutas, o sea, aquellas que están supeditadas a fines que no dependen de los deseos o preferencias de los agentes. Dado que el valor básico de una concepción liberal de la sociedad es la autonomía personal, esas necesidades deberán identificarse como estados de cosas que son prerrequisitos de esa autonomía. Pero la autonomía personal, como señala Goowin, tiene dos caras: su *creación* y su *ejercicio*. La primera no depende de los deseos y preferencias de la gente, mientras que la segunda si depende. Para que las necesidades categóricas tengan un lugar central en una concepción liberal de la sociedad la creación de autonomía debe tener preeminencia sobre su ejercicio. Veamos esta cuestión con más cuidado.

2.

Conviene repasar primero brevemente cuál es el alcance y fundamento del principio de autonomía personal en una concepción liberal de la sociedad. Según mi interpretación favorita[4], la práctica social del discurso moral en cuyo

---

3 Véase Robert E. Goowin, "The Priority of Needs", en *Philosophy and Phenomenological Research*, 45, 1985.
4 Véase *Ética y derechos humanos*, 2ª ed., Buenos Aires, 1989, cap. 4.

contexto se cuestionan principios y posiciones valorativas como la que estamos discutiendo está dirigida a obtener consenso como una forma de superar conflictos y facilitar la corporación mediante la libre aceptación compartida de principios que permitan converger en acciones y actitudes. La idea de consenso incluye la noción amplia de autonomía moral que está dada por la libre aceptación de principios para guiar la propia conducta. Esto significa que la participación genuina y honesta en el discurso presupone la aceptación del valor de esa autonomía moral y que se incurre al menos en alguna inconsistencia práctica cuando se participa en el discurso moral para defender algún principio que sea incompatible con ese valor. Pero el valor de la autonomía moral juega en forma diferente según el tipo de principios a cuya libre aceptación se refiere: cuando se trata de principios *intersubjetivos* que juzgan una conducta por los efectos que ella tiene en los intereses de otro, el valor positivo de la aceptación libre de un principio de esta clase puede verse neutralizado por el valor negativo que tiene esa aceptación si el principio justifica conductas que afectan a la autonomía de otra gente. De este modo, el mismo valor de autonomía moral puede justificar coartar la libre elección de principios de conducta cuando ellos se refieren a relaciones interpersonales (cómo se hace un balance entre la autonomía del agente que se limita y la autonomía de otros individuos que resulta promovida depende de principios de distribución de autonomía como los que he denominado los principios de inviolabilidad y dignidad de la persona)[5] Pero lo mismo no ocurre cuando se trata de principios morales *autorreferentes* que juzgan una conducta por los efectos que ella tiene en el carácter o en la vida del propio agente. En este caso el valor de la autonomía moral no puede justificar una restricción de tal autonomía moral (salvo el caso del paternalismo perfeccionista que merece un tratamiento aparte)[6], además de que generalmente resulta autofrustrante imponer principios auto referentes –ideales del bien personal y planes de vida basados en ellos–, ya que ellos incluyen como componente esencial su adopción espontánea. De este modo, del principio general de autonomía moral que está presupuesto en el discurso moral se deriva el principio más específico de autonomía personal que valora la libre elección y materialización de ideales del bien y de virtud personal.

Pero en la última formulación ya emergen las dos caras de la autonomía personal, puesto que es necesario tomar en cuenta tanto la elección como la materialización de concepciones y planes de vida. A primera vista esta oposición parece falsa, ya que cada uno de estos aspectos no tiene valor sin el otro: no tiene sentido elegir planes de vida que no se pueden materializar y no tiene valor, en el

---

[5] Véase *ob. cit.*, en nota ant., caps. 5 y 6.
[6] Véase *ob. cit.*, en nota 4, cap. 4.

contexto de una concepción liberal de la sociedad, materializar planes de vida que uno no ha elegido libremente.

Sin embargo, la oposición es real y se pone de manifiesto tan pronto tenemos en cuenta el dato de la escasez de bienes. Un conjunto finito de bienes puede ser comparado con otro teniendo en cuenta hasta qué punto nos capacitan para elegir planes de vida materializables. También pueden ser comparados teniendo en cuenta hasta qué punto nos permiten satisfacer un cierto plan de vida libremente elegido. El conjunto de bienes que resulta superior en la primera comparación no necesariamente resulta superior cuando hacemos la segunda. Por ejemplo, poseer grados aceptables de educación y formación cultural, buen estado físico, medios económicos decorosos permite un amplio menú de planes de vida, para quien tiene una superlativa educación y entrenamiento intelectual, aun a costa de su estado físico y de sus medios económicos, puede satisfacer en mayor medida su ambición de dedicarse a la filosofía que quien goza de aquella variedad de recursos moderados.

Esta oposición se da tanto intrasubjetivamente como intersubjetivamente. El enriquecimiento de un individuo en un sentido –sea el de la creación o el del ejercicio de la autonomía– puede implicar su empobrecimiento en el otro. Y la ampliación de las opciones de otros individuos puede provocar que uno tenga menos posibilidades de satisfacer el plan de vida elegido (resintiendo el desperdicio de recursos que otros no usan, pero ya podrían usar, y que uno aplicaría al proyecto de vida favorecido).

Por supuesto que, dependiendo del dato de la escasez de bienes, esta oposición se pone sólo de manifiesto cuando se encara no simplemente la cuestión del valor de la autonomía, sino la de su distribución. No hay duda que el valor de autonomía implica el valor de la libre elección de planes de vida materializables. El problema es si una distribución igualitaria de ese valor debe operar en la dimensión de la libre elección o en la de la materialización.

3.

Frente a la acusación de que centrar el problema de la distribución de acuerdo a su principio de diferencia en los *bienes primarios* es una posición fetichista, ya que nadie valora a los bienes primarios de por sí, sino por la utilidad o satisfacción que prestan, Rawls[7] ha sostenido que basarse en tales bienes primarios es la única manera de hacer a los individuos responsables de sus deseos o preferencias de tal modo que los adopten o no de acuerdo a los recursos disponibles para satisfacerlos. De otro modo, los deseos y preferencias serían tratados como

---

[7] Véase principalmente su artículo "Social Unity and Primary Goods", en *Utilitarianism and Beyond*, A. Sen y B. Williams, comps., Cambrigde, 1982.

meros hándicaps que hay que indemnizar y a los individuos como meros pacientes de tales deseos y preferencias. Para Rawls ellos no constituyen razones que justifiquen acciones o medidas en el área de la justicia. Reconoce, sin embargo, este autor que su posición exige un tratamiento especial de los verdaderos hándicaps que hay que indemnizar no obstante que no puede darse la razón de que los minusválidos sacan menor utilidad de la misma cantidad de recursos.

En su conocido artículo "Preference and Urgency"[8], Scanlon adopta la misma posición de defender un criterio *objetivo* sobre la urgencia de ciertas necesidades que no depende de la intensidad de los deseos o preferencias de los individuos, "Mi tesis –sostiene– en que cuando nos proponemos comparar intereses conflictivos con el objetivo de apoyar un juicio moral acerca de cuál interés debe prevalecer, lo que hacemos no es comparar cuán fuertemente la gente siente acerca de esta cuestión (tal como se determina tal vez por lo que ellas están dispuestas a sacrificar para alcanzar lo que quieren), sino inquirimos acerca de las razones por las cuales tales beneficios son considerados deseables". De lo contrario, la gente con gustos tremendamente caros debería absorber buena parte de los recursos que otros individuos usarían para satisfacer en más alto grado preferencias más modestas.

Pero quien ha analizado con más profundidad la oposición entre lo que él llama "igualdad de bienestar" e "igualdad de recursos" es Ronald Dworkin en su extenso artículo "What is Equality?"[9]. Allí este autor despliega una artillería extremadamente destructiva en contra de la idea de igualar los niveles de bienestar que la gente puede lograr. Para eso distingue varias teorías del bienestar –del "éxito", basadas en el goce, objetivas, etcétera–. En todos los casos excluye como fuente de bienestar, o sea, como objeto de preferencias o fuente de goce, cuestiones políticas o impersonales, ya que es absurdo que alguien sea compensado por la frustración de sus preferencias o goce, porque la sociedad no adoptó cierto esquema político o cierto valor impersonal por considerarlo incorrecto. Pero aun limitada a las cuestiones personales la teoría del bienestar es defectuosa porque la gente puede asignar diferente valor a la satisfacción de preferencias o al goce y no parece atractivo igualar a la gente en algo que valora desigualmente o compensar a los individuos que valoran menos que otros la satisfacción de preferencias o el placer. Estas teorías deben presuponer algún criterio objetivo como el que toma en cuenta cuándo sería razonable lamentarse por la frustración de preferencias, pero estos criterios presuponen algún principio de distribución de recursos.

[8] En *The Journal of Philosophy*, vol. LXXXIII, núm. 19, 1975.
[9] "Part 1: Equality of Welfare", *Philosophy and Public Affairs*, vol. 10, núm. 3, 1981, y "Part. 2: Equality of Resources", la misma publicación, vol. 10, núm. 4, 1981.

En cuanto se refiere a tal principio de igualdad en la distribución de *recursos*, Dworkin hace avances sumamente esclarecedores sobre la idea de los bienes primarios de Rawls, como, centralmente, la sugerencia de que la noción de un mercado ideal y de un seguro hipotético es un presupuesto conceptual de la igualdad de recursos. Esto permite encarar más eficazmente cuestiones como la del desperdicio de los recursos no usados para la satisfacción de planes de vida elegidos o la de la compensación de deficiencias físicas o intelectuales. Quizá uno podría avanzar aún más en esta línea de articulación de este principio de igualdad si, como lo propone A. Sen[10] reemplazamos la noción de recursos por algo intermedio entre ellos y la utilidad o el bienestar, que recoge la idea de que los recursos pueden tener diferente valor para los individuos sin que ello dependa de sus gustos o preferencias: por ejemplo, igual cantidad de comida puede tener diferente poder nutricional para distintos individuos. Por eso Sen prefiere poner como objeto de la distribución igualitaria las *capacidades* (*capabilities*) que están determinadas por el funcionamiento de los individuos.

Pero a pesar de este esclarecimiento conceptual, es notable la falta de argumentos en apoyo de la defensa que estos autores hacen de la igualdad de bienes primarios, recursos o capacidades frente a la igualdad de bienestar o de utilidad, como es explícito en el caso de Dworkin cuando advierte que no se propone fundamentar el principio defendido.

El único argumento recurrente en el que estos autores apoyan su predilección por la creación de autonomía sobre su ejercicio, a los efectos de una distribución igualitaria, es el de que los hombres deben hacerse responsables por las consecuencias de sus deseos o preferencias, las que no deben ser tratadas como accidentes o deficiencias. Pero este argumento es insuficiente por dos razones: la primera es que el principio liberal que da relevancia moral al consentimiento en contra del determinismo normativo –principio que yo llamo "de dignidad de la persona"– *permite* tomar a ciertos actos expresivos de consentimiento como antecedente de cargas y responsabilidades, pero no *obliga* a hacerlo, ya que no hay ningún valor positivo que se satisface por el hecho de que cada acto voluntario de los individuos acarree consecuencias. En segundo lugar, y conectado con lo anterior, las consecuencias que se atribuyen a ciertas decisiones o actos voluntarios que son expresión de consentimiento son, en primer lugar, consecuencias *normativas* que ciertas prácticas sociales o reglas jurídicas atribuyen a las decisiones o actos en cuestión aprovechando la permisión moral de hacerlo y en persecución de algún valor sustantivo como es la maximización de autonomía. Las consecuencias fácticas que se siguen de ciertas decisiones son supervinientes a estas consecuencias normativas que hay que justificar valorativamente. Por cierto que en este caso no podemos recurrir al valor de

---

10 Véase *Capability and Rights*, en la colección citada en nota 1.

autonomía para justificar atribuir a las decisiones de los individuos consecuencias normativas tales que produzcan diferentes niveles de satisfacción de acuerdo al costo social de los recursos, ya que de lo que se está tratando es precisamente de interpretar el valor de autonomía en el marco de un principio de distribución.

4.

Creo que la clave para comenzar a completar el argumento anterior se encuentra en la referencia de RAWLS al hecho de que los deseos y preferencias no constituyen razones justificatorias de acciones y medidas en el área de la justicia. Pero esto debe verse con especial cuidado. El liberalismo ocupa una posición intermedia e inestable entre dos teorías opuestas que él rechaza: por un lado, la visión perfeccionista de acuerdo a la cual los deseos o preferencias personales no constituyen razón alguna para justificar acciones o medidas y que las únicas razones justificatorias de tales medidas o acciones son las que válidamente, según una cierta concepción verdadera del bien, fundamentan ciertas preferencias personales. La posición opuesta es la utilitarista que adopta una concepción del bien según la cual hay razones para satisfacer preferencias personales, cualquiera sea su contenido, y tomando en cuenta su alcance e intensidad. De acuerdo a la primera teoría, una preferencia por, supongamos, hacer un costoso monumento a un dios no tiene ningún título a ser satisfecha si la concepción del bien asumida como válida condena a ese acto –tal vez por consideraciones teleológicas– como autodegradante. Según la segunda teoría, esa preferencia tiene tanto título a ser satisfecha como la que se refiere a la comida necesaria para subsistir si el individuo que detenta la primera lo hace con la misma intensidad que el que profesa la segunda.

La posición intermedia del liberalismo parte de asignar un tratamiento opuesto a las preferencias impersonales y políticas, por un lado, y a las preferencias personales por el otro. En cuanto a las primeras deben ser objeto de discusión y decisión pública, presuntamente a través del procedimiento democrático, y sólo en la medida en que, por este medio[11], se determine su validez deben ser objeto de satisfacción de acuerdo a su contenido y a las razones que apoyan la preferencia en cuestión. En relación a las preferencias personales su reconocimiento como válidas o no, no debe ser objeto de decisión pública y, sin embargo, debe permitirse a sus titulares alcanzar algún grado de satisfacción con independencia de su validez y, por consiguiente, de las razones que las fundamentan.

La forma en que el liberalismo puede obtener el difícil equilibrio entre el perfeccionismo y el utilitarismo es admitiendo que esas preferencias, para ser atendibles, deben presuponer una concepción del bien que incluye a la autonomía co-

---

[11] Véase *ob. cit.*, en nota 4, cap. 8, una justificación de la democracia que justifica este tratamiento de las preferencias impersonales.

mo elemento central. Ahora bien, toda concepción del bien que incorpora el valor de la autonomía personal sólo provee razones *relativas* para actuar; razones que tienen un diferente impacto en la justificación de acciones según se trate de la persona cuya vida o carácter es valorada por la concepción en cuestión o de terceros. El principio de autonomía personal provee razones que tienen una relatividad peculiar. Si las razones que subyacen a preferencias personales no son válidas, ni el agente ni terceros están justificados en principio a actuar o a ayudar a actuar para satisfacer esas preferencias. Sin embargo, si el agente *cree* que esas razones son válidas ello, si bien no justifica su propio comportamiento, sí justifica las acciones de terceros tendentes a ayudarlo a actuar de acuerdo a sus falsas creencias. ¿Cómo puede ser que lo que no es razón para el agente sea una razón para los terceros?

Supongamos que sea parte de la concepción del individuo sobre lo que da valor a su vida una cierta visión religiosa que exige determinadas actitudes y comportamientos. Por supuesto que hasta el mismo individuo de que hablamos admitiría que si su visión religiosa fuera falsa sus acciones no estarían justificadas. Para el individuo en cuestión el hecho de que él crea que su concepción religiosa es correcta no cambia la conclusión de que si él estuviera equivocado no tendría razones para justificar sus acciones y actitudes. En cambio, parece que el valor de la autonomía personal implica que los terceros sí estarían justificados a ayudar al individuo a materializar su visión religiosa sobre la base del hecho de que él la sustenta y con independencia de que sea verdadera o falsa.

Si la visión religiosa del individuo fuera verdadera, por supuesto que ciertas acciones y actitudes de su parte estarían justificadas. En cierto sentido, ello es independiente del hecho de que el sujeto crea en esa visión, ya que su validez implica precisamente la exigencia de que el individuo crea en ella y de que actúe en consecuencia. Pero, en otro sentido, las acciones y actitudes del individuo no serían correctas aun cuando se conformaran con la visión religiosa válida si el individuo no cree en esa validez, ya que en ese caso serían el resultado de la hipocresía o del temor y no realzarían el valor de su vida.

Desde el punto de vista de los terceros esta última condición de que el individuo crea en la visión religiosa válida es necesaria para justificar que lo ayudemos en su materialización bajo el valor de la autonomía personal. Si tal condición no se diera, el ayudarlo a satisfacer la visión religiosa implicaría cancelar su autonomía y conducirlo a realizar acciones que, como vimos, serían incorrectas aun cuando la concepción en cuestión fuera válida.

Esto parece indicar que, mientras para el individuo de que se trate es la validez de las razones subyacentes a sus preferencias personales y no su creencia en tal validez –aunque tal creencia sea condición necesaria de la corrección de su conducta–, lo que justifica sus acciones, para los terceros la justificación para actuar está dada por el hecho de que los interesados crean en ciertas razones que fundamentan sus preferencias personales –lo que es condición necesaria y suficiente para justificar la acción de esos terceros– y no depende en nada de la validez de tales razones.

De aquí aparentemente se sigue que la autonomía proporciona razones relativas para actuar en este sentido: mientras para los interesados es el *aspecto interno* de las preferencias, o sea, la concepción del bien subyacente a ellas en el caso de ser válida, para los terceros es el *aspecto externo* de las preferencias –el hecho de que el individuo involucrado las tiene– lo que provee esas razones.

Esto parece justificar que la acción de terceros como el Estado no varíe según sea el contenido y alcance de las preferencias, que dependen de las presuntas razones que subyacen a ellas. Si lo único que debe tomar en cuenta el Estado en sus medidas y acciones es el aspecto externo de las preferencias, tales medidas no deben variar sino en función de ese aspecto externo, por ejemplo, tomando en cuenta la intensidad con que se tiene la preferencia. Esto implicaría que la acción estatal al ser ciega respecto de la validez de la concepción del bien que subyace a las preferencias debe ser insensible al costo de su satisfacción y distribuir recursos tomando sólo en cuenta el hecho de que los individuos tienen preferencias de cierta intensidad. Dado que todos los individuos normales tienen preferencias de grados equivalentes de intensidad – aunque su contenido y alcance varíen de unos a otros– la consecuencia parecería ser que los recursos deben ser distribuidos igualitariamente.

Sin embargo, esta explicación, que según creo está bien orientada, es insuficiente. Los hechos en sí mismos no pueden proveer razones para justificar acciones o decisiones. No obstante que podría sostenerse que los hechos constituidos por el aspecto externo de deseos o preferencias son operativos en virtud del principio de autonomía de la persona, esto no da una explicación de por qué son esos hechos, y no, por ejemplo, los constituidos por la frustración de deseos o preferencias ya formados, los que ese principio convierte en operativos para justificar medidas o acciones. Me parece que una explicación más completa inevitablemente debe profundizar la articulación del valor de la autonomía personal.

5.

Veamos qué concepción de la autonomía está involucrada en el enfoque que prescribe que los individuos deben ser tratados igualitariamente en la dimensión que toma en cuenta el resultado del ejercicio de la autonomía. Dado que, de acuerdo a este enfoque, los individuos tendrán igual grado de satisfacción cualquiera sea el plan de vida elegido (lo que variará equitativamente no sólo por la elección de los individuos, sino también por la de todos los demás), lo que se promueve es el ejercicio de la imaginación de cada uno sobre cuál sería su plan de vida preferible con independencia de los recursos disponibles. El objeto de valoración es el acto mental de elegir un plan de vida y se pretende proteger esa elección prometiendo al individuo que, cualquiera que ella sea, él alcanzará igual grado de satisfacción. Lo que es propio del individuo es el acto de elección de un cierto plan de vida; una vez que se da esa elección la concreción del plan de vida es algo que involucra a todos, al comprometer la contribución de todos en la provisión de los recursos para que el individuo alcance el mismo grado de éxito o de goce que el resto.

En cambio, en el enfoque que prescribe igualar a los individuos en la dimensión que toma en cuenta las condiciones para elegir planes de vida materializables, lo que se valora no es el acto mental de elección, sino la creatividad del individuo al plasmar su vida de una forma u otra con los recursos disponibles. Esta articulación de la autonomía, que es la que resulta *prima facie* atractiva en contraste con las dudas que despierta el valor de la mera elección con abstracción de los recursos disponibles, requiere poner a la autonomía en el contexto de una concepción del bien más amplia.

Creo que esa concepción no es otra que la vieja noción de la *autorrealización*[12], que se relaciona con la alusión que hace Frankfurt al florecimiento y que ha sido muchas veces desvirtuada hacia direcciones perfeccionistas por no advertir que ella no es equivalente a realización personal sino a realización autónoma, o sea, a una realización de la que es autor el propio individuo concernido. En el centro de esta concepción del bien personal, está la idea de capacidades rescatada ahora por Amartya Sen. El individuo se autorrealiza en la medida en que actualiza en forma plena y equilibrada sus diversas capacidades. Hay una indefinida variedad de alternativas de desarrollar en plenitud algunas de las capacidades sin obliterar completamente las restantes y lo que se valora es la creatividad de los individuos en la exploración de estas alternativas. Por supuesto, uno de los parámetros que se toman en cuenta para evaluar esa creatividad es el grado de satisfacción de preferencia o de goce que el individuo obtiene con el desarrollo de algunas de sus capacidades. En esta concepción lo que es propio de cada individuo es el curso que da a su vida ejercitando con sus diversos actos una u otra capacidad, mientras que los demás están involucrados en la conformación de sus capacidades iniciales.

Esta articulación todavía bastante impresionista del valor de autonomía en el marco de una concepción más amplia del bien personal sugiere que, efectivamente, debemos igualar a los individuos en la dimensión de sus capacidades, lo que implica satisfacer ciertas necesidades básicas. Esto permite, efectivamente, asignar un lugar central a las necesidades categóricas en una concepción liberal de la sociedad, ya que la distribución pública de recursos debe atender a los prerrequisitos para la

---

12 Véase este punto en mi artículo "Liberalismo versus comunitarismo", en *Revista del Centro de Estudios Constitucionales*, Madrid, 1988.

formación libre de preferencias satisfacibles en algún grado y no tomar en cuenta la satisfacción de preferencias libremente formadas en algún grado. Las necesidades básicas están sólo condicionadas por la razón proporcionada por el principio de autonomía personal que, por supuesto, no depende de las preferencias de los individuos. Sólo de este modo promovemos la creatividad de los individuos en la plasmación de su vida, que no es un mero ejercicio inicial de la imaginación, sino que consiste en una virtud que se manifiesta en todas las opciones que hacemos en el curso de nuestra vida, dadas ciertas condiciones preexistentes que no se van adaptando a cada una de esas decisiones.

También esta articulación implica confirmar que la autonomía es parte de una concepción más amplia del bien personal y que, en consecuencia, cuando promovemos a aquella no estamos siendo neutrales frente a diversas concepciones del bien. Lo que ocurre es que precisamente por ser la autonomía un componente central del bien de la autorealización el reconocimiento de este bien tiene un impacto diferente en el razonamiento práctico del agente y de terceros, proveyendo, como vimos antes, razones relativas. La relatividad de las razones que provee el bien de la autorealización se expresa en términos que aluden a las necesidades básicas; mientras que los terceros, incluyendo el Estado, deben atender a la satisfacción de las necesidades de los individuos, o sea, a una maximización igualitaria de sus capacidades, sólo compete a cada individuo el ejercicio de esas capacidades en cualquiera de las múltiples alternativas que ellas ofrecen (por supuesto siempre que no afecten a igualdad en las capacidades de que gozan otros individuos). Si bien el ejercicio que los individuos puedan hacer de sus capacidades resulta muchas veces insuficiente o desequilibrado, cualquier intervención de terceros para ayudarlo a superar esas deficiencias, frustraría el bien de la *autorealización*.

Sin embargo, es claro que hay una precedencia y no una exclusión de las necesidades sobre las preferencias en la distribución de recursos o capacidades; toda versión del liberalismo asigna un lugar importante a las transacciones que los individuos puedan hacer, para satisfacer en más alto grado las preferencias adoptadas, con los recursos sobrantes que no son necesarios para esa satisfacción, pero que le fueron asignados como prerrequisitos para ampliar su menú de preferencias. Esto es así sea porque un mercado ideal o real es un presupuesto conceptual de la idea de igualdad de recursos –como en el caso de Dworkin–, o sea, porque el principio de dignidad de la persona permite tomar en cuenta el consentimiento en el marco de instituciones como el mercado que pueden ser instrumentalmente adecuadas para maximizar el valor de autonomía igualitariamente distribuida.

6.

Hay, no obstante, una consideración adicional para que las necesidades básicas tengan un papel prioritario en una concepción liberal de la sociedad. Si se adoptara el principio de igualdad en el ejercicio de la autonomía, o sea, en el grado de satisfacción de preferencias personales, cada individuo sufriría en su propia vida el impacto de las preferencias personales de otros individuos. Un individuo, por ejemplo, podría decidir ser poeta tomando en cuenta que, dada la configuración de preferencia existentes en su sociedad, tendrá un grado x de satisfacción; luego ocurre que una gran cantidad de individuos adoptan preferencias muy costosas, por ejemplo, la de ser astronautas, que baja el grado general de satisfacción a $x\text{-}n$. Dado que la vida de cada individuo resultaría afectada no sólo por sus propias preferencias personales, sino también por la de los demás, se desvanece la idea de independencia y separabilidad de los individuos que subyace al principio de inviolabilidad de la persona. Esta idea asume que las preferencias personales tienen un ámbito de validez personal que está dado por la vida de cada individuo.

El presupuesto liberal que conduce al principio de inviolabilidad de la persona es que la vida de los individuos no debe ser afectada por decisiones de otros salvo que estén fundadas en principios intersubjetivos justificados, o sea, que sean el producto de preferencias impersonales válidas.

De este modo, el reconocimiento de necesidades básicas como daño moral relevante para la distribución igualitaria sirve de escudo de protección del individuo frente a las decisiones y preferencias de otros.

Esto permite mostrar que hay una relación entre el principio de autonomía personal y el de inviolabilidad de la persona, ya que mientras el primero estipula que la vida de un individuo sólo debe estar afectada por sus preferencias personales, además de por accidentes no compensables o por acciones o decisiones fundadas en principios intersubjetivos válidos, el segundo principio prescribe que la vida de un individuo esté afectada por preferencias personales de otros individuos; es obvio que esta segunda idea está implicada por la primera. Esto tal vez muestre que los dos aspectos distintos del utilitarismo –su carácter agregativo y su concepción del bien como satisfacción de preferencias– tal vez no sean independientes, si las preferencias dieran razones para actuar que dependen de su contenido y alcance, la vida de un individuo estaría tan afectada por sus propias preferencias personales como por las de los demás.

De este modo, el concepto de necesidades básicas no sólo sería central en una concepción liberal de la sociedad, sino que haría de puente –al permitir su satisfacción simultánea– entre las dos ideas básicas del liberalismo: la de que los fines de los individuos deben ser respetados y la de que todo individuo es un fin en sí mismo[13].

---

[13] Le agradezco a Carlos Rosenkrantz las discusiones esclarecedoras que hemos tenido sobre los temas tratados en este artículo.

II.
LA ÉTICA DE LOS DERECHOS HUMANOS

SOBRE LOS DERECHOS MORALES*

1. Abismos lingüísticos

En los últimos años se ha producido en el campo de la filosofía jurídica y moral una cesura cultural curiosa y, en última instancia, deletérea: mientras en la literatura anglosajona ha habido una enorme concentración de atención en los llamados *moral rights* por autores de muy diversas posiciones, tanto normativas –deontológicos, éticos, conservadores y progresistas, utilitaristas, comunitaristas, marxistas– como metaéticas –realistas, convencionalistas, constructivistas, escépticos–, en la literatura en lengua española se ha formado un fuerte movimiento de resistencia a reconocer el concepto de derechos morales[1]. Esta cesura es curiosa en tiempos de una creciente universalización del pensamiento teórico en general y filosófico en especial; y es deletérea, ya que traza límites diferentes del discurso que socava las bases para un fructífero intercambio de ideas dentro de un territorio discursivo común.

En algunos casos la resistencia de admitir *derechos morales* parece puramente lexicográfica: se aduce que en castellano, como en alemán, en italiano y en francés, y a diferencia de lo que ocurre en inglés, se emplea la misma palabra (*derecho, Recht, diritto, droit*) para referirse al orden jurídico y a los títulos, facultades y permisiones, de modo que la expresión derechos, en plural, como sinónimo de facultades, títulos, etcétera está intrínsecamente asociada a la expresión *derecho*, cuando ella se refiere al orden jurídico, al sistema de normas jurídicas positivas. De este modo, se alega, hablar de *derechos jurídicos*

---

* [N. del E.] Publicado originalmente en *Doxa*, Publicaciones Periódicas Nº 7, (1990), España, pp. 311-325.

[1] Algunos ejemplos están dados por los trabajos de Roberto Vernengo, "Derecho y moral", en *Anales de la Cátedra Francisco Suárez*, núm. 28, 1988, Granada, y "Dos ensayos sobre problemas de fundamentación de los derechos humanos", en *Cuadernos de Investigación del Instituto de Investigaciones Jurídicas y Sociales, "Ambrosio L. Gioja"*, Buenos Aires, 1989; Gregorio Peces-Barba, "Sobre el fundamento de los derechos humanos", en *Anales de la cátedra Francisco Suárez*, citado, núm. 28, 1988, y, con fundamentos diferentes, Eduardo Rabossi, "La fundamentación de los derechos humanos: algunas reflexiones críticas", en *MS*, México, 1987.

parece redundante y, por el contrario, referirse a *derechos* morales parece, si no autocontradictorio, por lo menos paradójico. Esto no se daría en inglés por la distinción entre las palabras *right* y *law* para referirse, respectivamente, a las facultades, título y permisiones, por un lado, y al orden jurídico o a las normas jurídicas, por el otro, y, además, por la asociación que allí se da, en cambio, entre el uso de la palabra *right* con el primer significado y el uso de la misma palabra para referirse a lo correcto o a lo justo.

Esta argumentación lingüística es sumamente desconcertante. No parece *prima facie* que estas variaciones del léxico puedan tener consecuencias tan profundas como que dos culturas que han permanentemente interactuado tengan una diferencia conceptual tan radical como la que se sugiere: los hablantes del inglés poseerían una categoría que usan ampliamente en su discurso práctico, que nosotros no podríamos reconocer por el accidente de contar con la misma palabra *derecho* que se usa tanto para denotar un cierto sistema de normas como para hacer referencia a una cierta relación que las normas pueden establecer entre las personas. En segundo término, la explicación de nuestra limitación 1 conceptual no resulta plausible: todos los textos de introducción al derecho explican que el sentido subjetivo y objetivo son dos significados diferentes de la palabra *derecho*; por lo tanto no se ve por qué deberían estar necesariamente asociados si no es por razones fonéticas: hablar de un derecho jurídico no es más redundante que hablar de una prenda que se prenda, ni hablar de un derecho moral es más paradójico que hablar de un cabo de tierra adentro. En tercer lugar, resulta obvio que todo el mundo usa la expresión *derecho* en contextos no jurídicos ("tengo derecho [claramente no jurídico] a que se me escuche", "ahora yo tengo derecho a mover la pieza"), y muchas veces se usa la expresión precisamente para criticar al orden jurídico porque no reconoce el derecho en cuestión (como he sostenido en otro lugar[2], ésta es una de las apelaciones más relevantes a los derechos humanos). Finalmente, aun cuando todas las razones anteriores no se aplicasen, si la categoría conceptual que los hablantes del inglés designan como la expresión *moral rights* fuera genuina e importante en el discurso práctico, debería simplemente *estipularse* una expresión en castellano para aludir a ella, sea *derechos morales* o cualquier otra (por ejemplo, *títulos, exigencias, demandas, facultades, permisos morales*), sin hacer de esta cuestión verbal todo un problema filosófico.

De modo que si se cuestiona el reconocimiento de derechos morales, ello no puede ser por limitaciones de nuestro idioma, sino porque se piensa que la categoría conceptual misma es espuria, aun cuando se tenga la suerte de poder denominarla *moral rights*. Hay que mostrar que para que se dé la relación normativa

---

[2] Véase *Ética y derechos humanos*, Buenos Aires, 1989, cap. I.

típica de los *derechos* las normas que establecen esa relación tienen que tener las características distintivas del *derecho*.

Pero ¿cuál podría ser el argumento que permita mostrar tal cosa? Dado que la mayoría de los que cuestionan la categoría conceptual de los *derechos morales* son escépticos en materia ética, alguien podría sostener que lo que se impugna son relaciones normativas establecidas por normas *inexistentes*. Pero este argumento sería absurdo: el que las normas morales fueran inexistentes haría en todo caso también inexistentes a las relaciones que ellas establecen (y no sólo a los derechos, sino también a los deberes, a las responsabilidades, a las competencias, etcétera), pero esto no quiere decir que no las podamos reconocer conceptualmente así como podemos reconocer las relaciones entre seres mitológicos. Por otra parte, los escépticos y relativistas no suelen negar la existencia de normas morales, sino en todo caso la posibilidad de su fundamentación intersubjetiva y universal, lo que se complementa, generalmente aunque no siempre[3], con su identificación con convenciones sociales, o con actitudes subjetivas o con la interpretación de expresiones éticas en términos de expresión de emociones o de formulación de prescripciones. Pero en la medida que, en cualquiera de estas variantes, se le da alguna interpretación a la existencia de normas morales, ella tendría que extenderse a los derechos que derivan de tales normas.

También se podría sostener que hay alguna otra característica distintiva de las normas jurídicas que hace que ellas y sólo ellas sean generadoras de derechos subjetivos. Por ejemplo, el hecho de que las normas jurídicas, como dice Kelsen[4], regulen sanciones, y, como dicen otros, estén respaldadas por sanciones. Pero la primera caracterización ha sido repetidamente rechazada por no recoger el dato de tantas normas jurídicas que tienen un contenido diverso a la prescripción de sanciones y, lo que me parece más contundente, por haber juicios morales que también califican a actos punitivos como debidos o correctos. Por otra parte, si la supuesta falta de contenido coactivo de las normas morales no es óbice para que ellas generen deberes –que están más directamente asociados con las sanciones[5]–, no se ve por qué deberían impedir que generen derechos –sobre todo si éstos se ven como correlatos de tales deberes–.

Tampoco parece que el que las normas morales no estén respaldadas por sanciones sea óbice para que ellas generen derechos subjetivos. En primer lugar, no es claro que, cuando son aceptadas, no estén respaldadas por sanciones de algún

---

[3] Éste no es el caso, por ejemplo de J. Mackie, quien en *Inventing Right and Wrong*, Harmondworth, 1977, hace compatible su escepticismo con una teoría ética objetivista.

[4] Véase *Teoría pura del derecho*, trad. Roberto J. Vernengo Nilve, México, 1979, pág. 75.

[5] Véase P. M. S. Hacker, "Sanction Theories of Duty", en *Oxford Essays in Jurisprudence*, Oxford, ed. A. W. B. Simpson, 1973.

tipo —como el reproche moral— y aun por sanciones ejecutadas a través del aparato coactivo del Estado, sin que por ello se conviertan necesariamente en normas jurídicas. Pero, en segundo término, es menos claro todavía por qué debería exigirse el respaldo de sanciones y aun de sanciones coactivas para que las normas morales generen derechos, cuando ello no ocurre en el caso de los deberes o responsabilidades morales. Sólo si los derechos subjetivos se identificaran con *acciones procesales* esta posición parecería tener sustento, pero, por supuesto, no hay razón para tal identificación, sobre todo cuando ni siquiera los derechos subjetivos jurídicos son completamente reducidos a tales acciones[6].

Tal vez la vinculación de los derechos subjetivos morales con el respaldo a través de sanciones se justifique como una forma indirecta de decir que para que una relación normativa sea constitutiva de un derecho debe tener *efectividad, vigencia*, debe *gozar de reconocimiento*. Cuando ello ocurre la norma que subyace al derecho en cuestión se convierte en una norma social y aun —regla de reconocimiento mediante— en una norma jurídica. Pero cuando ello no ocurre, un derecho que no es efectivo es una mera ficción. Éste no es exactamente el mismo planteo que el anterior relacionado con la existencia de las normas morales, ya que aquí no se trata de su validez intersubjetiva o de la posibilidad de fundamentarlas y adscribirles valores de verdad sino de su vigencia y efectivo reconocimiento. Pero salvo que se identifique la existencia de las normas morales con esa vigencia (con lo que se aceptaría una posición convencionalista) no se ve por qué no se podrían invocar derechos precisamente para obtener su reconocimiento. El discurso habitual en términos de derechos morales —y centralmente el que alude a derechos humanos— no es un discurso constatativo de lo que generalmente se da; es un discurso de reforma y de brega; es un discurso dirigido a adecuar la realidad a ciertos ideales.

Por último, se podría suponer que la resistencia a admitir derechos morales tiene un origen totalmente diverso a los argumentos revisados anteriormente: puede sostenerse que una teoría ética plausible no puede estar basada en derechos, sino en deberes, ideales de lo bueno o en virtudes. Ésta es una vieja controversia que se remonta a Bentham[7] cuando consideraba a los derechos como "sinsentidos en zancos", pero obviamente aceptaba una teoría ética —el utilitarismo— que está basado en una concepción de lo bueno. El tema fue retomado en trabajos recientes de Mackie[8], Dworkin[9] y Raz[10], y la controversia continúa, en la medida en que una

---

6 Véase este tema en mi *Introducción al análisis del derecho*, cap. IV, Buenos Aires, 1980.
7 Véase J. Bentham, *The Works of Jeremy Bentham*, ed. John Bowring Edimburgh, 1843, vol. II, pág. 491.
8 Véase J. Mackie, "Can there be Right-Based Moral Theory", en *Theories of Rights*, J. Waldron, ed., Oxford, 1984.
9 Véase R. Dworkin, *Taking Rights Seriously*, Cambridge, Mass., 1977, cap. 6.
10 Véase J. Raz, "Rights-based Moralities", en *Theories of Rights*, citada.

teoría moral basada en derechos no es sólo objetada por el utilitarismo, sino también por concepciones aristotélico-tomistas y comunitaristas. Sin embargo, aunque tal vez haya cierta presuposición no muy consciente en los autores que dudan de los derechos morales de que los deberes o algún ideal del bien –como el utilitarista– son hechos morales más *duros* que hasta un escéptico podría aceptar como base de una teoría ética, la controversia no está planteada en estos términos de ética *normativa*, sino como una cuestión conceptual o de metaética. Los escépticos acerca de los derechos morales en el marco de la cultura de habla española se distinguen precisamente de los que rechazan tales derechos en la literatura del idioma inglés por no incursionar en la discusión substantiva de si deberíamos, consecuentemente, aceptar un sistema moral basado en deberes, virtudes o concepciones de lo bueno, generalmente porque también son escépticos acerca de la posibilidad de una discusión racional sobre tales cuestiones.

2. El teorema fundamental

El desarrollo anterior ataca una negativa *extrema* respecto de los derechos morales que, como hemos visto, resulta bastante poco plausible aun para el escepticismo ético. Pero puede defenderse una tesis más *atenuada* que se opone a una tesis más fuerte sobre la relevancia de los derechos morales para el razonamiento práctico: la negativa atenuada consiste en sostener que si bien es admisible reconocer conceptualmente a los derechos morales y hasta admitir que las normas que los establecen pueden justificar acciones y decisiones, sin embargo, no puede aceptarse que esas normas que proveen derechos morales tengan, en su campo de aplicabilidad, un carácter justificatorio *excluyente*. También debemos admitir, según esta posición, que hay proposiciones sobre *derechos jurídicos* que proveen razones para actuar con total independencia de su posible derivación de principios morales que establecen derechos subjetivos. Se puede agregar que, dado que la mayoría de los derechos nacionales y el derecho internacional reconocen los derechos fundamentales –*los derechos humanos*– no es necesario, a todos los efectos prácticos que preocupan a quienes se sienten comprometidos por tales derechos, mostrar que tales normas jurídicas derivan de, o están de algún modo apoyadas por principios morales.

Creo, sin embargo, que tampoco esta negativa atenuada a aceptar derechos morales se justifica, ya que me parece correcta la tesis fuerte opuesta de que los principios morales son excluyentemente justificatorios en su campo de acción, y que sólo los derechos establecidos directa o indirectamente por tales principios, y que son por lo tanto derechos morales, pueden servir de razones para actuar.

Esto depende de un tema central, tal vez el tema central de la filosofía del derecho, que es el de determinar en qué medida el discurso jurídico práctico –o sea el discurso que permite justificar acciones y actitudes– es un discurso independiente y autosuficiente o si es parte –o un caso especial, *Besonderesfall* para usar la expresión de Alexy[11]– del discurso moral general. En realidad, controversias como la añosa entre iusnaturalismo y positivismo jurídico, que se presentan engañosamente como disputas sobre el concepto de derecho –con lo que se convierten en estériles controversias verbales que desconocen el simple hecho de que puede haber varios de tales conceptos de derecho[12]– versan sobre esta cuestión.

Creo que la alternativa del "caso especial" o de la dependencia del discurso jurídico respecto del discurso moral puede ser probada, y lo que puede ser de un modo cuasi formal, por lo que me animo a denominar a esta prueba, por sus enormes consecuencias para toda nuestra concepción acerca del derecho, *el teorema fundamental de la teoría general del derecho*.

Antes de pasar a resumir esa prueba que he desarrollado más extensamente en otro lugar[13], debo hacer dos aclaraciones. La primera es que voy a entender por una *proposición justificatoria* de una acción o decisión a aquélla cuya formulación implica cierta inconsistencia práctica con la no realización de la acción o con la adopción de la decisión opuesta. La segunda es que hay diversos conceptos de *norma jurídica*: puede hacer referencia, por un lado, a una práctica social –o sea a una cierta regularidad de acciones y actitudes–, a un cierto acto lingüístico que se ejecuta con la intención de influir en el comportamiento de otros –como cuando identificamos a las normas jurídicas con prescripciones–, a un cierto texto –como cuando hablamos de interpretar una norma–, y también a las proposiciones que describen a estos fenómenos o entidades, o, por el otro, a un juicio normativo, o sea a una proposición que califica definitivamente a una cierta acción.

Con estas aclaraciones, vemos el caso más claro de un razonamiento jurídico justificatorio que es el que realiza un juez para fundamentar una cierta decisión o una determinada prescripción. Supongamos que la justificación inmediata de, por ejemplo, una orden de lanzamiento, que el juez dicta sea el juicio de que *la demandada María debe desalojar la vivienda alquilada*. Ella constituye una proposición justificatoria en el sentido de que constituiría una inconsistencia práctica si el juez formulara ese juicio y se negara a dictar la orden de lanzamiento de María o si apoyara la orden de lanzamiento de María en la negación de ese juicio.

En anticipación a la obvia pregunta de cómo el juez fundamenta a su vez el juicio de que *María debe desalojar la vivienda alquilada*, él dará como razón típicamente la conjunción de dos tipos de juicios: un juicio de hecho del tipo *María no pagó dos meses de alquiler* y una norma jurídica como *el propietario que*

---

[11] Véase R. Alexy, *A Theory of Legal Argumentation*, Oxford, 1989.
[12] Véase mi libro *La validez del derecho*, cap. VII, Buenos Aires, 1985.
[13] Véase *idem*, cap. IX.

no recibe dos meses de alquiler tiene derecho a recobrar la vivienda locada. El problema radica en cómo interpretar el juicio que se identifica como una norma jurídica. Como vimos, una norma jurídica puede concebirse como una práctica social, un acto lingüístico tal como una prescripción o un texto, y también como un juicio que *describe* la existencia de la práctica social, la prescripción o el texto. Pero en ninguno de estos casos la norma jurídica permitirá por sí sola fundamentar o derivar la proposición justificatoria de la acción o decisión. Se puede describir con verdad que hay una práctica social de desalojar a quien no paga dos meses de alquiler devolviendo al propietario la tenencia del inmueble locado o el acto de alguien de formular una prescripción dirigida a que se desaloje a quien no pague dos meses de alquiler o la existencia de un texto que emplea esas palabras y formular, sin inconsistencia práctica alguna, el juicio justificatorio de que *María –que no pagó dos meses de alquiler– no debe ser desalojada*. Por supuesto, esto no sería el caso si la expresión "debe" en el último juicio hace ella misma referencia sólo a la existencia de una práctica social, prescripción o texto, pero en este caso –en que habría una inconsistencia lógica entre la negación de este juicio y la descripción de la práctica social, prescripción o texto–, el juicio *María debe ser desalojada* no tendría en sí mismo fuerza justificatoria y sería compatible con cualquier acción o decisión.

De modo que para que el juicio *el propietario que no cobra dos meses de alquiler tiene derecho a recuperar la tenencia de su inmueble locado* permita justificar la proposición justificatoria *María debe ser desalojada* él sólo puede ser una norma jurídica en el cuarto sentido que vimos al comienzo: el sentido que alude a un juicio normativo, o sea una proposición que califica a una conducta como prohibida, permitida u obligatoria. Por cierto que este juicio normativo que permite justificar directa o indirectamente una acción o decisión debe distinguirse de una *prescripción*, ésta consiste en el *acto* de formular un juicio normativo con la intención de que esa formulación –dado quien la hace o las condiciones en que se la hace– sirva como razón auxiliar para actuar a cierta persona, dadas sus otras razones operativas[14].

Una vez que aceptamos que el fundamento de una proposición justificatoria particular en un típico razonamiento práctico jurídico sólo puede ser una norma jurídica entendida como un juicio normativo, es razonable plantearse la pregunta acerca de cómo sabemos que ese juicio normativo en el que el juez se basa para fundamentar su decisión es, al fin y al cabo, una norma jurídica. Porque el juicio *el propietario que no recibe dos meses de alquiler tiene derecho a recuperar el inmueble locado* bien puede ser interpretado como un juicio moral, por ejemplo cuando es formulado por alguien que ignora lo que dispone el orden jurídi-

---

14 Véase este concepto en J. Raz, *Practical Reasons and Norms*, cap. I, Londres, 1975.

co, o le resulta indiferente lo que él disponga, o sabe que el orden jurídico no dispone nada al respecto –tiene una laguna–, o sabe que dispone lo opuesto y sugiere modificarlo. Kelsen diría que un juicio normativo como el del ejemplo será identificado como una norma jurídica o como un juicio moral tomando en cuenta si lo que él determina como debido o permitido es o no un acto coactivo, o una sanción. En este caso, si el desalojo es visto en tales términos, el juicio en cuestión podría ser considerado una norma jurídica. Pero ya vimos en el punto anterior que este criterio distintivo de las normas jurídicas no es plausible, no sólo porque hay obvias normas jurídicas que no disponen sanciones sino, sobre todo, porque hay claros juicios morales que califican como permitidos o debidos a actos coactivos que tienen el carácter de penas (como, por ejemplo *los narcotraficantes deben ser sometidos a pena de muerte*). En el ejemplo anterior también vimos obvios contextos en que el juicio *el propietario que no cobre dos meses de alquiler tiene derecho a recuperar la tenencia de su inmueble locado* puede ser interpretado como un juicio moral.

Si el contenido no es distintivo de los juicios normativos jurídicos deberá serlo entonces su *origen*. Y, en efecto, parece claro que lo que distingue a los juicios normativos jurídicos de los morales es el hecho de ser aceptados, en el razonamiento práctico que justifica una acción o decisión, por el hecho de haber sido *formulados por cierta autoridad*, que puede ser legislativa o convencional.

De modo que un juicio del tipo *el propietario que no cobra de su inquilino dos meses de alquiler tiene derecho a recuperar su inmueble locado* sólo es concebido como una norma jurídica cuando es aceptado en el razonamiento práctico, de un juez, por ejemplo, por la razón de haber aceptado previamente un juicio del tipo *el legislador L ha prescrito que el propietario que no cobra dos meses de alquiler tiene derecho a recuperar la tenencia de su inmueble*. Sólo si se acepta el primer juicio porque se acepta este segundo tipo de juicio el primero es concebido como una norma jurídica.

Pero ya hemos visto que el segundo tipo de juicio consiste en la descripción de una norma jurídica entendida como una prescripción (también podría ser la descripción de la práctica social consistente en aceptar la prescripción) y que este tipo de juicio no tiene fuerza justificatoria: él es pragmáticamente compatible con cualquier acción o decisión. Por lo tanto, no es lógicamente posible que alguien acepte el primer tipo de juicio por la razón de aceptar el segundo tipo de juicio; si lo hiciera incurriría en un obvio *non sequitur*. A lo sumo, un juicio del tipo *el legislador L ha prescrito...* sólo puede ser *parte* de la razón de que se acepte un juicio del tipo *el propietario tiene derecho a ...* La parte operativa de la razón tiene que estar dada por otro juicio con fuerza justificatoria del tipo *el legislador L debe ser obedecido o tiene autoridad o derecho para emitir prescripciones*.

Llegados a este punto, cabe la obvia pregunta acerca de si este último juicio normativo, que constituye el núcleo de la razón operativa por la cual una norma jurídica es aceptada, es en sí mismo una norma jurídica. Y aquí la respuesta tendrá que recorrer de nuevo todo el camino que ya hemos visto: no puede ser distinguido como norma jurídica por su contenido sino por la razón por la cual es aceptado; esa razón no sólo debe incluir la descripción de lo prescrito por la autoridad o convención sino un juicio normativo que les da autoridad o legitimidad. Por supuesto que el proceso no puede proseguir al infinito y llegará un punto en que debemos aceptar que una norma jurídica es aceptada en virtud de un juicio normativo que no es una norma jurídica, puesto que no es a su vez aceptado por haber sido formulado por una autoridad que otro juicio normativo legitima sino por sus propios méritos. Ahora bien, un juicio normativo que es aceptado no por haber sido formulado por cierta autoridad sino por sus propios méritos, es precisamente lo que se suele identificar como un *juicio moral* –en esto consiste precisamente el rasgo de *autonomía* de los juicios morales enfatizado por Kant.

Con esto tenemos la conclusión aparentemente paradójica de que las normas jurídicas se identifican como tales por su derivación en el razonamiento práctico de juicios de índole moral. Si un juicio que deriva lógicamente de un juicio moral también lo es, de aquí se sigue que las normas jurídicas, entendidas como proposiciones justificatorias, son un caso especial de juicios morales. Por cierto, que Kelsen[15] advirtió perfectamente este riesgo de confusión entre el derecho y la moral y pretendió evitarlo mediante el recurso de sostener que el juicio normativo último que no es aceptado por derivar de cierta fuente dotada de autoridad –su famosa norma básica– no es un juicio moral puesto que su fuerza justificatoria queda neutralizada por el hecho de que no es aceptado categóricamente sino hipotéticamente en el razonamiento jurídico. Pero un juicio normativo que es aceptado sólo como hipótesis sólo permite justificar decisiones hipotéticas, por lo que no tiene ningún rol en un razonamiento práctico justificatorio de acciones y decisiones reales, como el de los jueces.

Creo que esto constituye una demostración de que las normas jurídicas que establecen derechos –por ejemplo el juicio de *el propietario tiene derecho a recobrar el inmueble locado a quien no ha pagado dos meses de alquiler*– sólo tienen un carácter justificatorio de acciones o decisiones si constituyen una especie de juicios morales puesto que derivan de un juicio moral que legitima a cierta autoridad y de un juicio que describe la prescripción de esa autoridad. Si convenimos en que los derechos que están establecidos por normas morales son derechos morales, de aquí se sigue que sólo los derechos morales permiten justificar acciones o decisiones.

---

[15] Véase *ob. cit.*, cap. V.

De este modo, intenté mostrar que ni siquiera es correcta la tesis débil que niega que los derechos morales sean los únicos derechos a los que puede aludirse para criticar o defender una acción o decisión. Esto es, por supuesto, consecuencia, de una tesis más amplia de que el discurso jurídico justificatorio es "un caso especial" o es dependiente del discurso moral. Esta tesis más amplia tiene la consecuencia –desagradable, por cierto, para los escépticos en materia ética– de que la presunta subjetividad, relatividad o imposibilidad de fundamentación de los presupuestos del discurso moral se transmite al discurso jurídico justificatorio.

3. Relaciones entre moral y derecho

Quienes se oponen a la idea de que sólo derechos de índole moral tienen carácter justificatorio de acciones y decisiones señalan también la oscuridad que presenta la alegada relación entre normas morales y normas jurídicas, lo que se manifiesta en la incertidumbre acerca de qué relaciones tiene que haber entre derechos establecidos por las primeras y los establecidos por las últimas: por ejemplo, un comportamiento, como el de circular por la derecha puede ser moralmente indiferente (¿permitido?), pero jurídicamente obligatorio; puede haber comportamientos que están moralmente prohibidos o que son obligatorios (mentir, ayudar a un amigo necesitado) pero que son jurídicamente facultativos y son, por lo tanto objeto de derechos.

Las relaciones lógicas entre normas morales y jurídicas y entre los derechos establecidos por ellas son por cierto intrincadas y deberían ser objeto de más atención de los especialistas de lógica deóntica, una vez que superen los prejuicios en contra de los principios y derechos morales. Sin embargo, hay algunas cosas que surgen con cierta obviedad hasta para un lego en esa disciplina.

En primer lugar, la demostración anterior indica que la relación entre normas jurídicas –entendidas como juicios normativos o como razones justificatorias– y las normas morales es una relación de *identidad* de caso, es decir, hay casos de normas morales que *son* normas jurídicas, puesto que la clase de las normas jurídicas justificatorias es una especie de la clase de normas morales; no todo principio o juicio moral es una norma jurídica, pero toda norma jurídica que tiene un rol de razón operativa en el razonamiento práctico es un juicio moral especial, que se distingue por derivar de un principio moral que legitima a cierta fuente de prescripciones y de una descripción de una de tales prescripciones. Por lo tanto, no se presentan los problemas que algunos autores advierten en las relaciones de derivación o subalternación entre normas jurídicas y normas morales; tampoco puede objetarse la duplicación del contenido de ambos tipos de normas, precisamente porque son las *mismas*.

Claro está que uno puede distinguir entre normas morales *puras*, en cuya aceptación no es en absoluto relevante la prescripción de una autoridad, y normas *jurídico-morales*, que son aquellas que son aceptadas en virtud de que una norma moral pura legitima la prescripción de cierta autoridad. Como vimos, para que el segundo tipo de normas establezca derechos que permiten justificar acciones o decisiones ellas deben derivar de normas morales puras. Pero esto no quiere decir que esas normas morales puras también deben establecer derechos: ellas pueden establecer simplemente el *deber* de obedecer a cierta autoridad o pueden valorar positivamente las consecuencias de obedecer a tal autoridad. No tiene por qué haber, entonces, una relación de derivación entre los derechos morales que surgen como consecuencia de la prescripción de una autoridad y derechos que surgirían de normas morales puras que legitiman tal autoridad (un utilitarista negaría este último tipo de derechos morales como elementos irreducibles del sistema moral, pero no tendría por qué negar el primer tipo de derechos morales). Cuando una autoridad legitimada por normas morales puras prescribe el deber de realizar un cierto comportamiento, los beneficiarios de ese comportamiento tienen un *derecho* –según algunas posiciones ello sólo es así cuando, además, se tiene una acción procesal para hacerlo cumplir[16]–. Estos derechos correlativos de deberes que están establecidos por normas jurídico-morales son los que Dworkin llama *derechos institucionales*[17].

Pero además, por supuesto, las normas morales puras también pueden establecer directamente derechos, que los podemos llamar *derechos fundamentales* para distinguirlos de los derechos institucionales, que también son de índole moral. Es un tema sumamente controvertido si esos derechos son irreducibles o si deben ser interpretados, por ejemplo, también como correlativos de deberes o como derivados de ciertos ideales del bien. Tengo para mí que estos derechos no institucionales no pueden ser interpretados en el contexto de una concepción liberal de la sociedad como reflejos de deberes de otros sino como fundamento de tales deberes, una vez que se dan ciertas condiciones adicionales como es la posibilidad de actuar; creo que lo que esos derechos exigen es que cierto estado de cosas valioso *deba* ser obtenido, lo que es diferente que decir que hay un deber de producirlo (como se advierte en inglés con la diferencia entre las palabras *ought* y *duty*)[18]. También es una cuestión controvertible de ética sustantiva si los derechos fundamentales determinan sólo deberes de los legisladores o directamente también de los jueces y de los ciudadanos en general.

Por cierto que, dependiendo de qué posición se toma en controversias como las mencionadas, puede haber conflictos entre las normas morales puras y las normas jurídico-morales, y entre los derechos fundamentales y los institucionales (y

---

16 Véase mi libro *Introducción al análisis del derecho*, citado, cap. IV.
17 Véase *ob. cit.*, cap. 4.
18 Véase mi libro citado *Ética y derechos humanos*, cap. I.

los deberes) que ellas establecen. Estos conflictos reflejan tensiones entre las normas morales puras de tipo sustantivo y la norma moral pura que otorga legitimidad a una cierta autoridad o práctica social. Es una cuestión de ética normativa determinar cómo se resuelven estos conflictos, de modo que prevalezcan uno u otro tipo de normas puras. Por ejemplo, intuitivamente estamos dispuestos a sostener que prevalece el derecho institucional establecido por una autoridad legítima de no desalojar un inmueble debido a una suspensión general de los desalojos, por una situación de emergencia económica, sobre lo que algunos conciben como un derecho fundamental de propiedad que excluye cualquier uso ajeno no consentido. Sin embargo, hay otros casos en que sostendremos que prevalece el derecho fundamental establecido por normas morales puras sobre el derecho moral institucional (por ejemplo, si el primero protege bienes como la vida o la integridad corporal). En otro lugar[19] he tratado de desarrollar una teoría general que pretende ofrecer criterios para resolver este tipo de conflictos.

Es obvio que también podemos hablar de *derechos* en contextos no justificatorios y referidos a normas jurídicas concebidas como prácticas sociales, prescripciones o textos. En estos casos las proposiciones que hacen referencia a derechos serán meramente descriptivas y no proporcionarán razones para justificar una acción o decisión (así podemos decir, por ejemplo, que nadie tenía derecho a más de una comida diaria en los campos de concentración nazis). Por supuesto, estas proposiciones son completamente independientes de juicios morales normativos. Pero pueden interactuar con ellos en el marco del razonamiento práctico. Hemos visto precisamente que los juicios que permiten derivar normas jurídicas justificatorias –o sea juicios jurídico-morales– de principios morales puros que legitiman a cierta autoridad, son de este tipo, puesto que son juicios que describen la prescripción de cierta autoridad y determinada práctica social. Debe ser sumamente complejo, y no parece que pueda resolverse sin ciertos criterios de ética sustantiva, determinar cuándo un derecho en este sentido puramente descriptivo da lugar a un derecho moral institucional dado cierto trasfondo de normas morales puras –las que a su vez, como vimos, pueden establecer derechos fundamentales, o sea, no institucionales–.

Por otro lado, las normas jurídicas entendidas como prácticas sociales, prescripciones o textos o las proposiciones descriptivas que dan cuenta de ellas tienen otra función crucial en el razonamiento práctico, además de la de permitir la derivación de normas jurídico-morales a partir de normas morales puras: cuando aquellas normas han tenido un origen democrático creo, como lo he tratado de mostrar en otro lugar[20], que constituyen un fundamento epistémico para in-

---

[19] Véase, *idem*.
[20] Véase, *ibidem*, cap. IX.

ferir con alguna probabilidad –mayor o menor de acuerdo con la amplitud y pureza del procedimiento democrático pero nunca con certeza absoluta– cuáles son las normas morales puras. Esto introduce una enorme complicación en la determinación de la relación entre derechos fundamentales, derechos en sentido puramente descriptivo y derechos institucionales, ya que los derechos puramente descriptivos pueden tanto constituir una justificación epistémica para inferir derechos morales fundamentales como permitir, además, la derivación lógica a partir de ellos de derechos morales-institucionales.

Esto puede llegar a constituir un intrincado rompecabezas lógico, pero me parece que ello no es motivo para excusar la resistencia a admitir derechos morales.

ÉTICA Y DERECHOS HUMANOS (EN UN ESTADO DE GUERRA)*

Cuando las circunstancias de la vida social son dramáticas, como lo fueron en mi país en los años setenta y lo son todavía en Colombia, es esencial levantar utopías. La utopía que tiene más probabilidad de romper con la lógica de la guerra es la utopía de los derechos humanos. Esta lógica consiste, de acuerdo con Karl von Clausewitz, en que cada uno de los combatientes fuerza la mano de otro, ya que "el que usa la fuerza con más crudeza, sin achicarse frente a ningún derramamiento de sangre, necesariamente ganará una ventaja sobre el otro si éste no hace lo mismo"[1]. De modo que difícilmente el autointerés de los combatientes los conducirá a respetar los derechos humanos, a menos que se rompa antes la lógica de la guerra, generando una adhesión suficiente a la utopía de los derechos humanos.

Pero, ¿cómo generamos esa utopía? Según Norberto Bobbio[2] no hay que generarla, puesto que esa utopía ya está hecha realidad en los convenios internacionales sobre derechos humanos. Bobbio es escéptico sobre la posibilidad de fundamentar los derechos humanos, ya que dice que son demasiado vagos, demasiado variables, demasiado heterogéneos, demasiado antagónicos como para poder ser fundamentados. Además, sostiene que esa fundamentación, si *per impossibile* se lograra, seria inútil, ya que ella no garantizaría de por sí su materialización. Precisamente la época contemporánea, en la que más dudas se tiene sobre la fundamentación de los derechos humanos, es la época en que más serios intentos se han hecho para materializarlos De ahí la famosa frase de Bobbio de que el problema de los derechos humanos no es el de fundamentarlos sino el de protegerlos; no es un problema filosófico sino jurídico.

---

* [N. del E.] Publicado en *Ética y conflicto. Lecturas para una transición democrática*. Cristina Motta (comp.), Tercer Mundo Editores, Ediciones Uniandes. Colombia, 1995.
[1] Citado por Michael Walzer en *Just and Unjust Wars*, 2ª ed., New York, Basic Books, 1992, p. 23.
[2] Véase Norberto Bobbio, "Sul fondamento del diritto dell'uomo", en *Rivista Internazionale di Filosofia del Diritto* XLII, 1965, págs. 301-309.

Frente a esta posición surgen varios inconvenientes. Primero, los tratados internacionales, como toda norma jurídica, se sustentan en ciertos hechos que no constituyen por sí mismos razones justificatorias de acciones y decisiones. Sólo el positivismo ideológico, denunciado por el mismo Bobbio, supone que del dictado y eficacia de ciertas normas jurídicas surgen –sin ninguna premisa adicional de índole valorativa que las justifique– razones para actuar como las normas prescriben. Segundo, los tratados pueden no ser ratificados, como ha sido el caso de Estados Unidos con las cláusulas del Convenio de San José de Costa Rica que establecen la jurisdicción de la Corte Interamericana. Tercero, los tratados pueden ser denunciados, como será posiblemente lo que haga Perú después de haber reintroducido la pena de muerte. Finalmente, los tratados tienen que ser interpretados y para ello no hay más remedio que recurrir a valoraciones que fundamenten las prescripciones que ellos contienen.

La afirmación de Bobbio, de otra parte, parece ser el resultado un breve momento histórico en el que la ideología subyacente a las convenciones internacionales de derechos humanos no estaba en cuestión. Hace ya un tiempo esa ideología parece estar seriamente desafiada por la expansión creciente de un relativismo ético basado en un relativismo cultural. Por ejemplo, en una colección sobre la perspectiva intercultural respecto de los derechos humanos, la antropóloga Rhonda Howard[3] sostiene:

"La de los derechos humanos es, lo repito, una concepción particular de la dignidad humana y de la justicia social. No son sinónimos, a pesar de que aparecen juntos en la Declaración Universal de los Derechos Humanos, con la dignidad humana. Todas las sociedades y todas las filosofías políticas tienen concepciones de la dignidad humana. Algunas de ellas –especialmente aquellas que tienen sus raíces en la visión de que la nación, el 'pueblo', la comunidad, o la familia tienen precedencia sobre el individuo– están radicalmente en oposición a la idea de los derechos humanos."

En la misma colección, el jurista de formación musulmana Abdulla Ahmed An-Na'im[4] invoca la necesidad de tomar en cuenta variaciones culturales como la de los pueblos islámicos, que, siguiendo el Corán, no consideran que cortar la mano de un ladrón sea una pena cruel e inusitada de acuerdo con las convenciones internacionales.

Hay pensadores que van más lejos en la fundamentación filosófica de estas variaciones: por ejemplo, en el libro sobre los fundamentos filosóficos de los de-

---

[3] Véase Rhonda Howard, "Dignity, Community, and Human Rights", en Abdulla Ahmed An-Na'im (ed.), *Humans Rights in Cross Cultural Perspectives. A Quest for Consensus*, Philadelphia, University of Pennsylvania Press, 1992, pág. 99.

[4] Véase su artículo "Toward a Cross-Cultural Approach to Defining International Standards of Human Rights", en Abdulla Ahmed An-Na'im, *Human Rights in Cross Cultural Perspectives. A Quest for Consensus*, op. cit., págs. 19 y ss.

rechos humanos, el profesor indio R. C. Pandeya[5] nos informa que en hindi ni siquiera existe el concepto de derechos humanos, y que su equivalente más próximo —el de exigencia justificada— está relacionado con el estatus de la persona, es históricamente variable, y está fundamentado en deberes.

Pero también en Occidente las dudas filosóficas sobre la primacía moral y la universalidad de cierto conjunto de derechos humanos han reaparecido. En los años ochenta se desarrolló en los países de habla inglesa el movimiento llamado "comunitarista" que objeta las bases metaéticas del liberalismo de raíz kantiana por suponer un sujeto moral abstracto y universal, despojado de intereses, de inserción comunitaria y de una cultura social. Autores como Alsdair MacIntyre, Michael Sandel, Charles Taylor, y en parte Bernard Williams, Michael Walzer y Stuart Hampshire[6] sostienen que los derechos humanos derivan de una concepción del bien, y que las concepciones del bien están dadas por ciertas prácticas sociales variables.

La confianza de una posición como la de Bobbio no es sólo desafiada por estudiosos, sino también por políticos con acceso directo al poder de sus naciones. En la reciente conferencia sobre los derechos humanos organizada por las Naciones Unidas en Viena hubo un embate fuerte de muchos delegados, sobre todo asiáticos y africanos, en contra del imperialismo cultural representado por la idea de la universalidad de los derechos humanos, tal como está consagrada en cartas internacionales. Quien adoptó una de las posiciones más fuertes fue el delegado chino Liu Huaqiu, vicecanciller que visitó Colombia en agosto de 1993; hablando con el trasfondo de las sanciones internacionales que sufre su país luego de los episodios de la plaza Tiannamen, dijo, entre otras cosas, lo siguiente:

"El concepto de derechos humanos es el producto del desarrollo internacional. Está íntimamente asociado con condiciones específicas, sociales, políticas y económicas y con la historia, los valores y la cultura propia de un país particular... Por lo tanto, uno no debe y no puede pensar en los parámetros y modelos de derechos humanos de ciertos países como los únicos apropiados y demandar que todos los otros países cumplan con ellos. No es realista ni operativo hacer que la asistencia económica, o aun, la cooperación internacional, sea condicionada a su cumplimiento. El concepto de derechos humanos es integral y cubre tanto los individuales como los colectivos... La comunidad internacional debe adoptar acciones para ayudar a los países en desarrollo, aliviar sus dificultades económicas, promover su desarrollo y liberarlos de la pobreza

---

[5] Véase "Fundamentos filosóficos de los derechos humanos. Perspectiva hindú", en *Los fundamentos filosóficos de los derechos humanos*, Barcelona, Serval, Unesco, 1985, págs. 294 y ss.

[6] Para una presentación crítica de las posiciones de estos autores, véase Carlos Santiago Nino, *Ética y derechos humanos*, cap. IV, Buenos Aires, Astrea, 1989.

y la necesidad... No hay derechos y libertades absolutas, excepto aquellas prescritas por la ley y dentro de su marco... Nadie debe poner sus derechos e intereses por encima de los del Estado y la sociedad, no debe permitírsele que socave los de otros y los del público en general. Éste es un principio universal de todas las sociedades civilizadas"[7].

Hasta aquí este relativismo cultural puede resultar todavía atractivo para muchos. Algunas de estas afirmaciones nos conmueven tanto como a mí me conmovieron las de un indígena de la Argentina que fue condenado en primera instancia, junto con otros, por matar a tres niños y una mujer en el transcurso de una ceremonia religiosa en la que llegaron a la convicción de que ellos estaban endiablados y matarlos era un medio necesario para espantar al diablo de la tribu. El indígena comentó al oír la sentencia: "Si el juez hubiera creído en el diablo, no nos hubiera condenado". Y en verdad tenía razón porque en ese caso se hubiera aplicado la justificante del estado de necesidad.

Pero empezamos a encontrar relativismos menos simpáticos cuando dirigimos nuestra mirada a regímenes autoritarios como el militar en la Argentina, que en su defensa por las violaciones masivas a los derechos humanos esgrimían cosas semejantes. Ellos también creían que había una especie de demonio antagónico con el ser nacional en cada persona sospechosa de contestataria y concluían que para ahuyentarlo había que aniquilar ese tipo de persona.

También ese régimen fundamentaba su exigencia de que otros estados no tuvieran injerencia en sus prácticas contra los derechos humanos con el lema "los argentinos somos derechos y humanos", lo que en el fondo quería decir que tenemos nuestros parámetros propios sobre la materia, por más que se proclamase que éramos occidentales y cristianos. Por supuesto que cosas parecidas decían Idi Amin en Uganda, Ferdinando Marcos en Filipinas, el régimen de Khmer Rouge en Camboya y el régimen racista de Sudáfrica.

No es claro cómo debe hacerse para distinguir las invocaciones simpáticas al relativismo ético de las antipáticas. Lo cierto es que los regímenes que mencioné antes cayeron o se modificaron, y en su caída no estuvo del todo ajena una condena internacional constante basada en un discurso moral universalista sobre los derechos humanos.

Hay quienes sostienen que ese discurso moral no tiene efecto cuando las violaciones a los derechos humanos se hacen en el contexto de una guerra, ya que la guerra "no tiene ley" y coloca a los combatientes en una especie de estado de naturaleza que revela nuestra desnuda brutalidad. Se sostiene que en este caso lo único que cuenta es el autointerés, y que las apelaciones a los derechos humanos

---

[7] Palabras del Vicecanciller de la China, Liu Huaqiu, durante la Conferencia Mundial sobre Derechos Humanos celebrada en Viena, Austria, en junio de 1993.

que no están basadas en el autointerés son meras hipocresías. Michael Walzer parece tener razón cuando dice:

"La hipocresía es frecuente en el discurso de guerra, porque en tiempos de guerra parece especialmente importante el tener razón. No es simplemente que las causas morales que se juegan en la guerra sean importantes; el hipócrita puede no entender eso. Lo más crucial es que sus acciones van a ser juzgadas por otra gente hipócrita, pero cuyas opiniones afectarán las políticas hacia él. La hipocresía no tendría a sentido si esto no fuera así, del mismo modo que no tendría sentido mentir en un mundo en que nadie dijera la verdad... Si todos fuéramos realistas como... los hobbesianos en estado de guerra, se terminarían a la vez tanto la moral como la hipocresía. Nos diríamos unos a otros directa y brutalmente lo que querríamos hacer o haber hecho. Pero la verdad es que una de las cosas que la mayoría de nosotros más quiere, aun durante la guerra, es actuar, o parecer que actuamos, moralmente. Y queremos eso, muy simplemente, porque sabemos lo que la moral significa..."[8].

Suponiendo que las apelaciones a la moral son inevitables aun en un contexto de guerra y que incluso tengan cierta efectividad para contener violaciones masivas a los derechos humanos, ¿qué es lo que sabemos acerca del significado de la moral? Esta pregunta parece no poder ser contestada sin trazar un puente entre las valoraciones morales y ciertos hechos, intersubjetivamente asequibles. El problema es cómo trazar ese puente. Si lo hacemos establecer una conexión demasiado estrecha entre las valoraciones morales y los hechos empíricos que nos rodean –como las preferencias o intereses que de hecho tiene la gente– las valoraciones morales pierden fuerza normativa y empiezan a parecerse a una mera descripción o explicación de lo que realmente se da. Por ese motivo, teorías de la elección racional que parten de los intereses reales de los individuos carecen de fuerza normativa para evaluar la realidad y, en el mejor de los casos, sólo tienen fuerza explicativa o predictiva. Por el contrario, si el puente entre hechos asequibles y valoraciones es demasiado indirecto y débil, ello constituye una invitación permanente para construir puentes alternativos.

En algunas obras[9] he hecho la propuesta de que el punto arquimediano, usando ahora la expresión de Rawls, para apoyar un sistema moral debe hallarse allí donde parecen tambalear la mayoría de las concepciones metaéticas. Si observamos la generalidad de las críticas que se dirigen a posiciones como el subjetivismo, el convencionalismo, el intuicionismo, el naturalismo, el emotivismo o el prescriptivismo, vamos a ver que en la mayoría de los casos esas críticas coin-

---

[8] Véase Michael Walzer, *op. cit.*, pág. 20.
[9] Véase, por ejemplo, Carlos Santiago Nino, *El constructivismo ético*, Madrid, Centro de Estudios Constitucionales, 1989.

ciden en señalar que tales teorías no captan algún rasgo importante de la práctica del discurso moral. Para dar algunos ejemplos breves, diríamos que al subjetivismo que identifica los juicios morales con descripciones de las propias inclinaciones se le objeta que no da lugar a ninguna discusión, ya que lo que *prima facie* aparecería como una controversia ética, es por esta teoría en un intercambio de informaciones sobre los gustos de cada uno. Al convencionalismo se le critica que no da cuenta de la posición de los disidentes con las convenciones sociales en una discusión. Al naturalismo se le cuestiona que no permite explicar por qué sigue una discusión ética no obstante estar de acuerdo sobre hechos naturales. Al prescriptivismo se le censura que no da cuenta del hecho de que la formulación de la prescripción es relevante para su impacto en el razonamiento práctico y, sin embargo, la formulación de un juicio moral no parecer ser relevante en la discusión ética.

La hipótesis se centra, entonces, en que el punto arquimediano para construir un sistema ético es la práctica del discurso moral. Los juicios morales no se formulan en el vacío sino en el contexto de una práctica de discurso que no es una actividad amorfa, sino que posee ciertos presupuestos sustantivos y procedimentales que determinan cuáles juicios son admisibles y cuáles no. Es un hecho llamativo que esta práctica se desarrolle en casi todos los pueblos y épocas, ya que indica, bajo ciertos presupuestos evolucionistas, el cumplimiento de alguna función latente para la supervivencia de los grupos sociales. Una hipótesis posible es que facilita la cooperación evitando en algunos casos –en los que la práctica logra consensos– problemas de acción colectiva que no se superarían si simplemente se apelara al autointerés de los participantes en la práctica. Por cierto que esta hipótesis implica que la práctica discursiva haya desarrollado reglas funcionales para la obtención de consensos.

Por supuesto que esas reglas pueden presentar ciertas variaciones a lo largo de épocas y lugares. Creo que un punto de inflexión que distingue al discurso moral moderno –ya preanunciado en el pensamiento clásico– del premoderno, que pretende ser revitalizado por el posmoderno, es que no se basa, como bien lo advirtió Kant, en autoridades humanas, divinas o convencionales sino en conceptos más abstractos, como son el de imparcialidad y autonomía, y que permiten criticar las prescripciones de esas autoridades. La admisión de este hecho no implica darle la razón al relativismo moral sustantivo, sino aceptar en todo caso un relativismo conceptual en materia ética. Este posible relativismo no impide, por otra parte, reconocer la enorme expansión del discurso moral moderno, pese a la inquietud que ello produce comunitaristas y posmodernos.

Si se quisiera seguir con un evolucionismo *amateur*, podría avanzar la hipótesis de que ello probablemente indica que el discurso moderno ofrece ventajas comparativas a los pueblos que lo desarrollan, ya que potencialmente permite solucionar conflictos entre quienes aceptan tradiciones, dioses o autoridades coactivas diferentes. Pero no vamos a seguir en este camino, ya que este tipo de hipótesis nos provee explicaciones pero no justificaciones.

Mi posición es, entonces, que la validez de los juicios morales como los que versan sobre los derechos humanos está dada por ciertos presupuestos del discurso en que esos derechos son controvertidos. Por cierto que podría haber muchos otros argumentos a favor o en contra de los derechos humanos, pero tales argumentos no son "moneda corriente" en el discurso que compartimos cuando controvertimos los derechos humanos, ya que sólo tienen el respaldo de presupuestos de discursos más circunscritos como el prudencial, sea individual o grupal, el religioso, etc. La cuestión es mostrar que cuando discutimos sobre los derechos humanos, cualquiera que sea la posición que tomemos, estamos aceptando ciertos presupuestos de los que deriva un determinado régimen moral de los derechos humanos.

Creo que cuando discutimos honestamente sobre temas morales asumimos el valor de que cada uno obre de acuerdo con la convicción que resulte de la discusión y no por presiones, propaganda subliminal, amenazas, etc. Ello implica presuponer el valor de la autonomía moral en el sentido kantiano, o sea, el valor de que la gente obre sobre la base de principios libremente elegidos. Cuando aplicamos este principio tanto a pautas intersubjetivas de obrar –que valoran una acción por su efecto en los intereses de otros– como a ideales de virtud personal o de excelencia humana, inferimos el principio más restringido de autonomía personal, que valora la libre elección y materialización de ideales personales y planes de vida basados en ellos. Esto es así porque si bien la actuación sobre la base de principios intersubjetivos libremente elegidos puede restringirse cuando tiene efectos que impiden que los demás hagan lo propio, ello no puede ocurrir cuando se trata de una actuación basada en ideales personales, ya que ésta no puede tener tales efectos sobre terceros a menos que adopte también un pauta intersubjetiva que permita causar tales efectos. Este principio de autonomía personal determina qué bienes son el contenido de los derechos humanos: ellos son los necesarios para elegir y materializar ideales de excelencia humana. Este principio se opone al perfeccionismo que sostiene que la elección de ciertos ideales de vida puede ser interferida.

También creo que nuestro discurso moral presupone, como dicen Rawls y Nozick, que las personas morales sean separadas e independientes, y que por tanto, el mal que se le causa a alguna en términos de autonomía no pueda justificarse simplemente con el bien que se le causa a otra. Cuando advertimos además que la autonomía de alguien puede ser afectada no sólo por acciones sino también por omisiones, y que no hay fundamento para hacer una diferencia moral entre ellas, debemos derivar un principio que capte la idea subyacente al presupuesto de separabilidad que es la no supeditación de una persona moral a otra. Creo que el principio resultante es el principio que he llamado de *inviolabilidad de la persona* que prohíbe disminuir, por acción u omisión, la autonomía de una persona para dar a otra mayor autonomía. Este principio establece la función de los derechos de erigir barreras frente a políticas dirigidas a incrementar la autonomía agregativa a costa de una menor autonomía de ciertas personas en relación con la que tienen otras. Además, este principio se opone a posiciones holísticas, como el utilitarismo o variados colectivismos, que postulan la compensación interpersonal de intereses. Estas concepciones sólo son inteligibles si se presuponen entes morales supraindividuales, que, como vimos, es lo que hacen muchos violadores de derechos humanos. Pero ello implica asignar intereses a los entes colectivos, y ello es imposible cuando los intereses se conciben en función de la autonomía, que requiere elecciones subjetivas, que, a su vez, requieren una psique, que, por su parte, requiere un sistema nervioso central.

También creo que nuestro discurso moral presupone que las decisiones de las personas puedan tomarse en cuenta como fuente de obligaciones, compromisos y responsabilidades, ya que discutimos con otros desde el presupuesto de que su participación en la discusión conlleve el compromiso de actuar de acuerdo con el principio libremente elegido a resultas de la discusión. Ello conduce al principio que he llamado de *dignidad de la persona*, que establece que es permisible imponer responsabilidades y obligaciones a las personas teniendo en cuenta sus decisiones o consentimiento. Este principio permite el manejo dinámico de los derechos, ya que hace posible que renunciemos voluntariamente a cuotas de autonomía. El principio se opone a un determinismo normativo que pretende inferir ilegítimamente de un determinismo descriptivo –que afirma que las acciones y decisiones humanas están causadas– la tesis normativa de que, por ende, ellas no deben ser tomadas como antecedentes de obligaciones y responsabilidades. La extensión coherente de esta tesis para desconocer la responsabilidad penal, los contratos, el matrimonio, la representación política, conduce a un modelo ininteligible de sociedad.

Al lado de estas tesis ontológicas sobre la constitución de los derechos humanos, he defendido también una tesis epistémica sobre el conocimiento de cuestiones morales intersubjetivas como las que se refieren a los derechos humanos. Me parece que el consenso que se obtiene –cuando se obtiene como resultado de la práctica de la discusión moral, cuando en ella participan libremente los afectados por el conflicto en cuestión–, tiende a ser indicativo de la imparcialidad, y por tanto, de la corrección moral de la solución adoptada, ya que la unanimidad es un equivalente funcional, bajo ciertas condiciones, de esa imparcialidad. Yo creo que ese valor epistémico se extiende también –aunque en grado menor– a esa práctica regimentada de la discusión moral que es la democracia cuando se satisfacen ciertos requisitos. La democracia desaparece cuando por la necesidad de tomar una decisión en un momento dado, se remplaza el requisito de unanimidad por el de la mayoría, ya que la mayoría puede ser, y lo es con frecuencia, notoriamente parcial respecto de algunas minorías. Sin embargo, cuando los requisitos de participación libre e igual de los interesados, de exposición y justificación de los intereses, y de inexistencia de minorías marginadas e insulares son respetados en grado considerable, la democracia sigue teniendo más fuerza epistémica, relativa al grado de satisfacción de sus precondiciones, que cualquier otro procedimiento de decisión colectiva. La necesidad de preservar este método epistémico que es la democracia nos conduce al deber moral de observar sus resultados aun en los casos en que estemos seguros de que son erróneos, siempre que sus precondiciones se hayan respetado en un grado significativo.

Esta visión del valor epistémico de la discusión moral y de su sustituto institucionalizado que es la democracia deliberativa no implica negar que haya otros discursos entremezclados con el discurso sobre valores. Entre ellos están la negociación sobre la base de intereses autorreferentes y el intercambio emocional en el que damos rienda suelta a nuestras pasiones. Estos discursos no impiden tratar de entender cuál es la lógica y el valor del discurso racional sobre la justificación moral de acciones y políticas, valor que por otra parte, según he tratado de argumentar en otro lugar, puede incluso verse realzado en su entremezclamiento con el discurso negociador y con el intercambio emocional, siempre que los encauce.

Mi posición metaética difiere en aspectos sustanciales de la de prominentes filósofos contemporáneos como Rawls y Habermas[10]. Tiendo a interpretar que el Rawls de "Una teoría de la justicia" articula, a través de la posición originaria, la idea kantiana de que la validez de los principios morales intersubjetivos depende de la capacidad individual que tiene todo ser racional de razonar en materia práctica. Creo que los críticos de esta perspectiva, desde Hegel, tienen razón al establecer que ello da una plataforma insuficiente –aunque yo creo necesaria– para derivar principios sustantivos. Por eso pienso que a esa capacidad individual de razonamiento práctico hay que adicionarle la práctica social de la discusión, aunque, ello implique admitir una variabilidad que la primera no tiene. Por otra parte, Rawls, como Kant, parece ser un individualista en materia epistémica al no dar un lugar epistemológico relevante a la deliberación colectiva y al asumir que la reflexión individual –mediante métodos como el equilibrio reflexivo– es una guía confiable de conocimiento moral.

Habermas salva estas deficiencias, pero a mi juicio incurre en ciertos excesos que me hacen vacilar antes de seguirlo. En primer lugar no se limita a analizar la estructura y funciones del discurso moral sino del discurso en general, incluyen-

---

10   Véase Carlos Santiago Nino, *El constructivismo ético*, op. cit.

do el científico, lo que lo compromete con posiciones generales sobre la verdad y el conocimiento, que son sumamente controvertibles. Creo que cuanto más se amplía el discurso que se toma en consideración, menos ricas son las conclusiones que pueden inferirse sobre su estructura y funciones. En segundo lugar, Habermas no es claro en la distinción acerca de cómo opera el discurso en los niveles ontológico y epistemológico; a veces parece sugerir que es el consenso mismo al que se llega por la discusión el que, cuando se dan las condiciones ideales, constituye los principios válidos, lo que no parece explicar cuál es la base de la pretensión de validez que cada participante hace en la discusión. Me parece, en cambio, que la validez de los principios morales debe asociarse con los presupuestos y no con los resultados de la discusión. Por otra parte, aun cuando se interprete que el consenso tiene en Habermas sólo relevancia epistémica, él podría definirse como un colectivista en materia epistemológica moral, ya que no parece admitir que cada individuo aislado tenga alguna posibilidad de conocimiento moral, así sea menor que el que resulta de la interacción comunicativa, que es lo que explica su aporte a la discusión.

De cualquier modo, una posición como la que defiendo no parece estar exenta totalmente de los riesgos del relativismo; he admitido que ella puede implicar un relativismo conceptual. ¿Qué puede decir entonces quien adopta una posición como la mía frente a los militares argentinos que hacían desaparecer gente porque creían que era necesario para defender el ser nacional, o frente a los terroristas argentinos que mataban policías porque así lo exigían los intereses del proletariado, o frente al señor Liu de China, quien cree que encarcelar estudiantes es necesario para el desarrollo? La diferencia entre el relativismo moral sustantivo y un posible relativismo conceptual es que el primero no clausura la discusión apenas aparecen diferencias morales importantes. La discusión democrática puede y debe seguir, y uno de los cursos que puede tomar es tratar de mostrar contradicciones entre lo que se defiende y lo que se presupone explícita o implícitamente en la discusión. Para filósofos como los comunitarios, una pregunta interesante sería: si las prácticas y tradiciones de una sociedad son tan relevantes para determinar principios morales sustantivos, ¿cómo es que son tan despreciativos de la práctica discursiva de la modernidad? Frente a alguien como el señor Liu las cosas son más fáciles; en los mismos párrafos del discurso que cité, él habla de exigencias universales de las naciones civilizadas, de lo que las naciones civilizadas deben hacer, de la necesidad de que cualquier hombre ceda sus intereses frente a la colectividad. Es de imaginar que no está haciendo un simple relato antropológico de la cultura china, sino que pretende apelar a aspectos que sus interlocutores puedan aceptar.

El límite de la discusión moral frente a la posibilidad de sistemas de conceptos diferentes es la ininteligibilidad. Teóricamente puede haber un punto en donde no entendamos a nuestros interlocutores porque emplean conceptos básicos diferentes a los nuestros, y nosotros no podemos salirnos de nuestros conceptos para analizarlos desde afuera. En ese punto virtual es cierto que estamos atrapados en nuestros conceptos, y como ellos incluyen la idea de universalidad, no tenemos más remedio que usarlos para juzgar a los otros y actuar en consecuencia.

Pero no sabemos dónde estará ese límite virtual de la discusión si no ejercemos la discusión democrática misma. A veces ésta logra romper la lógica de la guerra y contener algunas violaciones de los derechos humanos antes de llegar a ese límite virtual. El caso más notorio del mundo contemporáneo en que ello ha ocurrido es la guerra de Vietnam, en la que la discusión moral del frente interno –aunque en algunos casos entremezclada con discursos autointeresados– fue al menos tan importante para detener la masacre que el ejército norteamericano estaba llevando a cabo en la población local, como la resistencia a Vietcong (al fin y al cabo Estados Unidos podía haber usado armas todavía más contundentes si no fuera por la oposición moral). Lo mismo está ocurriendo en el caso de Sudáfrica.

Frente al elitismo epistémico de los combatientes en una guerra, los amantes de la paz y de los derechos humanos no tenemos más remedio que contraponer el discurso moral democrático. Por eso es que creo que el pueblo colombiano está siguiendo un camino auspicioso cuando, en medio de una situación de guerra, ha desarrollado un gran debate participativo centrado en los derechos humanos que condujo a la sanción de la Constitución de 1991 y a su activo ejercicio actual a través de acciones como la de tutela y la promoción del control constitucional.

EL CONCEPTO DE PERSONA MORAL*

El propósito de este trabajo es realizar alguna contribución a la elucidación del concepto de persona moral, que es la portadora de los derechos morales básicos. Deseo explorar la conexión entre este concepto y la clase de los seres humanos. La postura que voy a defender tiene implicancias relevantes, que recién mencionaré hacia el final de este artículo, en relación con temas tan trascendentes como: la moralidad del aborto y la eutanasia, los derechos de los animales y las entidades colectivas, y el status moral de las generaciones futuras.

1.

Creo que la mayoría de la gente acepta la idea de que existe una íntima relación entre el hecho ser un individuo humano y la propiedad de ser acreedor a los derechos básicos que son inherentes a la personalidad moral.

Esta convicción se encuentra tan ampliamente difundida que los derechos morales fundamentales son denominados universalmente "derechos *humanos*" y frecuentemente son caracterizados como aquellos derechos que gozan todos los hombres y nada más que los hombres.

Si esto implica que el solo hecho de ser un hombre es una condición necesaria y suficiente para gozar de estos derechos, se nos presentan algunas dificultades. Primero, existen algunas condiciones de carácter negativo (como no haber cometido un crimen) que son requeridas para gozar de ciertos derechos de carácter general. Segundo, hay otras condiciones que son requeridas para gozar de ciertos derechos específicos, por ejemplo: el hecho de estar enfermo en relación al derecho de recibir atención médica adecuada. Sin embargo, la primera dificultad puede ser superada si distinguimos, siguiendo a Joseph Raz[1], una serie de condiciones (llamémoslas "perspicuas"[2]) que son relevantes como fundamento de las

---

* [N. del E.] Originalmente publicado como "The Concept of Moral Person", en Crítica, Vol XIX Nº 56 (1987). México. Traducción por Victoria Ricciardi, con la colaboración de Gustavo Maurino.
[1] Véase "Principles of Equality", *Mind*, vol. LXXXVII, Nº 347, julio, 1978, p. 322.
[2] "*Perspicuous*" en el original (Nota de la Traductora).

soluciones normativas, y así sostenemos que la única condición perspicua para poder ser titular de derechos morales fundamentales es el hecho de ser un humano. En cuanto a la segunda dificultad, ésta pueda ser superada alegando que un derecho de carácter específico, como el de recibir atención médica adecuada, es simplemente instrumental respecto de un derecho de carácter básico como el derecho a la salud que es, sin dudas, gozado por todos los hombres.

La afirmación de que la única condición para ser portador de derechos morales fundamentales sea el hecho de ser humano parece plausible, ya que satisface una aspiración igualitaria profundamente arraigada: esto es así debido a que la propiedad de ser "humano" es una del tipo "todo o nada", distinta a otras condiciones, como puede ser la de ser alto, rico o inteligente, que, como es obvio, son de índole gradual.

Una importante consecuencia se sigue de esto: así como la característica formal de la superviniencia de los principios morales establece que no es posible establecer soluciones normativas distintas entre casos, a menos que existan diferencias en propiedades fácticas relevantes, los principios morales no pueden establecer diferencias de grados para una solución normativa (por ejemplo el derecho a recibir una cantidad mayor o menor de determinado bien) si no difiere el grado en el que la propiedad relevante está dada. En consecuencia, si la única propiedad relevante para gozar de algunos derechos es el hecho de ser humano, y esa condición no admite consideraciones de grado, significa entonces que no pueden existir diferencias de grado en la extensión en que esos derechos son reconocidos; esto es, todos los hombres deben tenerlos en el mismo grado.

Este análisis tiene la ventaja de permitirnos asignarle un sentido adecuado a la frase "todos los hombres son iguales".

Si esta proposición es interpretada[3] en forma *descriptiva*, es falsa. Desde que, como es obvio, los hombres difieren en muchos de sus rasgos. Si, por otro lado, es interpretada *normativamente* la proposición no es plausible a menos que sea sometida a diversas calificaciones, ya que hasta el igualitarista más convencido admite que no todos los hombres deben ser tratados de igual manera (no debemos tratar a una persona discapacitada en la misma forma que a una sana). Ahora bien, la frase tiene sentido y parece aceptable si la interpretamos, como si fuese una proposición analítica, es decir, una proposición donde se entiende que el predicado "hombre" tiene carácter de "todo o nada", y, en consecuencia, que todos los *hombres son igualmente hombres*. De ninguna manera esto es una trivialidad, ya que esto mismo no es verdad de otros predicados: no todas las personas inteligentes son igualmente inteligentes y no todas las personas gordas son igualmente gordas.

---

[3] Véase un análisis de este punto en Benn y Meter, *Social Principles and the Democratic States*, London, 11th. edition.

Ahora, toda esta construcción está basada en una suposición que debemos poner bajo cuestionamiento: ¿es cierto que el predicado "hombre" no es de carácter gradual?

Para comenzar, no parece plausible suponer que el predicado "hombre" refiere a una propiedad primitiva o imposible de analizar, como puede llegar a ser aquélla a la que hace referencia el predicado "rojo". En consecuencia, que el significado del predicado "hombre" sea del tipo "todo-o-nada" o de carácter gradual dependerá de las propiedades más primitivas en términos de las cuales es caracterizado.

Cuando queremos analizar el predicado "hombre" nos enfrentamos con la siguiente alternativa: o bien lo caracterizamos en relación con ciertas propiedades biológicas, o nos apoyamos en ciertas características tales como la racionalidad, inteligencia, capacidad para decidir o elegir valores, etc.

Si adoptamos el primer término de la alternativa, el carácter no gradual del predicado "hombre" parece garantizado: el pertenecer a la especie "homo-sapiens" no admite grados. Supongo que no es fácil llegar a un acuerdo respecto de las características que determinan que uno sea parte de la especie, sin embargo, si, por ejemplo, tomamos como característica distintiva el número de cromosomas del núcleo de la célula, tenemos un criterio que, excepto por algunos casos excepcionales, no presenta zonas grises.

Para una serie de propósitos teóricos y prácticos necesitamos usar un concepto de hombre definido en términos biológicos y que, en consecuencia, presente este carácter de "todo-o-nada". Pero debemos peguntarnos si tal concepto puede también ser relevante a los propósitos de adscribir consecuencias normativas tan importantes como el ser acreedor a los derechos morales fundamentales. La respuesta difícilmente sea positiva, desde que es difícil ver cómo un hecho puramente biológico –como puede ser el de tener células con 46 cromosomas en su núcleo– deba ser moralmente relevante. La conclusión opuesta parece ser similar a posiciones racistas que reconocen ciertos derechos de acuerdo a la pertenencia a alguna raza humana. Sobre la base de esta analogía, muchos defensores de los derechos de los animales sostuvieron que limitar el reconocimiento de ciertos derechos a una clase, que es definida en término biológicos, implica incurrir en un "especismo" que es tan repugnante y carente de fundamentos como el racismo.

El otro término de la alternativa –analizar el predicado "hombre" en relación a propiedades tales como la racionalidad o capacidad de decisión– parece libre de la dificultad anterior, desde que estos rasgos son a primera vista relevantes para adscribir derechos fundamentales, como ser, por ejemplo, el de la libertad de expresión o religión. Sin embargo, esta opción tiene otra consecuencia poco deseable: las propiedades en cuestión no son del tipo "todo-o-nada", sino de índole gradual; esto significa que si el predicado "hombre" fuese definido a partir de ellas, adquiría también índole gradual. La implicancia inmediata, de acuerdo a lo que vimos, sería que la frase "todos los hombres son iguales" es falsa, aun a la luz de la interpretación analítica, y ello, por aplicación del principio de superviniencia anteriormente mencionado; los hombres serían titulares de los derechos en diferente extensión, de acuerdo con su grado de racionalidad, inteligencia, capacidad de elección de valores, etc. Esta mirada elitista es incluso más estremecedora que la "especista" que consideramos anteriormente.

Frente a este dilema desagradable lo que debemos hacer es identificar y rechazar una presuposición que nos conduce a él: la presuposición de que el concepto de persona moral debe denotar a una clase de individuos (tal como la clase de los hombres) que se distinguen por ciertas propiedades fácticas que están mencionadas en principios morales como condiciones para ser acreedor a ciertos derechos.

Creo que debemos tomar en cuenta, como dice Bruce Ackerman[4], que la ciudadanía moral no es cuestión de la teoría biológica (ni de ningún tipo de teoría descriptiva) sino de teoría política, o sea de teoría moral en sentido amplio. Esto significa que necesitamos producir un cambio radical de estrategia filosófica: tenemos que determinar primero cuáles son los principios morales de los que los derechos básicos derivan, y sólo después podemos definir a las personas morales como la clase de todos aquellos individuos (o entidades) que poseen las propiedades que son fácticamente necesarias para gozar o ejercer tales derechos. Esto quiere decir que los principios fundamentales de los que derivan los derechos humanos son categóricos, en el sentido de que ellos no condicionan el *título* a tales derechos a la posesión de una u otra característica. Estos principios son *erga omnes*, es decir se aplican a todos y a todo. Es simplemente una cuestión de hecho que sólo ciertos individuos o entidades pueden gozar o ejercitar en cierto grado los derechos generados por estos principios. Esto presupone, naturalmente, la distinción entre ser titular de un derecho y estar capacitado para ejercerlo: mi derecho de expresarme libremente incluye mi derecho de hacerlo en chino, y éste es entonces un derecho que tengo que no puedo ejercer. La idea es que la personalidad moral es un concepto relacionado no con el hecho de ser titular de derechos morales fundamentales sino con el hecho de poseer las condiciones para ejercerlos o gozar de ellos.

Si esto es así, la relación entre la clase de personas morales y la clase de los hombres es contingente y no hay garantía a priori de que todas las personas morales sean hombres, de que todos los hombres sean personas morales y de que todos los hombres tengan el mismo grado de personalidad moral. Estas conclusiones no parecen ahora objetables (como lo eran cuando se referían a la titularidad de los derechos) ya que no están basadas en una limitación arbitraria del alcan-

---

[4] Véase *Social Justice and the Liberal State*, New Haven, 1980, p. 78

ce de nuestros principios morales, sino en hecho claros que determinan la posibilidad o imposibilidad de ejercer los derechos que derivan de aquéllos.

Esta visión heterodoxa de la personalidad moral tiene implicancias éticas relevantes. Para examinarlas –aun rápidamente como lo haré en la última sección– es necesario establecer brevemente los principios de los cuales, en mi opinión, derivan los derechos fundamentales. Este es el objeto de la próxima sección.

2.

En otro lugar[5] he defendido tres principios básicos de los cuáles derivan los derechos morales fundamentales (como veremos, creo ahora necesario agregar un cuarto). He intentado fundamentar esta defensa en la conexión entre cada uno de estos principios y las características procedimentales y funcionales de la práctica social del *discurso moral*, que constituye el contexto en el cuál los principios, como estos tres (o cuatro), deben necesariamente ser justificados.

El primero de estos principios es el que he denominado *"principio de inviolabilidad de la persona"*. Este principio prohibe imponer sacrificios a un individuo sólo en razón de que ello beneficia a otros individuos o a alguna supuesta entidad colectiva. Hacer esto implicaría, como dijo Kant, usar a un individuo como un medio para fines que no son suyos (aunque hay casos en que se acepta que se use a alguien sólo como un medio para nuestros fines pero no infringimos el principio de inviolabilidad de la persona desde que no frustramos sus propios intereses).

Lo que este principio *prima facie* prohibe son las compensaciones interpersonales de beneficios y daños, privilegios y cargas, bienes y privaciones.

El apoyo a este principio de inviolabilidad de la persona viene dado a través de una reconstrucción del punto de vista inherente en el discurso moral que tiene en cuenta el hecho básico de la separabilidad o independencia de la personas –tal como Rawls, Nozick y Nagel han sostenido[6]. Se trata de una reconstrucción que contempla el interés de cada una de las personas involucradas de forma separada y no las trata (como lo hace el utilitarismo) como si fueran los intereses de un solo individuo, y por lo tanto, como si la pregunta de quiénes ven sus intereses frustrados y quiénes satisfechos fuese irrelevante una vez garantizado que el resultado neto al comparar la magnitud de los intereses satisfechos sea positivo. Este principio descalifica concepciones *holísticas* de la sociedad que no asignan valor intrínseco a la distribución de los beneficios y daños entre sus miembros, de la misma forma que no nos importa, por ejemplo, la distribución de placeres y sufrimientos entre las distintas partes de nuestro cuerpo.

---

[5] Véase mayormente mi libro *Ética y derechos humanos*, Buenos Aires, 1984.
[6] Véase John Rawls, *A Theory of Justice*, Oxford, 1971, pp. 26 y 27.

Una vez que nos damos cuenta de que las personas son sacrificadas o usadas como meros medios no sólo a través de acciones positivas sino también a través de omisiones (algo que autores como Nozick dejan de lado)[7], parecería que nos enfrentamos permanentemente con una situación donde sea lo que fuera que hagamos u omitamos estamos sacrificando alguien en beneficio de otro. Esto nos obliga a buscar una interpretación del principio de inviolabilidad de la persona que lo rescate de la futilidad. La interpretación sugerida es una de carácter igualitaria: nadie puede ser sacrificado o privado de un bien sin su consentimiento por el solo hecho de poner a otra persona en una mejor posición (en términos que serán aclarados más adelante) que la de él (con esta interpretación una persona no es usada como un mero medio cuando le es negado un bien o beneficio –incluyendo el ser libre de una cierta carga o sacrificio– que, si fuese gozado por ésta, pondría a otra persona en una posición menos favorable que la de ella). De esto podemos derivar un deber positivo de incrementar la autonomía de aquellos que son menos autónomos.

Este principio sirve para establecer la *función* de los derechos "atrincherar" algunos bienes o intereses de los individuos en contra de consideraciones relativas Al bienestar de otros individuos o el logro ciertas metas colectivas.

Sin embargo, aunque este principio se refiera a algunos bienes o intereses de los individuos que no deben ser sacrificados, nada nos dice respecto de cuáles son esos bienes o intereses. Esta es la tarea de otros principios.

Uno de estos principios es *el principio de autonomía de la persona*, que establece que la libre elección y materialización de los planes de vida o ideales de excelencia personal es algo valioso, y por ello, debería ser promovido, y ni el Estado ni los individuos deben interferir en ella.

Este principio deriva, creo yo, del hecho de que el discurso moral apunta a la obtención de *consenso*, es decir, la libre elección de (los mismos) principios para la justificación nuestras acciones y actitudes (ésta es la característica del discurso moral a la que Kant llamaba "la autonomía de la moral", que hace referencia a la idea que los principios morales deben ser aceptados en forma voluntaria y consciente, y no a través de la coerción, persuasión irracional, etc.) Si el logro de consenso es el fin inmediato del discurso moral, la participación genuina y honesta en él implica la aceptación de una norma básica: aquélla que estable que la autonomía moral de las personas –que está dada por la libre aceptación de principios para guiar la conducta– es algo valioso. Pero debemos distinguir entre dos clases de principios morales: aquellos de *moral pública o interpersonal,* que prohiben ciertas acciones por sus efectos sobre terceros, y aquellos de moral privada o personal que determinan planes de vida y definen ideales

---

[7] Véase un análisis más detallado en el libro citado en la nota anterior, pp. 194 y sig.

de excelencia personal y que prohiben ciertas acciones no por sus efectos sobre terceros, sino sobre el bienestar, carácter moral, integridad, etc. del propio agente de esas acciones.

A pesar de que la norma básica del discurso moral implica que la libre elección de los principios de la moral interpersonal es prima facie valiosa, también provee una razón para imponerlos en ciertos casos, siendo ésta la siguiente: si algunos de estos principios –como el que prohibe matar a otro– no fuesen aceptados, la autonomía de otras personas para elegir los principios morales se vería afectada de forma negativa. Por otro lado, en el caso de elección de estándares de moral privada o personal, su valor prima facie no se ve contrarrestado por una razón que se relacione con la preservación de la autonomía de otras personas (siendo que no tienen en cuenta los efectos de las acciones sobre terceros). Además, la imposición de esta clase de estándares es generalmente auto-frustrante, desde que la satisfacción de la mayoría de ellos requiere una convicción espontánea. Pienso que estas consideraciones nos llevan a apoyar el principio de autonomía personal: el que establece el valor de la libre elección y materialización de los estándares de moral personal y de los planes de vida que son determinados por ellos.

Del valor de la autonomía personal podemos derivar el valor de algunos bienes que son necesarios para la elección y materialización de la mayoría de los ideales de virtud personal y planes de vida: como ser una vida consciente, integridad física, libertad de expresión, libertad de movimientos, libertad de asociación, libertad de trabajar y ejercer toda industria, la posesión y control de algunos recursos materiales, etc. Estos bienes, a los que se le confiere valor por el principio de la autonomía, determinan el contenido básico de los derechos morales, cuya función de atrincherar la posesión de estos bienes por parte de los individuos, deriva, como vimos, del principio de inviolabilidad de la persona.

Este principio de autonomía personal descalifica las concepciones perfeccionistas de la sociedad, que implican que los ideales de bienestar personal puedan ser impuestos por el Estado o otros individuos, aun por la fuerza. Estas concepciones asumen un punto de vista objetivo de los intereses y bienes que son el contenido de los derechos: a diferencia de la visón subjetiva implícita en el principio de autonomía, el primero establece que lo que sea en interés de un individuo no depende de sus inclinaciones o preferencias psicológicas. Desde luego, es necesario distinguir el perfeccionismo del paternalismo, es decir, la política de inducir o hasta forzar a los individuos a satisfacer sus propias preferencias *subjetivas*.

Tal vez el valor de la autonomía implica el valor del placer y el disvalor del dolor, pero tal vez no. En este último caso, el estar libre de dolor y tener sensaciones placenteras sería, como lo utilitaristas han enfatizado, bienes que no están subordinados al valor de la autonomía. Aun cuando la capacidad de un individuo de elegir y materializar su plan de vida no se viese perjudicada substancialmente por un cierto dolor o sufrimiento, éste puede constituir un mal para aquél, tanto como una sensación placentera significaría un bien, aun cuando puede no aumentar aquella capacidad. Por esta razón pienso que debemos ahora reconocer otro principio que defina los bienes que son contenido de los derechos, además del principio de la autonomía de la persona: "el principio hedonista", que asigna valor al placer y disvalor al dolor.

Pero hay algo más todavía. También he defendido lo que he denominado el *"principio de la dignidad de la persona"*, que prescribe tomar en cuenta el deseo y consentimiento de los individuos para poder adscribirles consecuencias normativas como son las obligaciones, privaciones de derechos, responsabilidades, etc. Este principio rechaza una variedad normativa del determinismo que consiste en derivar, falazmente, de la hipótesis descriptiva que dice que la volición de las personas está causalmente condicionada por diferentes factores, la conclusión normativa, que dice que consecuentemente, esta volición no debería ser tomada en cuenta como antecedente de consecuencias normativas y debería ser tratada de la misma forma que las circunstancias involuntarias tales como las enfermedades o el color de la piel. Es obvio que esta proposición normativa no puede ser inferida desde hipótesis descriptivas deterministas solamente (sin violar el principio de Hume) y está lejos de ser verdad que pueda ser justificada de alguna otra forma, desde que su extensión coherente hacia campos tales como los crímenes, contratos, matrimonios, representación política, etc. nos llevaría a un ininteligible (y por ello, indefendible) modelo de sociedad. Además, el opuesto al principio del determinismo normativo, es decir, el principio de la dignidad de la persona, parece ser un presupuesto del discurso moral, desde que: la genuina participación en él implica tomarse en serio la decisión de las personas de adoptar principios para guiar su conducta y comprometerse a actuar de acuerdo con esos principios.

Del principio de la dignidad de la persona, que emerge del rechazo del determinismo normativo, deriva la posibilidad de una *operación dinámica* con los derechos desde que nos permite ceder y transferir voluntariamente derechos básicos. Gracias a este principio, es posible aceptar una restricción consentida o auto-limitación de la autonomía de la persona. Si el principio de autonomía personal operase solo, sería posible constreñir a las personas a ser autónomas, sin tener en cuenta su deseo de ceder parte de esa autonomía. Por lo tanto éste es el principio que justifica instituciones tan importantes como la del contrato y, como argumenté en otro lugar[8], el castigo (cuya distribución esta fundamentada en el consentimiento de los que lo reciben).

Estos cuatro principios constituyen un sistema normativo del que deriva una amplia gama de derechos humanos. El principio de autonomía personal y el princi-

---

8 Véase mi libro *Los límites de la responsabilidad penal*, Buenos Aires, 1980, cap. III

pio hedonista establecen el valor agregativo de ciertos bienes que forman parte del contenido de los derechos básicos. Pero están limitados por el principio de inviolabilidad de la persona que prohibe privar a alguien de un bien de forma tal de situarlo en una posición menos favorable (en términos de la autonomía de placer) que la de otros; de esto se sigue un serie de deberes negativos y positivos dirigidos a no deteriorar y, en la medida de lo posible, a mejorar la situación de aquellos miembros de la sociedad menos favorecidos. Este principio está limitado a su vez por el principio de la dignidad de la persona, que permite otras clases de distribuciones (es decir, no igualitarias) cuando son consentidas por quienes son perjudicados por ellas.

3.
Estos cuatro principios correspondientes a una concepción liberal de la sociedad no condicionan sus consecuencias normativas a la posesión de ciertas propiedades fácticas. Ellos son categóricos y se aplican a todos y a todo. Sin embargo, por supuesto, para disfrutar de los beneficios que resultan de ellos una entidad debe tener algunas capacidades. Esto es una mera cuestión de hecho: no es algo que emerja de la circunstancia de que los principios morales básicos conecten esas capacidades con algunos derechos; esto implicaría un "salto" de los hechos a valores o normas que requeriría ser fundamentado en otros principios morales.

Cada uno de estos principios beneficia sólo a aquellas entidades que tienen una capacidad distintiva. El principio de la autonomía de la persona sólo puede ser gozado por aquellos individuos que pueden elegir y materializar principios morales generales e ideales de bondad personal y llevar acabo planes de vida que sean referencia específica de ese principio. Sólo para aquellos que tengan esa capacidad es que el estado de cosas que es el contenido de los derechos básicos son *bienes* genuinos. No es que, por ejemplo, una piedra no tenga el derecho a la libertad de movimiento; este derecho es insignificante para la piedra desde que carece de la capacidad de decidir un plan de vida para el cuál la libertad de movimiento constituye un prerrequisito.

El principio hedonista beneficia sólo a aquellos individuos que pueden sentir dolor y placer. Es un dato empírico que la capacidad requiere la posesión de un sistema nervioso, y su extensión depende de la complejidad del sistema.

El principio de inviolabilidad de la persona solamente es relevante para aquellos que son conscientes de que son independientes y centros de interés irreemplazables. Si alguien no tiene esta clase de conciencia sino que se piensa a sí mismo como un componente de una entidad unitaria mayor, sería insignificante para él contemplar su interés de forma separada, cono sería absurdo contemplar separadamente el "interés", digamos, de nuestra cabeza por oposición al de nuestro brazo (para decidir, por ejemplo, si lastimamos a este último por medio de una inyección para salvar a la primera de algún dolor).

El principio de la dignidad de la persona se aplica sólo a aquellos que son capaces de tomar decisiones y consentir las consecuencias de sus actos. Esta capacidad no es excluida cada vez que esa voluntad es condicionada por algún factor (en ese caso estaríamos cayendo en el determinismo normativo y su ininteligible modelo de sociedad), sino que sólo cuando es afectada por factores que son distribuidos en forma desigual en la sociedad o que afectan solamente a un grupo (como los menores) es conveniente eximir de responsabilidad (desde luego, las cosas serían distintas si todos los miembros de la sociedad fuesen niños).

Cada una de estas capacidades admite grados: por ejemplo, la capacidad de elegir planes de vida puede tener una mayor o menor extensión. Por otro lado, es obvio que un individuo o entidad puede tener una de esas capacidades pero no otras. Esto implica que hay dos dimensiones en que el grado de personalidad moral puede variar. Una persona moral completa es alguien que tiene las cuatro capacidades mencionadas anteriormente en su alcance máximo. Esto es, desde luego, una condición ideal; en realidad, encontramos individuos o entidades que están más cerca de esta condición ideal de acuerdo con las capacidades que posean y dependiendo del grado en que las posean. Esto afecta, como es obvio, el tratamiento moral de estos individuos o entidades: piense, por ejemplo, en el caso de algunos animales inferiores y supongamos que la única capacidad que poseen, de todas las mencionadas anteriormente, es la capacidad de tener sensaciones placenteras o dolorosas, pero carecen de la capacidad de elegir su plan de vida, de ser conscientes de sí mismos como centros independientes de intereses y de consentir las consecuencias normativas de sus actos. En este caso, sería moralmente incorrecto causar sensaciones dolorosas a estas criaturas o impedirles el goce de sensaciones placenteras, pero sería posible compensar el grado de placer de algunos con el menor dolor de otros, ellos no serían acreedores de aquellos bienes que son medios para la elección y materialización de los planes de vida, y sus actos no serían considerados como antecedentes de consecuencias normativas de forma tal que impliquen el consentimiento a tales consecuencias. Hay posibles situaciones intermedias de animales superiores no-humanos que tienen la capacidad de tener sensaciones de placer o de dolor y aquélla de ser conscientes de su independencia respecto a otros centros de intereses; en ese caso, las compensaciones mencionadas anteriormente no son aceptables, a pesar de que el tratamiento es similar en los otros aspectos.

He estado hablando de "capacidades" como las condiciones que permiten a los individuos o entidades gozar de los beneficios de los cuatros principios liberales. Pero esto parece incorrecto desde que sólo una capacidad actualizada permite ese goce; se puede decir, entonces, que lo que se requiere para gozar de los derechos es el ejercicio actual de las capacidades. Esto es cierto, pero, sin embargo, debemos volver a la noción de capacidad: esto es así porque la idea de derechos es importante para planear los cursos de acción, y para ese planeamiento necesitamos saber quién puede gozar de los beneficios resultantes de los principios morales, y esto compromete a los individuos que no pueden gozar ahora de estos beneficios pero que van a poder gozarlos al momento del resultado de la acción si algunas condiciones impedientes desaparecieran en ese momento, por ahí como resultado mismo de la acción.

Una vez que nos enfocamos en el concepto de capacidad el principal problema es identificar una serie de circunstancias o hechos que (i) evitan la actualización de la capacidad y (ii) son compatibles con la adscripción de ésta al agente. Alguien puede decir que el único hecho relevante que satisface esos requerimientos es la voluntad de la persona, y por ello sólo se puede admitir como personas morales a aquellos individuos que tienen capacidades no actualizadas sólo porque no quieren ejercerlas. Pero si el único hecho admisible fuese la voluntad del individuo, no sólo habría muchos casos en que la condición no sería aplicable por el tipo de entidad bajo consideración o por el tipo de habilidad de la que estaríamos hablando (como la de ser consciente), de forma tal que en esos casos la capacidad no realizada no sería posible, sino que a su vez llegaríamos a conclusiones absurdas: como ser, la conclusión de que un individuo carece de capacidades distintivas cuando duerme.

Otros, en vista de las consideraciones anteriores, podrían argumentar que cualquier hecho puede ser tomado como impedimento para ejercer una capacidad que sea compatible. Pero esto nos llevaría a otras conclusiones ridículas, como ser, que una piedra es una persona moral, desde que tiene las relevantes capacidades pero que no están actualizadas simplemente por carecer de un sistema nervioso desarrollado.

Dado que en este contexto recurrimos, como he dicho, al concepto de capacidad para planear acciones cuyos efectos futuros van a satisfacer nuestros principios morales básicos, pienso que las circunstancias que debemos considerar como impedientes la actualización de una capacidad que adscribimos a un individuo, deben ser aquellas que puedan ser superadas por el curso normal de los hechos o por medios técnicos disponibles. Sólo podemos preocuparnos por aquellas entidades que probablemente gozarán en el futuro de un bien que podríamos proveerles ahora, ya sea porque adquirirán naturalmente las condiciones para su disfrute o porque las adquirirán si hacemos algo que está a nuestro alcance.

¿Es la mismísima *existencia* de la entidad una de esas circunstancias que impide la actualización de una capacidad que adscribimos a un individuo? A veces los cursos naturales de las acciones terminan en la existencia de entidades y en muchos casos (como la de los seres humanos) es técnicamente posible contribuir para ello. Sin embargo, hay una razón obvia para negar que la existencia de una entidad sea una de las circunstancias que previenen la actualización de una cierta capacidad: la de no satisface el requisito (ii) mencionado anteriormente desde que un entidad que no existe no puede ser capaz de nada (no es que solamente tiene una capacidad no realizada). En consecuencia, las entidades que no existen no son personas morales.

Para adscribir personalidad moral no es sólo relevante la cuestión de la *existencia* de la respectiva entidad sino también la cuestión de su identidad en el tiempo y el espacio. Desde que el principio de inviolabilidad de la persona prohibe privar a una persona de determinado bien para poner a otra persona en una posición más favorable que la de esa persona, es altamente relevante determinar si el objeto de la privación o beneficio se hace a las mismas o a diferentes personas.

Como es bien sabido, hay diferentes concepciones de identidad personal. Dereck Parfit[9] distingue dos concepciones, apelando al criterio anteriormente usado en relación al concepto de hombre. De acuerdo a este autor, hay una visión "simple" de identidad personal que la hace depender de un hecho primitivo y le confiere carácter de "todo-o-nada", y hay también una visión "compleja" para la cuál depende de una pluralidad de hechos (una concatenación de procesos biológicos y psicológicos) que pueden darse en distintos grados; esta última visión nos permite decir que la identidad personal puede disminuir y hasta desvanecerse aun en la misma vida biológica, siempre que la concatenación de memorias, actitudes, evaluaciones, etc., se vuelva progresivamente más débil.

Esto tiene profundas implicaciones éticas, aunque no comparto todas las conclusiones de Parfit[10]. La posible adopción de la visión compleja de la identidad personal implicaría que uno no puede ser obligado a asumir consecuencias que van a ser puestas en vigor en el futuro, desde que esto implicaría limitar a otra persona. De esta conclusión es posible inferir una justificación para la institución de la prescripción. Del mismo modo, podríamos impedir, sin incurrir en una posición perfeccionista, que una persona se cause lo que aparentemente es un daño a sí misma, cuando el daño es lo suficientemente diferido en el tiempo, ya que su víctima puede ser de hecho (por lo menos parcialmente) otra persona. El problema de si la autonomía de una persona puede ser limitada cuando se afecta adversamente lo que parece ser su autonomía futura, es similar, como dije en otra oportunidad, a la paradoja de la soberanía del Parlamento que ha sido analizada por autores como Hart[11]:si es aceptado que entre los soberanos poderes del Parlamento existe la facultad de constreñir su propia soberanía para el futuro, enton-

---

[9] Véase *Reasons and Persons*, Oxford, 1985.
[10] Véase *Ética y derechos humanos*.
[11] Véase *The Concept of Law*.

ces el Parlamento deja de ser soberano. Por otro lado, negar esta facultad al Parlamento parece contradecirse con la atribución de la completa soberanía. Pero en ambos casos, el de la soberanía del Parlamento y el de la autonomía personal, el problema es visto desde una óptica distinta si adoptamos una visión compleja de la identidad de la institución o de la persona en cuestión y aceptamos que puede haber una carencia o atenuación de la identidad entre el individuo o entidad que decide limitar su autonomía o soberanía y el individuo o entidad que sufre tal limitación. Si vemos estos casos desde la perspectiva de la visión compleja de la identidad, desaparece la supuesta paradoja lógica acerca de si la autonomía o la soberanía incluye o no la facultad de la autodestrucción, y es remplazada por el problema normativo corriente de la distribución de poder entre distintas personas o instituciones.

4.
Estas consideraciones generales respecto de un concepto revisado de persona moral tiene profundas implicaciones en cuestiones relacionadas con los derechos de distintas clases de individuos o entidades. Aunque una completa articulación de estas implicancias requeriría un tratamiento mayor y más profundo, démosle, en esta última sección, una mirada rápida y tentativa a esas implicancias, como suerte de prólogo a tal tratamiento.

(i) Animales no-humanos. Ya vimos que el tratamiento a animales no-humanos puede variar de acuerdo a las capacidades que ellos posean. Desde luego, muchas especies de animales tiene la capacidad de sentir placer o dolor, aunque la extensión de esta capacidad pueda variar enormemente. Por otro lado, es extremadamente dudoso que alguna especie de animal no-humano tenga la capacidad de decidir planes de vida (aun del más corto alcance) y es casi una certeza que ninguno tiene la capacidad de consentir y tomar decisiones. Es crucial para determinar si algún animal no-humano tiene la capacidad de verse a sí mismo como centros de intereses separados (no sé si esto es verdadero o no de alguna especie de animal no-humano).

Si estamos frente a animales que no son capaces de ser concientes de su propia identidad, el principio de inviolabilidad de la persona no es, como dije, aplicable, y en consecuencia, podemos admitir compensaciones interpersonales de beneficios y sacrificios. Esto significa que podemos imponerle a un animal un sufrimiento o sacrificio para producir a otro animal de la misma o diferente especie un mayor placer o beneficio. La probabilidad de que los candidatos a ser beneficiados con el sacrificio de estos animales sean hombres nos enfrenta con el difícil problema de comparar grados de placer y dolor con grados de extensión y contracción de la autonomía de las personas. Cundo los animales no-humanos son concientes de su propia separabilidad, no podemos sacrificarlos solamente por que esto beneficie en mayor extensión a otro animal, humano o no. Pero hay situaciones en las que sea que hagamos u omitamos "x", infringimos el principio de inviolabilidad de la persona, debido a que estamos sacrificando a alguno para beneficiar a otro; en este caso, otra vez, el mencionado principio no es aplicable, y da lugar a la aplicación agregativa del principio hedonista y del principio de la autonomía (esto nos permite, por ejemplo, matar un perro –aun suponiendo que es consciente de su propia identidad– para salvar la vida de un hombre).

(ii) *Fetos*. Un feto parece ser una persona moral en el sentido explicado. Aunque no es consciente de su propia identidad, no decide su plan de vida, no adopta decisiones y tiene probablemente un baja respuesta al placer y al dolor, es, por lejos, el mismo individuo que adquirirá estos atributos con el curso natural de las cosas, o, por ahí, con la ayuda de medios técnicos disponibles (esto no es igual en el caso del espermatozoide). No solemos decir que un feto (como un niño) tiene un capacidad no actualizada de hacer las cosas mencionadas anteriormente (dijimos, como máximo, que tiene una capacidad potencial). Pero esto parece ser un mero accidente del lenguaje, ya que de acuerdo a lo que vimos anteriormente, hay solamente una diferencia de grado entre las circunstancias relevantes del feto y, por ejemplo, un hombre que está temporalmente inconsciente (además, una capacidad potencial es potencialmente una potencialidad, esto es una capacidad de grado menor).

Esto significa que el feto tiene un valor moral y por ello es disvalioso destruirlo o dañarlo. Como son potencialmente conscientes de su separabilidad como centros de interés, ellos no pueden ser sacrificados por el bien de beneficiar a otros seres. Pero, a efectos de la aplicación agregativa del principio de la autonomía y el principio hedonista a situaciones en que el principio de inviolabilidad de la persona no es aplicable (debido a que se infringe sea que hagamos u omitamos), es importante determinar si el feto tiene el mismo valor que el de un individuo que ha nacido. Yo creo, muy tentativamente, que es posible defender la tesis que un feto tiene menos valor que, digamos, su madre, sobre la base de que las "capacidades" de decidir planes de vida y dolor son menores que las de la primera. Esto parece ser así, primero, porque más condiciones son necesarias para que las capacidades del feto sean actualizadas (con la consecuencia de que la actualización es más incierta) y, segundo, porque la conexión de identidad entre el feto y la persona que luego será cuando sus capacidades[12] sean actualizada es más indefinida que la que se da entre la etapa en la vida de un hombre que ya ha nacido en que esas capacidades no están actualizadas y una etapa en la que ya lo están. Da-

---

12 [N. de la T.] "*Its capacities*" en el original. El artículo posesivo "*its*" para referirse a "sus" no se utiliza cuando el hablante asume que el sujeto de la oración es una persona –en tal caso se utiliza "*his*" o "*her*"–.

do que el valor de un individuo en cualquier etapa de su vida en la que sus capacidades no están actualizadas es sólo reflejo del valor que él tiene en la etapa en que son actualizadas, el primer valor será comparativamente menor en tanto esa etapa esté más alejada de la última. Esta posible conclusión podría justificar nuestra convicción común de que un feto puede ser asesinado en orden de preservar la vida o la integridad física de la madre.

La consideración previa conlleva, desde luego, consecuencias acerca del tratamiento del aborto. Sin embargo, yo creo que en este punto tendemos a confundir tres cuestiones muy distintas. La primera es si la muerte del feto es algo malo o disvalioso. La segunda es quién –y bajo que condiciones– está obligado a preservar al feto o no causarle su muerte. Y, la tercera, es si es moralmente legítimo imponer coercitivamente –por ejemplo a través de la ley– esta supuesta obligación moral. Una posible respuesta a cada una de estas cuestiones no implica una respuesta positiva a la siguiente; lo opuesto es verdad en caso de una respuesta negativa. Por ejemplo, si concluimos, como creo que deberíamos, que la muerte de un feto es algo malo moralmente porque implica la perdida de la potencial autonomía personal y una fuente de sensaciones placenteras, de esto no se sigue que alguien –especialmente la madre– tenga la obligación moral de no causar esa muerte. La obligación en cuestión deberá ser especialmente justificada a la luz de la severa restricción que el embarazo y la crianza significa en la autonomía de la madre (un posible principio que puede fundamentar la obligación toma en cuenta que su consentimiento está dado al momento de tener, voluntariamente, relaciones sexuales con las consecuencias en mira y las posibilidades de evitarlas). Pero aun cuando la obligación moral de prevenir o no causar la muerte del feto se estableciera, de esto no se sigue necesariamente que el castigo legal impuesto por la violación de esa obligación esté moralmente justificado. A pesar de que por el principio de autonomía se deriva prima facie una razón a favor de la imposición, aun por la fuerza, de obligaciones dirigidas a preservar la autonomía de otros individuos, esa razón puede ser dejada a un lado por otras (como por la consideración, de que al hacerlo, estamos obligando a las mujeres a buscar abortos clandestinos y, consecuentemente, en condiciones peligrosas).

(iii) *Personas Discapacitadas*. Las personas con discapacidades físicas o mentales, tienen, por ejemplo, distintos grados de disminución de algunas de las capacidades mencionadas. Esto puede llagar a un punto –por ejemplo el caso de daño cerebral masivo e irreversible– en el cual esas capacidades están excluidas, porque ni el curso normal de los acontecimientos, ni el uso de medios técnicos causará lo que podríamos considerar una actualización de ellas. En particular con relación a la capacidad de decidir y materializar planes de vida es necesario hacer dos comentarios: primero, no siempre la disminución de la capacidad de decidir planes de vida es acompañada por la disminución de la capacidad de materializar el plan de vida elegido dentro de los límites impuestos por la incapacidad; es obvio que muchas personas discapacitadas logran un alto grado de realización del proyecto que eligieron, frecuentemente con gran fuerza de voluntad. Segundo, la elección de una plan de vida es consecuencia de la elección de una idea de bondad personal (que es lo que verdaderamente constituye la autonomía de las personas) y la capacidad para esta última elección no se ve disminuida en el caso de discapacidades. En consecuencia, la capacidad requerida para gozar del principio de autonomía de la persona no está substancialmente limitada en casos como los de ceguera o parálisis. ¿De qué manera, entonces, las discapacidades afectan la aplicación de los cuatros principios? Lo primero a tener en cuenta es que, si reconocemos que la moral no sólo es violada a través de acciones positivas sino también por la omisión de proveer a las personas con los medios que les proporcionen una igual oportunidad para elegir y materializar sus planes de vida, tenemos el deber de proveer a las personas con discapacidad los recursos que los puedan ayudar a superar su deficiencia –o compensarlos por ella– hasta el punto que sea tecnológicamente posible y no se disminuya la autonomía de las personas menos autónomas.

Cuando es imposible superar o compensar la discapacidad, es obvio que el individuo no será capaz de disfrutar de los beneficios que derivan de alguno o de varios de los cuatro principios. Un oligofrénico, por ejemplo, tiene una capacidad muy restringida para elegir y materializar planes de vida y un hombre completamente paralizado tiene menos oportunidad para sentir placer. Eso hace que, para estas personas, muchos de los recursos que son medios para el desarrollo de su autonomía, el logro de placer o la prevención del dolor, no sean bienes genuinos. En ese caso, proveerlos de tales recursos sería superficial y constituiría un desperdicio que violaría los derechos de aquellos que pueden beneficiarse con ellos (más aun cuando seguramente hay obligaciones hacia las personas menos autónomas que no están insatisfechas debido a la falta de recursos). Si hay algunos bienes que el individuo puede disfrutar, él no puede ser privado de ellos sólo para beneficiar a otras personas a menos que esa persona tampoco tenga capacidad de conciencia de su individualidad (en ese caso podemos compensar su privación con el mayor beneficio a otros). Todo esto implica, como es obvio, que la vida vegetativa de alguien afectado por daño cerebral irreversible no tiene valor intrínseco, pero si puede tener valor instrumental para otras personas, como para sus familiares.

(iv) *Entidades Colectivas*. El reconocimiento de derechos a totalidades supraindividuales (como las naciones y asociaciones), como algo distinto a los derechos de sus miembros, depende por supuesto de la admisibilidad ontológica de estos todos. Hay, como es sabido, serias objeciones a esa admisibilidad, que ha derivado en la actual corriente que considera a las entidades colectivas como construcciones lógicas que son aludidas en proposiciones que son equivalentes a proposiciones acerca del comportamiento de las personas en relación a ciertas reglas y otras circunstancias sociales. Pero hay argumentos éticos específicos en contra del reconocimiento de los derechos de las entidades colectivas: no es plausible concebirlas como personas morales irreductibles si asumimos una visión subjetivista del interés. Todos los atributos de la personalidad moral que he mencionado requieren de cierta actividad física con cierto grado de desarrollo, y, en particular, la capacidad de autoconciencia como un centro de interés independiente requiere tener una mente autónoma. El conocimiento científico a nuestro alcance parece indicarnos que esos requerimientos sólo son satisfechos si la entidad en cuestión posee un sistema nervioso, y algunos de ellos en particular requieren de un sistema nervioso con un alto grado de desarrollo. Por ello, aunque es por supuesto legítimo hablar de derechos y obligaciones de un estado, una asociación o cualquier corporación de personas, no se trata de derechos y obligaciones morales irreductibles, sino que referirse a ellos es un modo simple y conveniente de aludir a un grupo de derechos y obligaciones de individuos.

(v) *Personas presentes y futuras*. Como dije anteriormente la no-existencia de una entidad o individuo excluye su capacidad. Por lo tanto, un hombre muerto o un miembro de generaciones futuras no es una persona en el presente.

Esta conclusión no debe ser confundida con una bastante distinta; a saber, que una persona moral sólo puede ser lastimada mientras subsiste. Pienso que esta presuposición es falsa: la autonomía de la persona puede ser afectada adversamente antes o después del lapso en que existe. Por ejemplo, la destrucción del único salón para conciertos en la cuidad puede arruinar la vocación musical de una persona que todavía no ha nacido al tiempo del evento, y la misma destrucción puede frustrar el proyecto de un fallecido millonario que ha donado el salón con la intención de hacer un permanente contribución a la comunidad. Me parece que algunas de estas tesis son rechazadas porque se asume, incorrectamente, que derivan de una concepción objetivista de los intereses de los individuos, de acuerdo con la cual ellos no dependen de sus preferencias subjetivas. Pero esto no es así: el hecho de que un interés se origine en actitudes subjetivas de un individuo no significa que para que sea satisfecho o frustrado la psique correspondiente deba subsisitir; lo mismo parece ser para el caso de las creencias; decimos, por ejemplo, que algún factor que ocurre hoy muestra la falsedad de una creencia que alguien sostuvo en un pasado distante.

Sin embargo, hay un oscuro problema, con el cual no puedo lidiar acá, concerniente a la aplicación del principio de la inviolabilidad de la persona. Una persona futura no tiene una identidad definida; es más, la mayoría de nuestros actos que pueden llegar a lastimar su autonomía puede alterar su identidad[13]. Entonces, es problemático decir que estamos sacrificándolo para beneficiar a

---

[13] Véase este punto en Parfit.

otras personas. Si estas dudas fuesen confirmadas, tendríamos que tratar a las personas futuras de la misma manera que a aquellos seres a lo cuales los principios agregativos, pero no los distributivos son aplicados. Esto requiere de una mayor elaboración en el contexto de otro artículo.

POSITIVISMO Y COMUNITARISMO: ENTRE LOS DERECHOS HUMANOS Y LA DEMOCRACIA*

Debo confesar que cuando el Profesor Massimo La Torre me invitó a hablar sobre positivismo y comunitarismo en el Instituto Universitario Europeo, me sentí al principio halagado, como también desconcertado.

Halagado porque he escrito extensamente sobre los dos temas y es siempre bueno para un autor que siga habiendo interés en seguir discutiendo sobre los temas que uno ha tratado.

Desconcertado porque nunca traté con los dos temas juntos, y, a primera vista, me parecían estar tan alejados el uno del otro que anticipé mentalmente el riesgo de tratarlos de un modo meramente yuxtapuesto. El positivismo jurídico es, obviamente, una doctrina sobre el derecho, mientras que el comunitarismo es una concepción de la moralidad. El positivismo jurídico es defendido por académicos que tienden a ser liberales en política y temen que algunos valores liberales como la tolerancia y la libre búsqueda de la verdad podrían peligrar si los principios del positivismo, cualesquiera que sean, fuesen desechados. Por otra parte, el comunitarismo fue desarrollado precisamente como una doctrina que discute las principales posturas liberales y es sostenido por algunos académicos que parecen ser más amigos del derecho natural que del positivismo. A pesar de esta cierta tensión pragmática, podría haber lógicamente positivistas sobre el derecho que sean o liberales o comunitarios en relación con la moralidad política, así como no-positivistas que sean de una u otra corriente, lo cual es un buena indicación de que las dos doctrinas operan en niveles diferentes y sin relación entre sí.

Por lo tanto, la posibilidad de conectar significativamente estos dos movimientos me parecía al principio inalcanzable. Sin embargo, cuando comencé a indagar más detenidamente en las posibles conexiones, descubrí que de hecho hay algunas importantes y, más aun, que ellas pueden echar luz sobre diferentes te-

---

* [N. del E.] Manuscrito inédito escrito en inglés bajo el título "Positivism and Comunitarismo: Between Human Rights and Democracy", presentado en una conferencia dictada en 1993. Traducción de Gabriela Magistris y Fanny Pereiro Palma, con la colaboración de Gustavo Maurino.

mas en relación con el tratamiento de los derechos humanos y la democracia. De este modo, la propuesta del profesor La Torre de relacionar ambos temas demostró ser muy sabia después de todo.

1.

Comencemos con el positivismo jurídico en acción. Hago hincapié en este "en acción" porque, como veremos pronto, "positivismo jurídico" es un rótulo bastante proteico, y tal vez el mejor modo de detectar lo que cubre centralmente sea ver lo que un pensador indudablemente positivista, defendiendo una posición indudablemente positivista, tiene para decir sobre algún tema controversial concreto. Propongo dirigir nuestra atención a Norberto Bobbio y su posición respecto de los fundamentos de los derechos humanos.

Como ustedes saben Bobbio ha tratado este tema en un ensayo muy provocador titulado "Sul Fundamento dei diritti dell' uomo"[1]. Allí plantea que la búsqueda de un fundamento absoluto para los derechos humanos es la búsqueda de un poder que debería ser irresistible a la mente. Sin embargo, él cree que esta búsqueda es una ilusión ya que está minada por obstáculos que de hecho son bastante similares a los obstáculos que llevaron a Hans Kelsen[2] a pensar que el ideal de justicia era un "ideal irracional". El primer obstáculo es que "derechos humanos" es una expresión demasiado vaga, que se llena de contenido de maneras contrastantes de acuerdo a la ideología de quien la interpreta. Segundo, la clase de los derechos humanos es extremadamente variable a través de la historia –comprendiendo, por ejemplo, desde un derecho de propiedad absoluto hasta uno bastante limitado– lo que refleja la pluralidad y relatividad de las concepciones políticas que es lo que de hecho fundamenta algunos derechos tales como el de la libertad de expresión o de religión. Más aún, la clase de los derechos humanos es, en tercer lugar, extremadamente heterogénea, ya que algunos de ellos parecen ser ilimitados y válidos para todas las personas en todas las circunstancias, mientras que otros, a pesar de ser fundamentales, admiten restricciones en virtud de otros derechos o por variaciones de acuerdo a las circunstancias sociales. Por ultimo, aun derechos que pueden ser invocados por los mismos individuos, son a veces antinómicos, como las libertades clásicas que requieren abstenciones del Estado y los nuevos derechos sociales que requieren de acciones positivas que a menudo implican restricciones de las libertades anteriores.

Bobbio piensa que estos cuatro problemas obstaculizan cualquier posibilidad de encontrar un fundamento común para los derechos humanos. Pero él va mas allá, y piensa que la búsqueda en sí es una pérdida de tiempo y energía, ya

---

[1] Publicado en *Rivista Internazionale de filosofia del diritto*, XLII (1965), pp. 301-309.
[2] Véase *On Justice*.

que es un mito pensar que el descubrimiento hipotético de un fundamento absoluto para los derechos humanos asegure su materialización: precisamente cuando los académicos pensaban que habían captado aquel fundamento, los derechos humanos eran generalmente ignorados, y ahora que hay un creciente escepticismo sobre aquel fundamento han habido progresos importantes en su reconocimiento a través de numerosas convenciones internacionales originales o básicas. Bobbio concluye con su famosa afirmación de que ahora que los derechos humanos han sido el objeto de declaraciones y pactos internacionales bien definidos "... el problema sustancial no es tanto el de justificarlos sino el de protegerlos. No es un problema filosófico sino un problema político".

Antes de evaluar esta tesis a la luz de la ofensiva comunitarista, permitámonos ver cómo se relaciona con los principios básicos del positivismo jurídico, que Bobbio ha defendido en algunos otros trabajos[3]. Tal como el propio Bobbio ha contribuido mucho a dejar en claro, el rótulo "positivismo jurídico" refiere a posiciones bastante diferentes. Apoyándome fuertemente sobre su propia contribución y las de Alf Ross[4] y Genaro Carrió[5], encuentro generalmente útil distinguir entre cuatro tesis que son habitualmente asociadas con el positivismo jurídico: la primera tesis es la del *escepticismo ético*, que es la idea de que no hay una manera racional e intersubjetiva de fundar principios básicos de justicia y moralidad social. La segunda tesis es la del *formalismo jurídico*, que es la visión de que el derecho está constituido por estándares deliberadamente promulgados –por ejemplo la legislación–, y que esos estándares son completos, consistentes y precisos, de modo que deben ser aplicados por los jueces y otros a los casos particulares sin necesidad de recurrir a sus propias ideas de justicia y moralidad. La tercera tesis es la que Bobbio considera *positivismo ideológico* y Ross *pseudo-positivismo* y que afirma que el derecho identificado exclusivamente sobre la base de algunos hechos sociales provee las razones últimas para justificar acciones y decisiones, razones que son independientes de consideraciones morales o políticas. La ultima tesis es el *positivismo conceptual*, que es la posición que sostiene que el sistema legal puede ser identificado y descripto sin necesidad de evaluar su coincidencia o no con ideales de justicia y moralidad social.

Es útil contrastar estas tesis con aquellas que es justo adscribir al principal rival del positivismo, que es la teoría del derecho natural. También hay una variedad de visiones del derecho natural, pero a diferencia de las positivistas no son tan variadas al punto de ser algunas veces inconsistentes entre sí, sino que pertenecen a un continuo de mayor o menor compromiso metafísico. Voy solamente a mencionar acá lo que generalmente llamo "derecho natural mínimo" –que es

---

[3] Bobbio, *On positivism*.
[4] Véase *On Law and Justice*, Londres.
[5] *Positivismo y principios jurídicos*.

aceptado por todas las otras variedades, que a su vez le añaden a ésta otras tesis. Éste se distingue por sostener dos tesis: la primera es que los principios de justicia y moralidad social deben efectivamente estar fundados de una manera intersubjetiva; la segunda, es que un conjunto de normas positivas que no esté de acuerdo con esos principios no puede ser concebido como un sistema legal. Es fácil ver que este derecho natural mínimo no se opone a todas las variedades del positivismo, sino a aquellas que defienden las tesis uno y cuatro, que son el escepticismo ético y el positivismo conceptual.

Ahora, si revisamos las tesis que son explícitamente defendidas en común por los principales protagonistas del movimiento del positivismo jurídico en diferentes tiempos y lugares –pensadores como John Austin, Jeremy, Bentham, Hans Kelsen, Alf Ross, Norberto Bobbio, Genaro Carrió, Carlos Alchourrón y Eugenio Bulygin, encontraremos– creo, que la única tesis que todos ellos comparten es la numero cuatro. Hay, por supuesto, muchos positivistas que son escépticos éticos –como Kelsen, Ross y Alchourrón y Bulygin– pero hay otros que no –como Austin, Bentham y posiblemente Hart y Carrió–. Hay positivistas que son formalistas jurídicos –como en algún sentido Kelsen, cuando rechaza la existencia de lagunas y contradicciones en un sistema legal (aunque admite otras indeterminaciones)– pero la mayoría de ellos enfatizan la existencia de diferentes fuentes para las normas jurídicas e insisten en la existencia de indeterminaciones de distinto tipo que exigen tanto a los jueces como a otros, la realización de juicios valorativos en la aplicación del sistema legal. Casi ningún pensador positivistas importante –y ciertamente no aquellos mencionados precedentemente– suscribe en el contexto de la discusión sobre la naturaleza del derecho, la tesis del positivismo ideológico, según la cual un sistema legal que es fácticamente identificado y descripto puede proveer por sí mismo razones para justificar acciones y decisiones. Aunque la mayoría de los positivistas no ha tratado mucho este tema, cuando desarrollan sus teorías generales sobre el derecho hacen observaciones dispersas en el sentido de que el hecho de identificar un sistema como legal no significa que uno esté justificando para aplicarlo para adoptar decisiones o cursos de acción. Si es así o no bien puede depender de otra clase de consideraciones, como las morales.

Kelsen parece ser una excepción por su doctrina de la "norma básica": como es sabido, esta norma es una hipótesis epistémica que puede ser predicada de cualquier sistema de reglas positivas eficaces, y una vez predicada de ellas tiene la implicancia de concederles validez o fuerza obligatoria. De esta manera, parece, –y así Kelsen ha sido varias veces interpretado– que a través del expediente de presuponer una norma básica podemos concluir que un sistema respaldado por la coerción es obligatorio sobre sus sujetos y, por consiguiente, que sus decisiones basadas en ella están justificadas. Pero esta interpretación sencillamente pierde el punto elemental de que la adopción de la norma básica en el razonamiento jurídico en orden a concebir como proposiciones normativas –por ejemplo, *quien cometa homicidio debería ser castigado con prisión*– lo que de otra manera serían meros hechos –por ejemplo, el hecho de que alguien con poder emita las palabras "quien cometa homicidio..."– es hipotética, esta no llega al razonamiento jurídico luego de haber sido aseverada categóricamente, sino siendo solamente presupuesta, de la misma manera que lo son los axiomas para los geómetras en orden a inferir algunos teoremas. Este carácter hipotético de la norma básica se transmite por supuesto a la atribución de validez a las normas legales positivas. Y esto significa que esas normas así concebidas como válidas no pueden servir como razones para justificar decisiones, desde que razones hipotéticas no pueden fundar decisiones actuales. Esto concuerda perfectamente bien con el hecho que Kelsen parece siempre tener en mente al pensamiento jurídico académico cuando formula su idea de la norma básica. Él no focaliza en la tarea judicial, desde que los jueces no pueden adoptar decisiones sobre la base de meras presuposiciones. Ellos deben categóricamente asumir la validez de las normas sobre cuya base justifican sus decisiones y esto requiere algo más que la norma básica hipotética (algo más que Kelsen elude caracterizar). Siguiendo la analogía, los jueces podrían ser para Kelsen como físicos, o mejor, ingenieros, enfrentando los axiomas de los geómetras: ellos deben asumir categóricamente su verdad en orden a actuar sobre tales bases.

Cualquiera sean sus posiciones en referencia a estas tres tesis, todos los pensadores importantes del positivismo jurídico adhieren a la tesis del positivismo conceptual: es decir, la que expresa que el sistema legal de una sociedad puede ser identificado y descripto sobre la base de circunstancias fácticas y sin necesidad de evaluar su coincidencia o no con principios de justicia y moralidad social. Esto significa que ellos piensan que el concepto de derecho es puramente descriptivo: su uso en proposiciones no compromete a quien lo usa con valores efectivos y el significado de esas proposiciones puede ser agotado señalando las circunstancias espacio-temporales. Por supuesto, si esta tesis es distinguida de la del positivismo ideológico, la identificación de una regla jurídica no implica para nada que alguien esta justificado a actuar sobre la base de esa regla. ¿Cuál es el uso, por lo tanto, de este concepto descriptivo de derecho? Según los positivistas, refleja la distinción entre *el derecho que es* y *el derecho que debería ser*, hace posible un conocimiento libre de valores del derecho y de su conexión con otro fenómeno social, e incluso ayuda a la evaluación al permitirnos distinguir si los valores que se adoptan están materializados en los sistemas actuales.

Sin embargo, he alegado en otras oportunidades[6] que estos argumentos son circulares o son solamente válidos para algunos tipos de discursos sobre el derecho

---

[6] Véase mi libro *La validez del derecho*, Buenos Aires, 1985, y mi artículo "Dworkin and Legal Positivism" en *Mind*, 1980.

y no necesariamente para otros. Pero lo más importante es que estos argumentos presuponen que hay solamente un concepto de derecho, al modo de un esencialismo conceptual que la mayoría de los positivistas tienen tanta intención de desechar. Si nosotros desechamos el esencialismo sobre los conceptos –que es la idea de que los conceptos son verdaderos o falsos según cómo sea que ellos reflejan o no las estructuras subyacentes de la realidad– y si los concebimos, a la manera convencionalista, como herramientas para clasificar fenómenos tomando en cuenta analogías y diferencias, no hay ninguna razón para no aceptar que probablemente haya una pluralidad de conceptos de derecho. Muchos de estos conceptos pueden ser meramente descriptivos y muchos pueden ser normativos o evaluativos, y puede haber incluso conceptos mixtos de derecho. Algunos de ellos pueden ser útiles en un contexto de discurso y otros pueden serlo en algún contexto discursivo diferente, o en ninguno. Hay condiciones subyacentes que tienen que ver con los objetivos de cada tipo de discurso en los cuales el concepto de derecho es usado –el discurso práctico de jueces y abogados, el discurso normativo de los académicos jurídicos, el discurso descriptivo de los sociólogos, antropólogos e historiadores jurídicos – que pueden hacer útil a uno u otro concepto de derecho.

Si esto es así, toda la disputa entre iusnaturalistas y positivistas jurídicos –centrada en la segunda tesis del iusnaturalismo y la cuarta tesis del positivismo jurídico– deviene vacua y espuria, una vez que el esencialismo conceptual es desechado. Esto no es percibido por autores como Dworkin quien asume equivocadamente que los positivistas adoptan un concepto normativo de derecho –no como aquellos estándares que son de hecho aceptados por cuerpos como las cortes, sino como aquellos estándares que las cortes deberían aceptar– y procede automáticamente a reducir el positivismo a la posición ideológica, que resulta de la combinación de identificar el derecho sobre la base de algunos hechos y asumir que el derecho provee razones para justificar acciones.

Creo que esta es una descripción equitativa del estatus de la controversia alrededor del positivismo jurídico cuando el trabajo de sus voceros permanece en el dominio de esta disciplina mas bien *inerte* que es la, así llamada, "teoría general del derecho" (luego voy a decir unas pocas palabras acerca de esta disciplina). Pero cuando los positivistas jurídicos se interesan, como Bobbio ha hecho en tantos valiosos trabajos, en cuestiones normativas –sean ellas sobre el derecho o bajo el derecho– su positivismo generalmente adquiere una configuración muy diferente. Esta es la consecuencia natural de la inofensividad del positivismo jurídico cuando es defendido como una posición conceptual: éste sólo puede ser relevante dentro de un contexto de discurso que lidie con definiciones que son ellas mismas neutrales a posiciones descriptivas o normativas. Cuando el discurso trata con problemas más sustantivos y controvertidos y un participante en él toma lo que se entiende por una posición positivista jurídica, esto debe significar que él está siendo positivista en alguno de los otros sentidos, que es alguno de los sentidos que refieren a posiciones que no son compartidas por todos los positivistas jurídicos.

Ese positivismo jurídico adquiere en estos contextos mas sustantivos de discurso una corporización más "sustanciosa", lo que se ve claramente en el trabajo de Bobbio recién citado: el escepticismo ético sale claramente a la superficie en sus referencias sobre la vaguedad, ambigüedad, etcétera del concepto de derechos humanos que hace imposible buscar una fundamentación absoluta sobre lo que denota y la falta de relevancia que de todos modos tendría esa fundamentación. Más todavía, el factum del derecho pasa a ser directamente relevante para justificar acciones y decisiones, como propone el positivismo ideológico, en la alusión a que reconocimiento de los derechos humanos en convenciones positivas hace innecesaria la tarea de brindar razones para ellos.

Así, el escepticismo ético y el positivismo ideológico que pueden no estar necesariamente asociados con el positivismo jurídico cuando es defendido en el contexto de discusión sobre la naturaleza del derecho frecuentemente emergen cuando el positivismo es puesto "en acción" para discutir cuestiones prácticas o teóricas más sustanciales. Eso ocurre a pesar del hecho de que cuando a los positivistas se les muestran algunas de las implicancias de basar decisiones no en valores sino en meros hechos espacio-temporales, usualmente retroceden a un –más confortable– nivel meramente conceptual.

Sin embargo, lo que conduce a positivistas como Bobbio a adoptar estas tesis que no son tan compartidas de modo general, cuando enfrenta problemas sustanciales es entendible y hasta casi ineludible. La invocación de valores absolutos recuerda el fanatismo religioso o el absolutismo político que llevan a la intolerancia. Por otro lado, si las decisiones fueran concebidas como radicalmente no susceptibles de ser fundamentadas una vez que la primer alternativa es rechazada, el fantasma de la arbitrariedad y el poder desnudo nos perseguiría. Una vez que la tolerancia y la mirada científica del mundo nos lleva a rechazar el recurso a ideales objetivos como fuente de argumentos, tales como aquellos involucrados en el reconocimiento de los derechos humanos, parece que necesitamos apoyarnos en algo como el factum de su aceptación positiva como una forma de poner fin a la deliberación acerca de si ellos deberían o no ser respetados. El escepticismo acerca de los valores objetivos parece llevar, al menos pragmáticamente, a algo parecido a la posición del positivismo ideológico que concibe al derecho positivo como generando razones para la acción y la decisión.

2.

Sobre lo que deseo focalizar aquí, sin embargo, es acerca de la confrontación entre esta especie de positivismo "en acción" y algunas implicancias del comunitarismo. Pienso que analizar esta confrontación llevará a prestar atención a algunas debilidades presentes, incluso, en las variedades más inertes del positivismo jurídico.

Deseo llamar la atención sobre cómo una tesis como aquélla que Bobbio se las ve difícil cuando es confrontada con algún desarrollo teórico que enfatiza la relativización de los derechos humanos a los contextos históricos o culturales. Por ejemplo Abdullahi Ahmed An-na'im defiende la necesidad de un enfoque transcultural al definir los estándares internacionales de los derechos humanos, que tenga en cuenta el hecho de las variaciones culturales y religiosas como las de la gente Islámica que no consideran que, al seguir el Coran y cortar la mano de un ladrón, bajo ciertas circunstancias, constituya una pena cruel, inhumana o degradante como es definida en convenciones internacionales[7].

Como otro ejemplo sobre una mirada aún más relativista de los derechos humanos, podemos mencionar la posición de Rhoda E. Howard expresada en aserciones como las siguientes: "... Los Derechos Humanos son, para repetir, una concepción particular de la dignidad humana y la justicia social. No son sinónimos, a pesar de su articulación en la Declaración Universal de Derechos Humanos, con la dignidad humana. Todas las sociedades y todas las filosofías sociales y políticas tienen concepciones sobre la dignidad humana. Algunas de ellas – especialmente aquellas arraigadas en la visión de que la nación, el "pueblo", la comunidad o la familia deben tener antelación sobre el individuo –están radicalmente en disputa con la idea de los derechos humanos. La tendencia reciente en el debate internacional de sustituir los derechos colectivos por los derechos humanos, o asumir que los dos tipos de derechos pueden existir de modo compatible, no alcanza a notar esta crucial diferencia"[8].

Estas son afirmaciones realizadas por juristas y antropólogos que se resisten a ser completamente silenciados en su diferente interpretación o incluso negación de los derechos humanos por el factum de su reconocimiento en convenciones internacional. Pero estas declaraciones están siendo apoyadas por una concepción filosófica crecientemente popular, que vuelve a levantar las viejas dudas acerca de la concepción liberal de los derechos. Me refiero, por supuesto, al comunitarismo.

En los últimos años, la concepción liberal sobre los derechos ha sido puesta bajo cuestionamiento por filósofos que exhiben una gran sofisticación intelectual: Charles Taylor, Alasdair Mac Intyre[9], Michael Sandel[10], y en parte Michael

---

[7] Véase el artículo "Toward a Cross-Cultural Approach to Defining International Santards of Human Rights", en *Human Rights in Cross Cultural Perspectives. A Quest for Consensus*, editado por An-Na'im, Filadelfia, 1992, pág. 19 y siguientes.

[8] Véase "Dignidad, comunidad, y Derechos Humanos", pp. 99 en la colección citada en la nota precedente.

[9] Véase *After Virtue*, Notre Dame, 1981.

[10] Véase *Liberalism and the Limits of Justice*, Cambridge, 1982.

Walzer[11], Bernard Williams[12], Stuart Hampshire[13] y Susan Wolf[14]. La influencia de Hegel es notable en muchos de estos filósofos –a través de su insistencia en el carácter social del ser humano y en la conexión entre la moralidad y las costumbres de cada sociedad. Pero detrás de Hegel también se entreteje la figura de Aristóteles, desde que muchos de estos filósofos comunitarios también defienden una concepción de lo bueno relacionada con una visión teleológica de la naturaleza humana y reflejada en un conjunto de virtudes.

Una de las contribuciones de la tendencia comunitarista consiste en brindar una representación del liberalismo que es a veces más clara que la provista por los propios liberales. En este sentido, Mac Intyre, por ejemplo, pone por delante los siguientes rasgos distintivos del liberalismo, principalmente en la variante kantiana. Primero, la idea de que la moralidad está principalmente compuesta por reglas que deben ser aceptadas por cualquier individuo racional bajo circunstancias ideales. Segundo, el requerimiento de que esas reglas sean neutrales respecto de los intereses de los individuos. Tercero, la demanda que las reglas morales deben ser también neutrales en relación con las concepciones de lo bueno que los individuos puedan sostener. Finalmente, el requerimiento que las reglas morales deben ser aplicadas igualmente a todos los seres humanos sin referencia a su contexto social.

El comunitarismo objeta cada una de estas asunciones del liberalismo y lo hace luego de proponer un diagnostico sobre la fuente común de tantos errores filosóficos. Charles Taylor, por ejemplo, localiza esa fuente en una concepción "atomista" de los individuos según la cual éstos son autosuficientes, sin consideración por su ambiente social. Sandel amplía el argumento manteniendo que el liberalismo kantiano asume una mirada de los agentes morales como constantes a lo largo del tiempo, desconectados así de sus deseos e intereses variables, libres del flujo causal que afecta a esos deseos e intereses, mutuamente separados, y aislados del contexto social. Mac Intyre a su turno sostiene que el abandono de una concepción teleológica de la naturaleza humana trastoca seriamente el discurso moral, desde que le falta ahora el elemento que constituía el puente entre proposiciones fácticas sobre el comportamiento humano real y las reglas morales que tienen un carácter normativo.

Estos autores mantienen que solamente una concepción empobrecida de la persona moral, como la que ha sido referida mas arriba, permite al liberalismo sostener su tesis distintiva sobre la independencia de la justicia y los derechos hu-

---

[11] Véase *Spheres of Justice*, 1986.
[12] Véase *Ethics and the limits of Philosophy*, Londres, 1985.
[13] *Morality and Conflict*, Cambridge, 1981.
[14] Véase "Moral Saints", en *The Journal of Philosophy*, LXXIX n° 8, Agosto, 1982.

manos de una concepción sobre lo que es bueno en la vida. La neutralidad liberal sobre los ideales de virtud o de excelencia humana se cumple a expensas de adherir a una visión de los agentes humanos como entidades nuomenales que no sólo carecen de un fin distintivo, sino que también poseen una identidad que no depende de sus propios deseos, de su relación con otros individuos, ni de su inserción en un ambiente social especifico.

Por lo tanto, los liberales están siendo acusados de respaldar una moralidad social centrada en los derechos humanos sin darse cuenta que requieren una concepción sobre lo bueno, como se muestra en casos como los de conflictos de derechos, que solamente pueden ser solucionados recurriendo a una concepción semejante. Alternativamente, los liberales también están siendo acusados de contrabandear una concepción escondida de lo bueno a pesar de su pretensión de neutralidad. La concepción sobre el bien que los liberales son acusados de respaldar implícitamente es la misma que la del utilitarismo en su versión prevaleciente: la satisfacción de los deseos o preferencias de los individuos cualquiera su contenido. Esta concepción de lo bueno es cuestionada por el comunitarismo: ellos dicen que su aparente plausibilidad deriva de una confusión entre la satisfacción de los deseos y el placer (que, a pesar de ser un bien, no puede no ser el único). El objeto de algunos deseos y preferencias puede ser obtener placer y a veces la satisfacción de deseos causa placer, pero no todos los deseos tienen como su objeto el logro de placer, y no toda satisfacción de deseos es placentera. Si desconectamos de esta forma a los deseos y preferencias del placer, la idea que la satisfacción de una preferencia, sin tener en cuenta su contenido, es valiosa en si mismo, pierde plausibilidad. Si cada uno de nosotros desea algo sólo en tanto creemos que es algo valioso –en uno u otro sentido–, no aparece como razonable asignar valor objetivo a la satisfacción de deseos, sin importar el valor de lo que es deseado.

Charles Taylor intenta mostrar, en un modo casi silogístico, cómo el pensamiento liberal se contradice a si mismo cuando asume que hay un conjunto de derechos individuales que poseen primacía por sobre otras relaciones normativas (estas relaciones que son subalternas a los derechos incluyen aun la obligación de ser leal a una sociedad o estado, dado que para el liberalismo esto debería estar basado en un consentimiento manifestado dentro del marco de esos derechos). El razonamiento de Taylor corre de esta manera: 1. La atribución de derechos depende del reconocimiento de ciertas capacidades, como la expresión de opiniones, el desarrollo de una vida espiritual, sentir placer o dolor, etc. El liberal puede querer bloquear este movimiento poniendo delante el caso de los niños y quienes se encuentran en coma, pero tendrían que desistir tan pronto les sea preguntado por qué los derechos no son también atribuidos a los árboles y las nubes; entonces deberán admitir que en el caso de los niños la capacidad potencial es relevante, y en el caso de quien se encuentra en coma, también los derechos son relevantes o en todo caso son atribuidos por razones especiales. 2.- Para atribuir derechos no es suficiente con reconocer ciertas capacidades. Éstas deben ser consideradas valiosas para ser diferenciadas de otras que no son base de derechos. 3.- Si algo es valioso hay un deber de preservarlo y expandirlo, haciendo efectivas las condiciones de las que depende dicha materialización o expansión. 4.- La mayoría de las capacidades de las cuales depende la atribución de derechos –si no todas– están condicionadas a la membresía en una sociedad; requieren herramientas como el lenguaje, esquemas conceptuales e instituciones que son inherentemente sociales. El liberalismo puede pretender bloquear también este movimiento a través de la limitación de las capacidades relevantes a aquéllas de sentir placer o dolor, o a mediante la limitación de las relaciones asociativas a aquéllas basadas en el consentimiento, como la familia. Pero la capacidad de sentir parece ser insuficiente para fundamentar un amplio set de derechos, el cual, en cualquier caso puede sólo ser reducido a una amplia y suficiente capacidad de elegir planes de vida; y las asociaciones consensuales no parecen ser suficientes para desarrollar las capacidades relevantes.

La conclusión de este razonamiento es, por supuesto, que la atribución de derechos presupone el deber de preservar los enlaces de la comunidad que hacen posible el desarrollo de las capacidades valiosas que subyacen a los derechos. El liberalismo incurriría en una autocontradicción cuando otorga primacía a los derechos por sobre los deberes relativos a la preservación de la sociedad, que hace posibles a los primeros.

Mac Intyre arriba a la misma conclusión con ligeras variaciones en las premisas: las reglas que atribuyen derechos están justificadas sobre la base de ciertos bienes, estos bienes son internos a prácticas sociales cambiantes. Así, la evaluación moral está sujeta a las tradiciones y prácticas de cada sociedad. El autor reconoce que esto puede ser peligroso, desde que restringe la capacidad de crítica respecto de las instituciones y prácticas sociales; pero contiende que la disociación entre moralidad y prácticas sociales que subyace al liberalismo es también algo peligroso ya que neutraliza toda motivación para ser moral.

Esto nos permite distinguir los siguientes aspectos del programa comunitarista: En primer lugar, la derivación de los principios de justicia y derechos a partir de cierta concepción de lo bueno. Segundo, una concepción de lo bueno en donde la dimensión social es central e incluso dominante. Tercero, una relativización de los derechos y deberes de los individuos a sus apegos particulares a otros individuos y a los rasgos y tradiciones particulares de su sociedad. Finalmente, una dependencia del criticismo moral respecto de la práctica moral que se manifiesta en las tradiciones, convenciones e instituciones de cada sociedad. Aun cuando no puedo proseguir mas allá para ver como los diferentes pensadores enlazan estos aspectos de la concepción comunitarista de los derechos[15], creo que lo que he dicho es suficiente para percibir que el elemento pivotal es la tesis de que las concepciones sobre lo bueno prevalecen sobre principios de derechos, y que las concepciones plausibles de lo bueno incluyen como algo central la membresía en la sociedad y otros grupos mas pequeños, y son desarrolladas a través de las practicas llevadas a cabo dentro de la sociedad y de estos grupos.

Por supuesto, esta visión comunitarista de los derechos apoya completamente las preocupaciones mas concretas acerca del impacto del contexto social sobre los derechos, y a partir de allí sobre su condicionalidad cultural, expresada en forma moderada, como hemos visto anteriormente, por autores como An-Na'im, y de una manera más radical por académicos como Howard.

3.

Cuando un positivista en acción como Bobbio confronta posiciones como las de los autores recién citados –An-Na'in y Howard– debe por supuesto estar intranquilo. Ellos no piensan que la cuestión del reconocimiento y extensión de los derechos humanos está arreglada sólo porque son parte de convenciones internacionales. Ellos querrían que estas convenciones fueran modificadas o bien, interpretadas de formas que quizás Bobbio podría disputar. Más aún, ellos no piensan que la cuestión de la justificación esta detrás de nosotros y que deberíamos sólo afrontar la cuestión de la protección. Ellos argumentarían que la cuestión sobre proteger o no a un ladrón cuya mano está por ser cortada depende de la pregunta acerca de si es justificable prohibir tal castigo como degradante, inhumano o cruel. Por supuesto, si ellos se afirmaran en el comunitarismo filosófico como el de Taylor o Mac Intyre sostendrían sus afirmaciones en la forma en que vimos en la sección pasada. Y de este modo irían hasta el corazón de la cuestión de la justificación, por ejemplo, ofrecerían una justificación de los derechos humanos tal que su reconocimiento y alcance dependiera de las concepciones de lo bueno implantadas en las prácticas sociales.

Por lo tanto, el comunitarismo parece confrontar el positivismo en acción. Pero, ¿cuál es la naturaleza de esta confrontación? ¿Se debe al hecho de que el positivismo tiene –como muchos han pensado– una conexión subyacente con el liberalismo y está meramente recibiendo los golpes que el comunitarismo dirige contra éste último? No lo creo así. La naturaleza de la confrontación parece ser más superficial y contingente. El positivismo en acción parece una posición que desea descartar una determinada búsqueda y el comunitarismo es una respuesta a esa búsqueda, que presupone por supuesto la necesidad de ella.

---

15 Véase un mayor tratamiento del tema en mi *The Ethics of Human Rights*, Oxford University Press, 1991, Chap. 3.

La búsqueda que el positivismo ideológico desea descartar, y que emerge cuando las cuestiones substanciales son discutidas, es la búsqueda de razones mas allá de las normas legales positivas: esas normas legales positivas son las razones que necesitamos para las decisiones y es tan innecesario como imposible buscar razones ulteriores mas allá del derecho, es decir, en la moralidad. El comunitarismo, pretende, en lugar de ello, proveer esas razones ulteriores a través de cierta visión de la moralidad.

Si el positivismo en acción choca con el comunitarismo en el campo particular del reconocimiento internacional de los derechos humanos, es solamente porque las leyes positivas relevantes tienen una inspiración liberal. Así, los positivistas concluyen que ellas proveen razones para actuar no por la moralidad liberal detrás de estas leyes sino por su positividad, mientras que los comunitaristas bien pueden dudar sobre la fuerza justificatoria de aquellas convenciones a partir de que piensan que su positividad no precluye la debilidad de las razones putativas generadas por los principios morales liberales que están detrás de ellas. Si las convenciones internacionales absorbieran la ofensiva comunitaria y proveyeran una gran variación en el balance y alcance de los derechos humanos de acuerdo al contexto social, la disputa sería entre los positivistas en acción y los liberales, y no con los comunitaristas.

Además, creo que el positivismo en acción tiene muchas cosas en común con el comunitarismo. Hay una manera superficial de hacerlos converger. Esta consiste en observar que autores como Bobbio terminan adoptando una postura metaética convencionalista que también parece ser parte del movimiento comunitarista. En efecto, en otro trabajo sobre el tema del fundamento de los derechos humanos, Bobbio defiende la idea que en lugar de buscar fundamentos absolutos para estos debemos conformarnos con el amplio consenso que su reconocimiento internacional muestra que existe, a su respecto en el mundo de hoy día. Pero prefiero no confiar en esta adición de Bobbio a la tesis del positivismo jurídico según la cual la promulgación positiva de los derechos humanos hace superflua la tarea de justificarlos. Esto por muchas razones: Primero, porque la tesis moral convencionalista parece ser incompatible con la ultima aseveración sobre la superfluidad de justificación (la primer tesis provee una justificación que es independiente de la positividad del reconocimiento de los derechos humanos, desde que pueden ser reconocidos positivamente sin consenso y viceversa). Segundo, porque este convencionalismo moral parece ser idiosincrásico de Bobbio y no compartido por otros positivistas cuando tratan con asuntos sustanciales. Tercero, porque ese convencionalismo moral es bastante débil en la forma cruda en que es presentado por Bobbio, y es vulnerable a la emergencia de disidentes como los comunitaristas. Incluso cuando los disidentes no emergieran, está la posibilidad de que lo hagan sobre cualquier visión moral basada en el consenso crudo.

Por consiguiente, lo que quiero es rastrear enlaces más profundos entre el positivismo en acción, y es especial su tesis ideológica, y el comunitarismo. Las conexiones deben ser así establecidos entre esta ultima visión de la moralidad y la tesis de que el derecho positivo por sí mismo –esté o no apoyado por un consenso moral–, provee razones para justificar acciones y decisiones. Si podemos trazar estos vínculos probablemente podremos poner en dudas la supuesta asociación entre el positivismo y el liberalismo que flota en el aire de tantos análisis.

4.

La primera asociación que deseo establecer entre las dos posiciones es que, a pesar de que los casos a los que aludí para ejemplificarlas –la visión de Bobbio sobre los derechos humanos por un lado, y la visión de An-Na'im y Howard sobre el mismo tema, así como la concepción filosófica general de filósofos como Taylor, Sandel o Mac Intyre, por el otro lado– presentan caras bastante amables, tanto el positivismo en acción que adquiere un trasfondo ideológico, como el comunitarismo, pueden también mostrar una cara bastante espantosa.

En el caso del positivismo ideológico, todos sabemos cómo la doctrina según la cual cualquiera que detente el poder coercitivo para hacer que un grupo social obedezca determinadas prescripciones adquiere legitimidad para dictarlas y es acreedor de la correspondiente obligación de la gente de acatarlas fue usada para justificar regímenes autoritarios extremos, como el nazi o el fascista. Esto resulta en un respaldo al poder y la fuerza y una glorificación del éxito. Como Alf Ross dice[16], esta doctrina puede haber sido influenciada por las afirmaciones de Hegel que lo que es real es racional y viceversa. Por supuesto, esto no significa que sólo el positivismo ideológico es usado para legitimar regímenes autoritarios como el nazismo. Como ha mostrado Ernesto Garzón Valdez[17], también diferentes variaciones de la teoría del derecho natural –como aquellas basadas en la "naturaleza de las cosas"– fueron usadas para el mismo innoble propósito. Pero es claro que la doctrina de que el derecho positivo, cualquiera sea su contenido, provee razones para justificar acciones y decisiones, constituye la forma más directa y fácil de justificar un régimen autoritorio mientras está en el poder. Incluso la forma de Bobbio de defender las –altamente valiosas– convenciones de derechos humanos podría ser usada en directamente para propósitos aborrecibles si esas convenciones fueran reemplazadas por otras que establecieran odiosos arreglos (imaginen las convenciones internacionales que se hubieran emitido si Hitler hubiera tenido éxito en conquistar Europa y qué resultados hubiera tenido la aplicación a ellas, de los argumentos de Bobbio).

16 Véase *On law and Justice*.
17 Véase *La naturaleza de las cosas*.

Pero a fin de no buscar ejemplos hipotéticos o remotos, permítanme ilustrar la cara lúgubre del positivismo ideológico con el caso de Argentina. Desde 1865 y especialmente desde 1930 hasta 1984, cada vez que ha habido un golpe de estado en Argentina, la Corte Suprema reconoció el poder del régimen de facto para expedir leyes válidas y la consecuente obligación de la población civil y militar de obedecerlas y aplicarlas, sobre la base de que el régimen había adquirido el control del poder coercitivo del Estado y que era capaz de imponer orden en la sociedad. Este reconocimiento de legitimidad fue en un primer momento sumamente restringido, casi exclusivamente aplicado para legitimar la emisión de decretos ejecutivos, pero con el tiempo también fue legitimado el poder de promulgar leyes y aun el de modificar y suspender las garantías constitucionales sobre el mero *factum* del derecho positivo. Genaro Carrió analizó la rareza lógica, que luego comentaremos, involucrada en el pasaje del poder físico al normativo en el que incurrieron estas decisiones judiciales[18]. En 1984, la Corte Suprema Argentina cambió su doctrina sobre la base de que la validez de la ley era un predicado normativo que sólo podía ser aplicado a aquéllas emitidas democráticamente, por lo que sólo cuando las leyes de facto fueran explícita e implícitamente ratificadas o no derogadas por cuerpos democráticos podían adquirir validez. Pero la Corte Suprema ampliada por el presidente Menem en el año 1990 resultó regresiva, volviendo a su antigua doctrina de clara inspiración positivista (dijo que cualquiera sean nuestras actitudes afectivas o ideológicas referentes a los regímenes militares, debemos reconocer como un hecho que ellos resultan aptos para emitir leyes válidas)[19].

El comunitarismo puede también derivar en un camino bastante poco atractivo, aunque ninguno de los autores mencionados promueven tal desarrollo. A pesar del atractivo de su visión realista del hombre, del valor de los vínculos sociales y familiares como base para derechos y deberes especiales, de la conexión entre valores y prácticas sociales, cada una de las marcas distintivas del comunitarismo puede generar, cuando es desarrollada en todas sus implicaciones, un aspecto diferente de una visión totalitaria de la sociedad.

La primacía de lo bueno sobre los derechos individuales permite la justificación de políticas perfeccionistas que intentan imponer ideales de excelencia o virtudes personales, aun cuando las personas no las perciban y por ende no las suscriban. En efecto, si los derechos son los únicos medios de satisfacer una determinada concepción de lo bueno, por qué no prescindir de ellos cuando esa concepción de lo bueno puede ser más eficazmente materializada por medio de

---

[18] Véase *Sobre los límites del lenguaje normativo*.
[19] Véase este tema en mis libros *La validez del Derecho*, ya citado, y *Fundamentos de Derecho Constitucional*, Buenos Aires 1992.

otras vías? Aquí también es posible hacer referencia al ejemplo de Argentina, donde los gobiernos militares, apoyados por los sectores conservadores de la iglesia católica, tenían la invariable política de coercionar a los ciudadanos a amoldarse a supuestos ideales de virtud aun con respecto a su vida privada. Por eso, las publicaciones y las películas eran censuradas aun para exhibiciones adultas, el comportamiento desviado era perseguido, y aun el modo en que la gente se vestía o sus cortes de pelo eran supervisados.

La idea de que la dimensión social es dominante en la concepción de lo bueno puede llevar a uno a justificar sacrificios de individuos con el propósito de promover el bienestar general de la sociedad o del Estado concebido en términos holísticos. La glorificación de uniones particulares con grupos sociales como la familia o la Nación, puede servir de basamento para actitudes colectivistas, tribalistas o nacionalistas, que subyacen a muchos de los conflictos que la humanidad debe aguantar, y que han salido últimamente a la superficie en Europa occidental y oriental. Aquí también es útil dar el ejemplo de Argentina durante regímenes militares: la denominada "guerra sucia contra la subversión", que condujo a la desaparición, muerte y tortura de miles de personas, a menudo no relacionadas con la subversión izquierdista, fue llevada a cabo bajo la "doctrina de la seguridad nacional", que es una concepción holística basada en lo bueno del "ser nacional", los intereses de quien se sostenía que prevalecían sobre los de los individuos, y eran interpretados en un modo privilegiado por determinados grupos como las Fuerzas Armadas o la Iglesia. En una dimensión más restringida, la idea de que el bien primario es aquel presente en asociaciones como la familia, ante los cuales los derechos de los individuos deben ceder, fue invocado por la Corte Suprema en orden de permitir un trasplante de riñón de una niña a su hermano, sin tener en cuenta, que por el hecho de ser menor de edad, era dudoso si ella podía válidamente prestar el consentimiento.

Por último, la dependencia del criticismo sobre la moral práctica que es también uno de los principales aspectos del comunitarismo, puede conducir a un relativismo conservador que, por un lado, no es apto para resolver conflictos entre los que apelan a diferentes tradiciones o convenciones; y por otro lado, no permite la evaluación de aquellas tradiciones y convenciones en el contexto de una sociedad, desde que la evaluación presupondría prácticas sociales sin contar con principios independientes para diferenciar entre ellas. Para brindar un ejemplo extremo, nuevamente tomado de la dictadura militar argentina, las autoridades militares de la provincia de Córdoba prohibieron la enseñanza de matemática moderna en las escuelas, bajo el entendimiento de que se podía entrenar a los estudiantes en un grado de abstracción que pudiera ser llevado luego a otros campos del conocimiento, y por eso, cuando fuera aplicado al campo político y moral, crearía el riesgo de que la gente se volviera propensa a efectuar críticas a las tradiciones y convenciones que definían el ser nacional (lamento estos ejemplos tan truculentos, pero creo que es importante para aquellos que nutren el germen de estos puntos de vista, al amparo de seguros y liberales refugios, estar atentos a la clase de fuego con el que están jugando).

Consecuentemente, estas dos caras oscuras que pueden presentar al comunitarismo y el positivismo ideológico, en vez de las caras nobles de Bobbio o An-Na'im pueden combinarse juntos para legitimar regímenes aborrecibles: el positivismo ideológico puede justificar su origen autoritario, y el comunitarismo su contenido totalitario.

5.

La segunda conexión entre las dos posiciones que quiero mencionar es más bien la otra cara de la moneda con respecto a la primera: tiene que ver con algunas coincidencias entre preocupaciones, vagas pero legítimas, que hacen plausibles tanto al positivismo jurídico como al comunitarismo en sus mejores versiones. He mencionado anteriormente cuáles son aquellas preocupaciones del positivismo: la subjetividad y arbitrariedad de decisiones que afectan a las relaciones sociales si no se afirmara que el factum del derecho positivo ata aquellas decisiones y si ellas fueran pensadas, o bien como inevitable y radicalmente carente de fundamentos, o fundadas en invocaciones morales inasibles. El terror de los positivistas ideológicos se materializa en la imagen de un juez que deja un lado el texto claro de una ley y toma una decisión que no se deriva de una interpretación razonable de ella, ya sea alegando que una decisión contra la ley es tan buena como la que estaría acorde a ella, o invocando sus valores morales para descalificar la ley y decidir directamente de acuerdo a esos valores. Este es el terror del moralismo.

Si uno analiza profundamente las preocupaciones de muchos comunitaristas, creo que algunos de ellos (por supuestos, no entran aquí los que sostienen que el liberalismo no tiene en cuenta ciertos ideales como patriotismo, fraternidad, convicciones personales, etc.) son de un tenor similar. Consideran que el liberalismo, particularmente en su versión kantiana, lleva en sí mismo a conclusiones morales subjetivas y arbitrarias. Esto es así primero, porque la acusación de Hegel contra Kant acerca de que las estructuras formales del razonamiento práctico no son suficientes para determinar conclusiones morales sustantivas todavía subsiste, y cualquier pretensión de derivar esos resultados deben implicar saltos lógicos-arbitrarios. Limitaciones como lo son la universalidad no se pueden evitar adoptándose principios opuestos mientras estemos compelidos a aplicarlos universalmente, y la concepción de seres nuomenales que están abstraídos de los intereses particulares, las concepciones del bien sostenidos por ellos y las circunstancias sociales, son "una base demasiado escasa" (para usar la expresión de Rawls que a los comunitaristas les gustaría usar no sólo contra Kant sino también contra él mismo) para deducir principios morales unívocos. Pero en segundo lugar, y más importante, el liberalismo parece implicar una epistemología moral individualista, en la cual algunos individuos "iluminados" pueden llegar a la conclusión respecto de lo que requiere la moralidad sobre la base de asunciones de razonamiento práctico, aun cuando tales requerimientos se apliquen a gente muy lejana en tiempo, espacio y costumbres, sin tener en cuenta las prácticas colectivas de la propia gente que involucrada, que resulta de sus luchas y experiencias.

Por eso, una rama del comunitarismo está preocupado por el elitismo epistémico que se percibe en el liberalismo. Por ejemplo, Michael Walzer en su brillante artículo "filosofía y democracia" reprocha a los nuevos "reyes-filósofos", que tratan de influenciar a los jueces, especialmente en su ejercicio del control judicial de las leyes acerca del verdadero set de derechos contenidos en la Constitución cualquiera sea la experiencia de la gente en sus prácticas políticas. Esta preocupación acerca del elitismo no es necesariamente compartida por el positivismo jurídico ideológico. Pero el elitismo presupone el extenso fenómeno del subjetivismo y la arbitrariedad y aquí es donde se cruzan ambos análisis. Por ello, cuando un juez de la Corte Suprema Norteamericana, con una típica inspiración moral, nulifica un reglamento sobre la base de que viola el derecho a la intimidad –como en "Griswold"– el positivista y el comunitarista pueden quejarse ambos del mismo modo: el positivista porque no ve ese derecho consagrado dentro de la Constitución, el comunitarista porque no ve que ese derecho emerja como derivado de una concepción de lo bueno implantada en la práctica social de la comunidad relevante. Pero ellos no sólo coinciden en sus quejas, sino en el temor de que los Jueces de la Corte Suprema están imponiendo su moral en el resto de la comunidad. Yo consideraría esta objeción o su temor respectivo bajo el rótulo de "moralismo liberal".

Lo que me gustaría argumentar ahora es que, a pesar de la preocupación que los positivistas ideológicos y los comunitaristas tienen acerca de la subjetividad y arbitrariedad involucradas en el moralismo liberal se encuentra bastante justificada, le dan dos soluciones diferentes –y equivocadas– debido a otra característica que tienen en común. Lo que comparten ahora es un concepción filosóficamente seriamente errada que explica porque estas posiciones pueden degenerar en posiciones morales y políticas detestables.

6.

Comencemos por referirnos a cómo el positivismo ideológico, como el manifestado por el positivismo en acción, incurre en la concepción filosófica errada que estoy imputando a ambos puntos de vista.

Existe una manera fácil de iniciar el diagnóstico sobre lo que es incorrecto en el positivismo ideológico: el mismo incurre en la, así llamada, "falacia naturalística", que es la falacia de tratar de derivar normas y valores de meras circunstancias fácticas, o quizás más precisamente, tratar de justificar decisiones sobre la base de hechos que son compatibles tanto con esas decisiones como con las opuestas. El positivismo ideológico considera que es posible justificar una decisión tal como "Pedro debería ir a la cárcel por haber cometido un homicidio" citando una descripción de cierto hecho tal como "el legislador L prescribió que aquellos que cometan homicidio, deberían ir a la cárcel". Pero es posible afirmar sinceramente esta última proposición y adoptar una decisión contraria respecto de Pedro, el homicida, sin incurrir en una contradicción lógica o pragmática. Eso muestra que la proposición descriptiva en cuestión no expresa una razón suficiente para la decisión, que no es irracional aceptarla y no decidir mandar a Pedro el homicida a la cárcel cuando uno pudiera haberlo hecho.

Esto mismo puede hacerse extensivo al contenido descriptivo del concepto de legislador. Por ejemplo, si nosotros asumimos una primer premisa que dice que un legislador es quien sea que pueda de hecho emitir prescripciones y ser generalmente obedecido por los miembros del grupo de destinatarios, quizás porque existe una practica social de obedecerlo a él o a una determinada clase de personas con determinados rasgos a los que pertenece, o quizás porque tiene la capacidad real de poner en acción un aparato coercitivo para sancionar a los incumplidores. Todo esto puede ser agregado, y todavía no es irracional aceptar esta descripción de la situación y decidir igual no obrar de acuerdo con la prescripción del legislador mediante la conducta de castigar de Pedro.

Las cosas serían diferentes si en el concepto del legislador se incluyeran características normativas o evaluativas, como la característica de que el sea una autoridad legítima, o alguien que debería ser obedecido, o alguien cuyas prescripciones tiene peso o fuerza obligatoria, o son válidos en algún sentido. Esta diferencia será por supuesto espuria si todas estas propiedades estuvieran finalmente reducidas a la clase hechos espacio-temporales como los mencionados en el párrafo anterior. En este caso, nuevamente la incorporación de estas asunciones, no harían que la descripción exprese una razón suficiente para actuar en una determinada manera. Pero si las propiedades en cuestión estuvieran dadas por normas o juicios de valor que no fueran aceptados por determinados hechos espacio-temporales y las condiciones de su verdad o existencia no fueran reducibles a tales hechos, ahora parecería que hay una suerte de inconsistencia, al menos bajo el supuesto de que todo lo demás sea igual, si uno aceptó que el legislador L prescribió "p", ese legislador L debería ser obedecido, y que, no obstante ello, "p" debería no ser realizado.

Por consiguiente, el positivismo ideológico comete una especie de error lógico cuando asume que la descripción de la emisión y observancia de las prescripciones, las condiciones de existencia son agotadas por algunos hechos espacio-temporales, constituye por sí misma una razón suficiente para justificar decisiones.

Pero éste es todavía un relato bastante superficial del error que comete el positivismo ideológico. Esto es así porque al igual que Frankena, considero que la falacia naturalista no es una verdadera falacia en un sentido lógico. La impresión de que lo es, creo yo, viene de la presunción de que cuando se dice que una norma es deducida de una descripción fáctica a veces se entiende por "norma", una prescripción, que es el acto de formular un juicio normativo con la intención de que la formulación sea tomada como parte de la razón para actuar por los destinatarios. Está claro que una prescripción así concebida no puede derivar de una proposición descriptiva sólo porque es un acto que no puede deducirse de una proposición, cualquiera sea ésta. Pero el contenido o la justificación de una decisión no es una prescripción en este sentido. Es una proposición normativa que difiere de otras simplemente porque recurre a predicados deónticos para calificar acciones. Por consiguiente, no hay nada a priori que evite que ellas deriven de puras descripciones de hechos espacio-temporales. Aun más, han habido intentos bastante convincentes a este respecto, como la propuesta de Judith Thompson de derivar, de la proposición de que "x es un acto de torturar a un niño inocente", la proposición normativa de que "siendo las demás cosas iguales, x no debería realizarse".

De hecho, creo que la falacia naturalística no es más que una simple non sequitur, dado por el hecho de que no hay una conexión relevante entre los predicados de las premisas y los de la conclusión (como en el siguiente ejemplo: 1.- Todos los hombres son mortales; 2.- Sócrates es un hombre; 3.- Por lo tanto, Sócrates es un filósofo).

Esto significa que una vez que la acusación de falacia lógica es dejado de lado, se necesita una explicación más profunda sobre por qué no hay una conexión relevante entre los hechos de la sanción prescripciones por parte de aquéllos en ejercicio del poder en una sociedad y la obligatoriedad de tales prescripciones, dado el hecho de que mucha gente sensible ha pensado que sí existe tal conexión.

Considero que puede proveerse esta explicación puntualizando que el positivismo ideológico tiene una concepción errada de la naturaleza del discurso jurídico. Lo concibe como un discurso insular, cuando de hecho es sólo parte de un discurso práctico más amplio e integrado que apunta razones morales determinantes, es decir razones que son aceptadas autonómamente y que tienen otras características tales como universalidad, generalidad, finalidad, etc. Para mí, es crucial que avancemos sobre la naturaleza del discurso justificatorio, desde que todas las razones intersubjetivas que tenemos para actuar o decidir de una u otra forma en materias que pueden afectar a otra gente, son aquellas que podemos inferirse de las suposiciones de nuestra práctica social de darnos razones unos a otros[20].

Si el positivismo ideológico estuviera en lo correcto, como quizás esté en lo correcto con respecto a culturas diferentes con modalidades bastante diversas de con discurso justificatorio, decir que algunas prescripciones han sido promulgadas por aquellos que tienen el control del aparato coercitivo de la sociedad pondría fin a toda posible discusión y sería irracional aceptar este hecho y negar que uno debiera actuar consecuentemente. Pero esto no es así, como ya vimos. En el discurso jurídico, decir que algún estándar es legal es en sí mismo una razón –y no solamente una descripción de un hecho neutral– para aceptarlo y actuar él lo prescribe (esto es lo que creo que Dworkin implica con su observación de que las disputas acerca de qué estipula el derecho no pueden ser meramente semánticas o de hecho[21]). Pero la razón para actuar y decidir que consiste en adscribir un carácter legal a un determinado estándar, no puede, en el última instancia, ser en sí misma y hacer de sí misma una razón jurídica. Debe tratarse de un fundamento extra-jurídico, una razón que no depende en una autoridad, la cual, por eso, dada alguna especificidad de contenido, viene a ser una razón moral.

Se puede mostrar lo mismo si nos preguntamos cómo podemos detectar qué estándares operan como estándares jurídicos en el razonamiento práctico. La respuesta plausible no recae, como propuso Kelsen, en su contenido, sino en el hecho de que son aceptados porque han sido adoptados por ciertas autoridades distintivas. Es decir, las razones por las que son aceptados en ciertas instancias del razonamiento práctico es lo que distingue los estándares jurídicos de otros estándares también aceptados en el razonamiento práctico. Pero aquellas razones de aceptación de los estándares legales tienen una estructura diferente: no pueden consistir en la mera descripción de que han sido prescriptas por ciertas autoridades, ya que esto, como vimos, es compatible con la no aceptación de los estandáres, y por ello, no constituye una razón de ninguna manera. Tal fundamento debe consistir en la descripción del hecho de que algún cuerpo[22] prescribió algo mas una proposición a efectos de que ese cuerpo esté legitimado en el modo que lo vimos previamente. Dado el hecho de que la última proposición no puede ser una descripción de otro hecho de prescripción, sino que debería ser una norma autónomamente aceptada –una norma moral– las normas morales intervienen en la identificación de las normas jurídicas. Identificamos normas jurídicas en el razonamiento práctico por el hecho de que están siendo derivadas, en ese razonamiento, de normas morales.

---

20 Véase mi libro *The Ethics of Human Rights*, Oxford, 1991, cap. 3, y *El Constructivismo Ético*, Madrid, 1989.
21 Véase *Law's Empire*.
22 [N. de las T.] *"Some body"* en el original.

La dependencia del discurso jurídico respecto del más amplio discurso moral se manifiesta de diversas maneras. Mayormente emerge en casos críticos en los cuales la autoridad del emisor de una prescripción legal es puesta en disputa, como por ejemplo, en el caso de la usurpación de quien era tomado normalmente como la autoridad final, o cuando hay un conflicto entre diferentes fuentes básicas, o cuando resulta un conflicto entre la legislación internacional y la interna, o cuando hay problemas de interpretación que no pueden arreglarse mediante estándares legales desde que ellos mismos están afectados por problemas de interpretación. Hay conceptos, como el de validez, que sirven de puentes entre el discurso jurídico y el justificatorio más amplio: decir que una ley es valida es decir que pasa el test de ese discurso más amplio, y que por eso hay razones –morales– para observarla. En otro lugar he argumentado que el esfuerzo de los teóricos jurídicos para definir estos conceptos en un modo tal que los haga operar sin conexión con el más amplio discurso moral lleva a estos teóricos a varias perplejidades acerca de problemas tales como la contradicción de leyes de diferentes niveles o el problema de la reforma de la ley que establece cómo otras leyes y ella misma deben ser reformadas. Esto es así, porque se vuelve imposible absorber en el concepto reconstruido, las características que ellos tienen cuando son espontáneamente usados en orden de conectar el discurso jurídico con el moral, más amplio.

Es aquí donde existe una conexión relevante entre el positivismo conceptual y el ideológico, que fueran distinguidos en la primer sección: el positivismo conceptual define a los conceptos legales básicos sin tener en cuenta la inmersión del discurso jurídico dentro del moral, más amplio: esto ocurre, como vimos al comienzo con el concepto mismo de derecho, y aquí vemos que ocurre con el concepto de validez. Aun cuando el positivismo conceptual no afirma o presupone con esto que el discurso jurídico es insular, es difícil ver cual sería el uso de tales conceptos en contextos justificatorios que no fuera el intento de desarrollar un discurso jurídico autónomo. Por ende, mientras que el positivismo conceptual es en sí mismo inerte e inocuo, provee las herramientas para el positivismo en acción, el cual se convierte en ideológico.

Para resumir, el positivismo ideológico tiene una concepción errada el discurso jurídico, porque lo ve como autónomo y insular, cuando en realidad es dependiente, y es parte, de un discurso moral más amplio. En esta errada concepción del discurso jurídico, el positivismo ideológico lo ve como substituyendo al discurso moral. La substitución intentada adscribe a las supuestas "razones jurídica" algunas de las características de las morales, como su finalidad, pero no otras, como la generalidad y universalidad. Por supuesto, el intento de sustitución falla, desde que los discursos básicos no son transformados ni reemplazados a voluntad, sino que son el aspecto más fundamental de las culturas enteras (si es que no lo son de todas las culturas). Curiosamente, el positivismo que parece ser tan respetuoso de los hechos detrás de algunas normas, ignora el hecho básico acerca de cómo está constituido en nuestra cultura el discurso normativo.

7.

Considero que el comunitarismo incurre, esencialmente, en el mismo error que el positivismo ideológico, de aprehender incorrectamente la naturaleza de nuestro discurso justificatorio, por más de que esa visión incorrecta presente aquí otras particularidades.

Uno de los aspectos de nuestra práctica social de la discusión moral es que ella nos permite criticar cualquier institución o práctica social, incluyendo, por supuesto, ella misma –como lo hacen los propios autores comunitaristas. Esto es debido a que, como vimos previamente, los argumentos de autoridad religiosa, legal o convencional nunca son finales y concluyentes dentro de nuestra práctica de darnos razones mutuamente. Toda autoridad debería estar justificada sobre la base de principios que no son ellos mismos aceptados sobre la base de la autoridad. Esto, por supuesto, se aplica a las convenciones y tradiciones. Por lo tanto, los comunitaristas se equivocan en pensar que algunas tradiciones o convenciones sociales puedan estar exentas de la crítica moral, como puede ser evidenciado inmediatamente tan pronto como ellos señalen cualquier ejemplo real de una convención o tradición que fuera así inmunizada de la valoración crítica.

Segundo, no es verdad que la práctica post-iluminista de la discusión moral, cuyas asunciones todos compartimos, incluyendo los comunitaristas, pretenda permitir la derivación de derechos sin una previa concepción de lo bueno. Como traté de mostrar en otro lado[23], la práctica de brindarnos razones unos a otros presupone el valor del actuar sobre la base de las razones libremente aceptadas y esto constituye el valor de la autonomía, en el sentido kantiano. De este valor general de la autonomía moral, que se refiere al valor de actuar sobre la base de cualquier principio moral libremente aceptado, puede ser inferido el valor más específico y no-restringido[24] de la autonomía personal, que se refiere al valor de actuar sobre la base de principios e ideales morales autorreferenciales (lo cual, a diferencia de las acciones basadas en principios de moral interpersonal no puede ser restringido para preservar la autonomía de otros). Consecuentemente, el liberalismo implícito en nuestra práctica de discusión moral no es enteramente neutral hacia las concepciones de lo bueno, como los comunitaristas objetan, sino que presupone lo bueno de la autonomía. Ahora, es cierto que esa autonomía es una clase especial de bien: comprende la permisión a cada persona de buscar libremente otros bienes, aun algunos que puedan ser antagónicos con el bien mis-

---

[23] Véase *The Ethics of Human Rights*, ya citado, capítulo 5.
[24] [N. de las T.] *"Unrestrained"* en el original.

mo de la autonomía (que de todas maneras es realizada cuando esa otro "bien" ha sido libremente alcanzado por la persona en cuestión). Los comunitaristas se equivocan al afirmar que los liberales, que se basan en los presupuestos de nuestra práctica de discusión moral, intentan derivar los derechos de la nada, sin ninguna concepción de lo bueno; y están doblemente equivocados cuando introducen, contraviniendo tales presupuestos, supuestos bienes que hacen imposible como consecuencia necesaria, al bien de la autonomía. Por supuesto, la autonomía requiere algunas precondiciones que permiten a la gente elegir y materializar sus propias concepciones sobre el bien y los ideales personales; entre esas precondiciones se encuentran, por supuesto, la membresía a grupos sociales: pero si membresía es valorada precisamente en tanto instrumento de la autonomía, debería ser considerada tan voluntaria como fuera posible, a fin de no frustrar el bien al cual sirve.

Por supuesto, nuestra práctica del discurso moral no asume sólo el valor de la autonomía, el cual no es completamente reconocido por los comunitaristas. También asume el requisito de imparcialidad que califica el valor anterior. Cuando discutimos entre nosotros tratamos de determinar cuál es el principio que un árbitro ideal aceptaría con el fin de solucionar el conflicto. Esto incluye los requerimientos de generalidad y universalidad, desde que no pensamos que los principios imparciales pueden hacer diferencias sobre la base de circunstancias identificadas por nombres propios o descripciones incuestionables, o que sean aplicadas de manera diferente a casos que no difieren en las propiedades que son tomadas en cuenta por esos mismos principios. Esto es lo que nos compromete a aplicar a gente lejana en el tiempo y el espacio los mismos principios que nos aplicamos a nosotros mismos, al menos si no se revela que ellos difieren en circunstancias que tales principios hacen relevantes. Contrariamente a lo que sostiene Rhonda Howard en el párrafo anteriormente transcripto, no creemos que el mero hecho de vivir en África, por ejemplo, le otorgue a alguien un estatus moral diferente, a pesar de que algunas circunstancias como el hambre, la ignorancia, la enfermedad, etc. puedan marcar una diferencia en las implicaciones de los principios generales y universales. Los comunitaristas nunca son claros acerca de cuáles son los principios de sus propias tradiciones que ellos rechazan aplicar a otros y por qué. En un contexto menos filosófico, An-Na'im alega, como vimos, que el castigo prescripto por el Corán no debería ser aplicado a los no-musulmanes, pero el principio general no puede seguramente ser que todos deberían ser tratado de acuerdo a los principios en que cada uno crea (cuando estos son principios intersubjetivos), ya que en ese caso alguien que no creyera en la propiedad, ¡no podría ser castigado por robar!

Por supuesto, las presuposiciones de autonomía e imparcialidad implícitas en la práctica social del discurso moral conducen a una determinada concepción de la persona, de acuerdo a la cual la identidad de un sujeto no depende de los fines que elige o los deseos que resulta tener, la identidad de cada persona es separable de cada uno de los demás, y esa identidad no se ve afectada por su membresía en uno u otro grupo social. No sirve de nada a los comunitaristas burlarse de esta concepción como no-realista considerando todo lo que conocemos de la gente real, desde que esta concepción no es antropológica sino normativa: es solamente una abstracción de los requisitos normativos de autonomía e imparcialidad y determina qué tipo de razones que podemos dar a otros que son válidas y cuáles no. Por ejemplo, la idea de separación de las personas involucradas en esta concepción no niega que las personas están profundamente unidas unas a otras y que el bien de los otros pueda ser central para los intereses de cada uno de nosotros; sólo implica que no podemos sostener como única razón para dañar la autonomía de alguien, la circunstancia de que ello sirva para otorgar una autonomía mayor a otros.

En síntesis, igual que los positivistas ideológicos, los comunitaristas contradicen su dogma principal: en este caso, el dogma principal consiste en tener en cuenta a las prácticas sociales en la derivación de principios morales. Pero no consideran las asunciones de la misma práctica de la discusión moral que todos compartimos. No es lógicamente posible criticar a nuestra cultura por características de su práctica de discusión moral –como la autonomía y la imparcialidad universal–, y al mismo tiempo abogar por que se tenga en cuenta la especificidad cultural. Simplemente ocurre que la especificidad de nuestra cultura es no tomar en cuenta las especificidades culturales para efectuar los juicios morales básicos!.

Por supuesto, esta manera de disparar al comunitarismo con su propia arma no implica que nosotros adoptemos ese arma. El argumento en favor de extender los derechos humanos universalmente consiste en que el hecho ser musulmán o vivir en el Irán no es una propiedad relevante para distinguir a las personas con respecto al disfrute de tales derechos; no el hecho de que el discurso justificatorio de nuestra cultura se basa en la imparcialidad universal. Esto significa que alguien como An-Na'im no podría replicar que, como las presuposiciones del discurso de su cultura admiten que la diversidad cultural hace una diferencia moral, él está justificado en concluir que algunas penalidades no son degradantes cuando son aplicados a musulmanes y sí lo son cuando son aplicados a otras personas. Lo que él estaría diciendo no sería inteligible para nosotros, ya que se trataría de algo diferente a la descripción, perfectamente razonable, de que los musulmanes consideran que tales penalidades no son degradantes; él estaría diciendo que no son degradantes por el mero hecho de que la persona a la que le son aplicadas resultan ser musulmanes. Esto aún podría tendría sentido para nosotros si lo que quisiera decir el argumento fuera que todas las personas deberían ser tratadas de acuerdo a sus propias ideas religiosas o morales; sin embargo, como ya vimos, eso no puede ser lo que quiere decir, además del hecho de que este juicio en sí mismo no parece ser relativo a algunas afiliaciones religiones o morales. Quizás, la afirmación de que los juicios morales básicos deberían variar con la especificidad cultural pueda ser inteligible para aquellos que cuentan con un aparato conceptual diferente al involucrado en nuestra cultura; pero quizás no sea inteligible para ninguno, desde que atenta contra algunos requerimientos invariables del pensamiento práctico.

Si bien el comunitarismo incurre en el mismo error que el positivismo ideológico, de concebir equivocadamente la naturaleza del discurso justificatorio, la equivocación va ahora en la dirección opuesta: he dicho que el positivismo ideológico trata al discurso jurídico como si fuera el discurso moral total, y no una mera parte especializada de él. Bien, el comunitarismo trata a la totalidad del discurso moral como si fuera su esfera legal: lo concibe como uno discurso en el cual se podría concluir que lo que está permitido o prohibido puede variar de acuerdo a los límites dados por las convenciones y las tradiciones sociales.

8.
Que hay acerca de la legítima preocupación de ambos, positivistas y comunitaristas, de que el moralismo liberal lleve a la subjetividad, arbitrariedad y elitismo de algunas personas –académicos, jueces, líderes de países poderosos, titulares de agencias internacionales– que impondrían universal y uniformemente su "inspiración moral" acerca de la extensión, balance y aplicación correctos de los derechos humanos, sin tener en consideración las experiencias, deseos y prácticas de la propia gente involucrada?

Yo creo que lo que está siendo levantado aquí no es una preocupación ontológica sino epistémica y que debería ser abordada en sus propios términos. Esto es, la legítima preocupación presentada no es acerca de si los derechos humanos son universales, sino acerca de cómo sabemos qué derechos humanos hay, cuál es el equilibrio apropiado entre ellos cuando están en conflicto, cuáles son los deberes que corresponden a ellos, qué actos en qué circunstancias infringen tales deberes, etc.

Mi propio parecer es que el ejercicio de la práctica misma de la discusión moral por la gente involucrada en un conflicto o controversia y el consenso que es alcanzado como resultado de ese ejercicio tiene poder epistémico para señalar cual es la solución correcta para los problemas de moral intersubjetiva, como los mencionados acerca de la extensión de los derechos humanos. Considero que si toda la gente involucrada en un conflicto acerca del alcance de diferentes derechos y acerca de cuáles actos los vulneran delibera y alcanza determinado acuerdo acerca del conflicto, existe una fuerte probabilidad de que esta fuera la solución a la que hubiera llegado un árbitro imparcial.

En otro lugar[25] he sostenido que este valor epistémico se extiende, aunque en forma disminuida, a un proceso democrático que sustituye la práctica original de la discusión moral –consenso unánime– por la regla de la mayoría, cuando debe fijarse un tiempo para adoptar cierta solución y hay necesidad de no dar poder de veto a una minoría para que ella pueda favorecer el status quo. Este valor epistémico del proceso democrático –cuya base no puedo explicar aquí– no implica infalibilidad, sino solamente más confiabilidad que cualquier otro método para tomar decisiones colectivas, es relativo a la satisfacción de ciertas condiciones y al grado de tal satisfacción, y se aplica en general a los resultados generales del proceso democrático y no a cada una de sus decisiones (por lo que hay una razón para aceptar cada una de ellas, aun cuando uno esté seguro de que cierta decisión específica es equivocada, si se quiere maximizar la probabilidad de tener soluciones correctas).

Creo que este recurso a la democracia, acerca de la extensión, balance y modos de vulneración de los derechos humanos es lo que evita el elitismo, subjetivismo y arbitrariedad que los positivistas como Bobbio, y los comunitaristas, perciben detrás del moralismo liberal. En la esfera nacional, excepto cuando las precondiciones para el valor del proceso democrático –que constituyen una especie de derechos a priori– están en peligro, la determinación del alcance y peso de los derechos debería ser dejado a la práctica democrática de la gente y no debería ser interferido con *dicta* desde una banca aristocrática. En la esfera internacional, las presiones externas pueden resultar muy necesarias para alcanzar grados aceptables de respeto de la dignidad humana; pero tales presiones, cuando sea posible, deberían estar dirigidas a hacer que la gente involucrada discuta y negocie entre ella sobre qué deberes deben ser cumplidos en apoyo de los derechos humanos y cuáles actos los infringen, antes que a intervenir directamente para imponer estándares de comportamiento. Considero que el modelo de intervención humanitaria externa es más cercana a la que está ocurriendo en Sudáfrica que la que fue llevada a cabo en la guerra del Golfo.

Esta deliberación pública acerca de la extensión de los derechos humanos y el alcance de sus violaciones es lo que probablemente An-Na'im tiene en mente cuando se refiere en su trabajo a los intercambios internos y externos, bastante alejado de la forma relativista en que él lo pone. En efecto, su ejemplo de castigo cruel, inhumano o degradante ilustra tan bien mi punto de que es mejor detenerse brevemente sobre él antes de terminar este trabajo.

Tengo problemas con el ejemplo del castigo de cortar las manos de los ladrones porque en otros trabajos[26] he avanzado sobre una teoría del castigo que no

---

[25] Véase por ejemplo "The Epistemic Value of Democracy", en *Ratio Iuris*.
[26] Véase especialmente *A Consensual Theroy of Punishment*.

parece excluirla. Esa teoría está basada en que la exigencia de que el castigo debería ser un medio racional de protección social (que requiere que sea una forma eficaz y económica de evitar menos daños que aquéllos involucrados en éste)[27] y que debería ser consentido por el individuo a quien se le impone (lo que requiere que el individuo cometa voluntariamente un acto sabiendo que la sujeción al castigo es una consecuencia normativa necesaria de ese acto, por más que el pudiera esperar que no le fuera efectivamente impuesto). He excluido la posibilidad de justificar la pena de muerte, no sólo porque difícilmente puedan cumplirse los requisitos de eficacia y economía, de acuerdo circunstancias empíricas, sino principalmente porque el consentimiento del individuo no puede justificar excluirlo de la comunidad de la deliberación pública que es la fuente de toda justificación. Pero esta racionalidad no se aplica a las mutilaciones como las ordenadas por el Corán. Entonces, ¿cómo puedo yo tratar satisfactoriamente con este forma de castigo que muchos, incluso yo, encontramos aborrecible?

La primer cuestión para señalar es que nuestros sentimientos de aborrecimiento hacia estas mutilaciones bien podrían corresponderse con posibles sentimientos similares de otra gente hacia nuestros castigos usuales: no podemos descartar que gente de tribus muy lejanas, acostumbradas a castigos más directos, pudiera tener el mismo escalofriante sentimiento cuando observa nuestro sistema carcelario, con toda su mugre, disciplina y burocrática frialdad. ¿Cómo podemos explicar esto sin caer en un relativismo acerca de los principios para justificar el castigo?

Creo que principios como los que he defendido dejan suficiente espacio como para permitir que se adopten diferentes soluciones por medio de la práctica democrática de la gente involucrada. Primero, el requisito de protección prudencial de la sociedad depende, de diferentes maneras, de las preferencias y sentimientos de la gente. Si en una sociedad la mayoría de la gente se siente mucho más ofendida y humillada por alguna clase de privación que por otra, el daño involucrado en la primera puede ser antieconómico, en el sentido de que algunos resultados beneficiosos podrían ser alcanzados quizás con menos daño, mientras que en otra sociedad el cálculo puede ser el opuesto debido a los diferentes sentimientos de la gente. Además, si la gente en una determinada sociedad prefiere la mutilación a la cárcel, cuando en otra sociedad la preferencia general va en el otro sentido, esto también afecta el cálculo de eficacia del castigo. Segundo, hay un sentimiento no-moral sobre lo que aberrante que varía de sociedad en sociedad y que las leyes que imponen castigo, como cualquier otra ley, deberían respetar: si en una determinada sociedad, la gente aborrece comer perros o ratas, mientras que en otros grupos sociales, esto es

---

[27] [N. de las T.] "*Of preventing less harms than those involved in it*", en el original. Podría tratarse de un error de redacción.

tomado como un placer, esto debería ser tenido en cuenta en las medidas legales que se adoptan. La idea de mutilar o golpear brutalmente en forma oficial a un ser humano puede provocar en una sociedad esta clase de sentimientos no-morales sobre lo que es aberrante, el mismo que en otra sociedad podría ser provocado por la idea de que la gente sea encerrada en celdas del estado; estos variables sentimientos sociales deberían ser respetados de acuerdo con los principios no-variables para justificar el castigo. Estas preferencias y sentimientos variables que afectan la justificación de la imposición de penas específicas, aun aceptando los requisitos invariables para esa justificación, son mejor procesados en una deliberación participativa en la cual toda la gente involucrada puede expresarlos (tanto como estimar si existen situaciones típicas en las cuales el consentimiento de los individuos a la sujeción al castigo está viciada porque están sujetos a condicionamientos sociales inequitativos).

Esto podría brindar cierta satisfacción a la preocupación de An-Na'im acerca de la variabilidad de la idea de penas crueles, inhumanas o degradantes. Sin embargo, la satisfacción debería ser bastante limitada, desde que en el ejemplo particular que él da, el apoyo a la penalidad por parte del proceso democrático es bastante dudoso: primero, muchos países en los cuales esta clase de castigo es aplicado no son precisamente modelos de democracia. Segundo, aun si lo fueran, son países teocráticos en los que las decisiones colectivas –como aquellas que imponen este tipo de castigos– son adoptadas sobre la base de ideales de excelencia personal, infringiendo la autonomía personal. Tercero, las leyes sobre qué castigos serán impuestos no pueden estar basadas en aquellos ideales de excelencia de inspiraciones religiosas, no sólo porque ello infringe la autonomía personal, sino también porque la democracia sólo tiene valor epistémico con respecto a ideales intersubjetivos, cuya validez está basada en la imparcialidad y no en otra autoridad, como una de tipo religioso. Es bastante probable que, si las sociedades en las cuales cortar las manos es ahora visto como un castigo aceptable, se volvieran –como deberían hacerlo–, más democráticas y seculares, sus actitudes hacia esta clase de castigos cambiaría (como ha ocurrido en otros países predominantemente musulmanes que atravesaron el proceso de democratización y secularización).

De todos modos, considero que esta combinación entre una moralidad interpersonal objetiva –como la proveedora de razones últimas para la acción– basada en los presupuestos de la práctica de la deliberación moral, y el valor epistémico que emana de los resultados variables del proceso democrático absorbe lo que es legitimo de las preocupaciones de los positivistas y comunitaristas, evitando sus implicaciones que pueden llevar a aprobar o apoyar esquemas totalitarios.

Tal como aspiran los positivistas ideológicos, algunas promulgaciones legales proveen razones para la acción, si bien esto se aplica solamente a las democráticas, y las razones que ellas proveen son más bien razones para creer que hay razones para actuar. Como los comunitaristas enfatizan, la amplitud, balance y patrones de violación de derechos son determinados por la práctica social, a pesar de que ninguna práctica lo haría: debe ser una práctica de deliberación colectiva, cumpliendo con precondiciones –algunas de las cuales constituyen derechos a priori– y dirigida a descubrir la extensión de los principios morales universales involucrados en la justificación.

III.
DEMOCRACIA DELIBERATIVA

¿QUÉ ES LA DEMOCRACIA?*

La democracia es el único sistema de gobierno que garantiza el debate crítico de concepciones y medidas políticas, favoreciendo la percepción de sus posibles errores y de los intereses que puedan subyacer en ellas. Es también la única forma política que reconoce la autonomía y dignidad moral de los ciudadanos al atribuirles en conjunto la responsabilidad por la construcción del marco social en el que se desarrollarán sus propios planes de vida.

Así mismo, el mundo actual apoya la hipótesis de que hay una correlación entre el progreso intelectual y el bienestar económico, por un lado, y el grado de libertad de los individuos, por el otro (como se advierte simplemente cruzando la frontera entre las dos Alemania); los pesimistas asignan a ese progreso y bienestar el papel de causa del florecimiento de la vida democrática, mientras que los optimistas como yo tienden a considerarlos efectos de tal florecimiento. A pesar de su superioridad moral, el sistema democrático es inestable y delicado: su destrucción se opera en un santiamén, mientras que su restablecimiento y preservación son terriblemente arduos. Ello es así, porque, en primer lugar, la democracia requiere actitudes de tolerancia hacia las diversas opiniones y de respeto de las reglas de juego aun cuando ellas den lugar a resultados adversos. Tales actitudes se han venido deteriorando seriamente en nuestro medio y su recomposición exige medidas educativas de largo aliento.

En segundo término, la democracia exige también políticos profesionales y partidos políticos (organizados democráticamente) que sean respetados. Esto requiere, a su vez, vencer los escrúpulos de mucha gente (sobre todo de los intelectuales) a tener una participación activa en los partidos políticos. Mientras no hagamos ese intento, no tenemos derecho a criticar a los políticos actuales, a quienes les debemos estar sumamente reconocidos por mantener su interés en la cosa pública, en medio de la indiferencia generalizada, cuando no podían canalizar sus inquietudes y tenían que ocuparse en actividades privadas

---

* [N. del E.] Publicado en el diario *Clarín*, Buenos Aires, 1985.

(la de los políticos, como la de los profesores universitarios, debe ser una profesión de dedicación exclusiva).

La paradoja de la democracia es que las precondiciones para que ella florezca solo pueden ser provistas por medio de un sistema democrático en acción. La única esperanza de romper ese círculo, es que un proceso de democracia, tal vez imperfecto pero duradero, lo retroalimente, generando sobre la marcha la tolerancia y participación que conduzcan a la democracia plena.

DEMOCRACIA Y VERDAD MORAL*

En ocasión de algunas controversias públicas, como la que se refiere al tema del divorcio –por ejemplo–, algunos argumentan que una u otra solución constituye una verdad moral objetiva y que, como tal, su validez no depende del número de gente que la apoya ni del resultado de procedimientos democráticos.

Esta cuestión tiene que ver con la relación entre moral y derecho y con la relevancia que tiene para la validez moral de las normas jurídicas el que ellas tengan o no un origen democrático.

Hay un problema central en la filosofía jurídica y política: el derecho positivo, o sea, lo prescripto por las autoridades estatales, no se autojustifica sino que necesita estar moralmente justificado para que tengamos una genuina obligación de observar sus mandatos. En otras palabras: debemos tener razones morales para hacer lo que el derecho prescribe. Pero si actuamos según razones morales el derecho parece ser superfluo: o coincide con esas razones, en cuyo caso es redundante, o no coincide, en cuyo caso no está justificado y debe ser desconocido. Por lo tanto, parece que para un hombre moral el derecho positivo, cualquiera que sea se origen, es irrelevante para guiar su conducta. A él sólo le interesa ese derecho como un instrumento para guiar la conducta de los inmorales. Como la validez de las razones morales no depende de cuánta gente las comparte, entonces no importa que el derecho cuente con aprobación mayoritaria sino que su contenido sea correcto. En consecuencia, no es relevante el origen democrático o no de las autoridades y de sus decisiones; basta con que tales decisiones, aun adoptadas autoritariamente, reflejen la verdad moral. De este modo, el mero requisito de justificación moral del derecho positivo parecería conducir a la superfluidad de ese derecho para los hombres morales y a que éstos impongan autoritariamente a los demás las normas que consideran moralmente justificadas.

Por cierto que si esa imposición autoritaria se logra o no es una cuestión de hecho: bien puede ocurrir que en lugar de un solo grupo dominante que preten-

---

* [N. del E.] Publicado originalmente en el diario *La Nación*, Buenos Aires, 1986.

de imponer sus opiniones morales a los demás haya varios sectores rivales, con fuerzas relativamente equivalente e ideológicas o concepciones opuestas, y todos ellos imbuidos de la misma convicción de que su acceso a la verdad moral es infalible. En ese caso, como lo hemos dolorosamente experimentado en nuestro país, reinarán el caos, la anarquía y la violencia. Esta es la razón profunda por la cual el dogmatismo y el autoritarismo son una de las mayores fuentes generadoras del desorden social (ya que basta para desencadenarlo que se opongan dos dogmatismos autoritarios del signo opuesto).

Desde ya que igual resultado tiene la posición opuesta de que las razones morales son subjetivas o relativas, o la posición que viene a concluir en otro relativismo, de que todo orden jurídico, cualquiera que sea su contenido, se justifica por sí mismo y debe se obedecido. En este caso, la democracia y la tolerancia tienen iguales meritos que las variadas formas del autoritarismo.

Cualquier discusión es inútil y superflua, porque no hay racionalidad en materia moral, sino que ella es cuestión de gustos o preferencias. Por lo tanto, de acuerdo con este enfoque, lo que cabe hacer es tratar de satisfacer esas preferencias a toda costa, sin perder tiempo en debates ilusorios. Eventualmente, corresponde conquistar el poder político para adquirir la legitimidad que –contradictoriamente– se asigna a quien detenta ese poder, cualquiera que sea su origen (esa asignación de legitimidad contradice el presupuesto de que no hay valoraciones morales objetivas). También esta posición desemboca, si es coherentemente llevada a la práctica por gente con opiniones éticas sustantivas diversas, en el caos, la anarquía y la violencia.

Estas posibles consecuencias del dogmatismo y del relativismo ético no demuestran, por supuesto, su falsedad, pero sí constituyen estímulos para buscar una alternativa. Pero ¿cuál puede ser ésta? Creo que ella está dada por la posición que sostiene que no se accede a la verdad moral por un proceso solitario, o sectario, de revelación, intuición o aun de reflexión o razonamiento individual, sino por un proceso colectivo, abierto y público, de discusión libre y racional entre todos los posible interesados, de modo que el consenso que se obtuviera como resultado de esa discusión gozaría de una fuere presunción de que refleja aquella verdad moral. Esto sólo puede ser así si la verdad en materia moral está dada por la aceptabilidad hipotética de principio éticos por todos los afectados por ellos en el caso de que fueran plenamente imparciales, racionales y conocedores de los hechos relevantes. En la medida que en la discusión intentemos detectar los principios que gozan de esa aceptabilidad hipotética y tratemos de reproducir al máximo las condiciones de libertad, apertura a todos los interesados, racionalidad, etc., el consenso que se obtenga al cabo de ella será un reflejo presuntamente fiel del consenso ideal que es constitutivo de la verdad moral. Por supuesto, la presunción es revocable si se demuestra que la conclusión a la que se ha llegado en la discusión no es la misma a la que habrían arribado unánimemente individuos racionales, imparciales y que conocieran todas las circunstancias relevantes.

En la medida que la democracia incorpora esencialmente la discusión, tanto en el origen de las autoridades como en su ejercicio (cambiando sólo por razones de operatividad el consenso unánime por su análogo más cercano que es el consenso mayoritario), la democracia es un método apto de conocimiento ético, y sus conclusiones gozan de una presunción de validez moral. La democracia tiene un valor epistemológico del que carecen otros sistemas de decisión.

Esto resuelve el problema central de la filosofía política al que hice referencia antes: la necesidad de justificar moralmente el orden jurídico no lo vuelve superfluo para el hombre moral; éste accede a los principios éticos presuntamente válidos a través del mismo proceso colectivo, público y abierto de deliberación, discusión y consenso que da origen a las normas jurídicas en un sistema democrático.

El hecho de que a la verdad moral no se acceda en forma individual y solitaria, sino mediante el mismo difícil proceso intersubjetivo de deliberación, discusión y consenso que sirve también como técnica social de resolución pacífica de los conflictos, asegura que la democracia –que incluye esencialmente ese proceso– ofrezca la única garantía de un orden genuino y estable, frente al caos al que nos conducen las variadas formas del autoritarismo.

EL ESCEPTICISMO ÉTICO FRENTE A LA JUSTIFICACIÓN DE LA DEMOCRACIA*

La tesis filosófica que sostiene que no hay procedimientos racionales para determinar la validez de los juicios morales –el escepticismo ético– es, por cierto, una posición teórica respetable. Sin embargo, creo (como lo he tratado de demostrar en otro lugar[1]) que sus principales argumentos pueden ser contestados con éxito. Por otra parte, hay una necesidad imperiosa de responder a los argumentos del escepticismo ético, ya que él conduce a dilemas prácticos insolubles: los que se producen al negar operatividad a la discusión moral racional como técnica social de resolución de conflictos, discusión moral en la que los escépticos se ven, sin embargo, involucrados al debatir sobre diferentes cuestiones.

Un ejemplo de esos dilemas prácticos se da con la justificación moral de la democracia: muchos escépticos aprueban la democracia, pero no creen que se pueda demostrar racionalmente en última instancia, que ella es la mejor forma de gobierno. Sostienen que se trata, al fin de cuentas, de una cuestión de preferencias. Pero ¿qué argumentos hay contra quienes prefieren un sistema autoritario? El escéptico, para ser coherente, tendría que admitir que la argumentación racional en esta, como en otras materias éticas, está tan fuera de lugar, como la discusión acerca de si son preferibles las ostras o los camarones. Pero algunos escépticos no admiten esto y sostienen que la democracia es, sin embargo, justificable. ¿Cómo? Argumentando, por ejemplo, que al no ser ninguna preferencia mejor que otra, desde el punto de vista moral, todas las preferencias *deben* contar por igual, y *debe* satisfacerse la mayor cantidad de preferencias, lo que está garantizado por el sistema democrático. Pero en la frase anterior se usa dos veces la palabra "debe" y la pregunta que cabe hacerse es en qué sentido se lo hace. Como es obvio que tiene un sentido moral (y no jurídico o prudencial), el escéptico debería admitir que ella se usa para expresar a su vez una preferencia (la preferencia porque se computen por igual todas las preferencias y porque se sa-

---

* [N. del E.] Publicado en el diario *La Nación*, Buenos Aires, 1986.
[1] Véase *Ética y derechos humanos*, cap. 2, Buenos Aires, Paidós, 1984.

tisfagan las de la mayoría). En consecuencia, esta misma preferencia debe incluirse, con igual rango, en la bolsa de todas las preferencias, incluyendo las opuestas. Pero ¿qué ocurre si la mayoría prefiere que no se computen por igual todas las preferencias (por ejemplo, que no se dé igual peso a las preferencias de una minoría racial o religiosa), o, en realidad prefiere que se computen solo algunas preferencias (paradójicamente, podrían ser las de una minoría)?

Algunos escépticos han ensayado una salida a este dilema; solo se *deben* computar preferencias personales, no las que se refieren a la vida de los demás o a la forma de computar sus preferencias. Pero, de nuevo, cabe la pregunta acerca del sentido del "debe" que se usa en esta frase. Una vez que lo traducimos a la expresión de una preferencia, como quiere el escéptico, la frase parece autocontradictoria, pues ella expresa una preferencia acerca de la forma de computar las preferencias de los demás. Además, si en el procedimiento democrático solo se expresaran preferencias personales, el debate que es inherente a ese procedimiento sería una mera contraposición de intereses, y no de principios, ideologías o concepciones sociales –o sea, preferencias no meramente personales– que pretenden justificar esos intereses. De más está decir, que si esto fuera así, no tendrían cabida en la democracia los partidos políticos que son portadores de esos principios o ideologías y solo tendrían una función relevante las agrupaciones en las que se asocia la gente por sus intereses crudos, o sea, las corporaciones.

Frente a estos dilemas y a las consecuencias prácticas imprevistas y desagradables del escepticismo ético, creo que los defensores de la democracia y la tolerancia deben seguir explorando la forma de justificar racionalmente estas posiciones. Me parece que el camino que ofrece más esperanza de superar el escepticismo, sin caer en el dogmatismo o en la adopción de presupuestos ontológicos cuestionables, es admitir que cuando pretendemos justificar principios como el de la tolerancia estamos participando de una práctica social –la discusión moral– que tiene reglas implícitas que determinan la validez de un juicio como el que dice que la tolerancia es valiosa. Una de esas reglas remite a la aceptabilidad del principio en condiciones ideales de imparcialidad, racionalidad y conocimiento.

En una nota anterior de este mismo periódico –"Democracia y verdad moral" publicado el 1/6/8– sostuve, sintetizando las condiciones expuestas en un libro[1], que una razón para justificar la democracia está dada por el hecho de que ella tiene cierta analogía estructural con el procedimiento de discusión racional en materia moral, lo que es relevante si se toma en cuenta que las conclusiones a que se llega a través de tal procedimiento –y por extensión a las que se llega por vía de la discusión y decisión democrática– gozan de una presunción revocable de que se aproxima a la verdad moral. Ello es así porque la amplitud y libertad

---

[2] En *obra citada*, cap. 8.

en la discusión, la participación de la mayor cantidad de gente con intereses contrapuestos y el consenso unánime entre los participantes, o su sucedáneo más próximo que es el acuerdo mayoritario, maximizan la satisfacción parcial de las exigencias, implícitas en el discurso moral, de imparcialidad, racionalidad, conocimiento y unanimidad.

No hay que confundir entre lo que determina la verdad o validez de un juicio moral –la aceptabilidad unánime por todos quienes fueran imparciales, racionales y conocedores de los hechos relevantes– con el procedimiento o método que, si bien es falible, permite generalmente aproximarse a esa verdad moral: el acuerdo obtenido luego de una amplia y libre discusión entre una considerable cantidad de gente con intereses contrapuestos. Es posible que, en condiciones ideales, la imparcialidad, conocimiento y racionalidad garanticen la unanimidad y que todos opinen y decidan como si fueran uno (precisamente porque ellas garantizan el acuerdo es que se procura satisfacer esas condiciones en la discusión real). Pero ello no autoriza a sostener que en la práctica de la discusión entre gente que no es del todo imparcial, racional y sapiente, uno solo pueda decidir por los demás (la exigencia que más se frustraría con este procedimiento es la de imparcialidad, ya que nadie es, en general, mejor juez de sus intereses que uno mismo).

Tampoco debemos confundir la presunción revocable de que la conclusión de la mayoría se ha aproximado a la verdad moral –en la medida que se hayan dado en un grado considerable las condiciones de apertura, libertad y participación en la discusión– con una supuesta superioridad moral de los hombres que integran esa mayoría. La relativa superioridad moral es de ciertas opiniones y no de quienes las detentan. Y la democracia nos enseña a ser humildes, puesto que todos podemos ser fuentes de argumentos y razones que pueden concitar o no el consenso mayoritario.

LA JUSTIFICACIÓN DE LA DEMOCRACIA: ENTRE LA NEGACIÓN DE LA JUSTIFICACIÓN Y LA RESTRICCIÓN DE LA DEMOCRACIA. RÉPLICA A MIS CRÍTICOS*

Las muy interesantes observaciones críticas de Martín Farrell y Juan Larreta permiten iluminar una serie de aspectos de mi trabajo que quizá no fueron explicados con suficiente claridad. Dado que muchos de los comentarios de uno y otro se superponen voy a contestarlos en conjunto, siguiendo una secuencia relacionada con la presentación de los argumentos en el artículo originario.

1.

Ante todo es necesario despejar el camino de uno de los puntos sobre los que Farrell hace breves disquisiciones al comienzo.

Sostiene que es defendible la tesis del positivismo de que ni la obligatoriedad o validez del derecho ni mucho menos el carácter jurídico de un sistema, depende de consideraciones morales. Coincido con él en que la juridicidad de un sistema no presupone su corrección moral si es que adoptamos un concepto descriptivo de derecho, pero creo que éste no es el único concepto posible y que la utilidad o conveniencia de usar uno u otro de los diversos conceptos descriptivos o normativos de derecho depende de exigencias de cada contexto de discurso[1]. Por otro lado, la dependencia o no de la validez u obligatoriedad del derecho de presupuestos valorativos también varía con el concepto de validez u obligatoriedad que empleemos: si usamos un concepto descriptivo (equivalente, por ejemplo, a eficacia o a derivación de una norma superior o a observancia proscripta por una norma eficaz, etc.) lo que sostiene Farrell es correcto. En cambio, si utilizamos un concepto normativo de obligatoriedad o validez, como es el que interesa en esta discusión y que implica que la conducta conforme a la norma está justificada y que hay una inconsistencia práctica en predicar validez de la norma y no realizar esa conducta o no tener una actitud crítica respecto de su no realización, entonces sólo el positivismo ideológico, que Farrell re-

---

* [N. del E.] Publicado en *Análisis Filosófico*, VI (1986) N° 2, SADAF, Buenos Aires.
[1] Véase este punto en mi libro *Introducción al análisis del derecho*, Buenos Aires, 1980, Introducción y capítulo I.

chaza, puede sostener que esa validez u obligatoriedad es independiente de consideraciones morales. Precisamente es distintivo de esta posición el hacer depender la justificación de una conducta –en un sentido normativo que tiene las implicaciones pragmáticas antes mencionadas– o bien del mero hecho de la vigencia de cierto sistema jurídico o, si no, de un tipo de adhesión a un sistema jurídico que es propio de la moral pero que sin embargo, se mantiene aislado del sistema moral, con lo que , de ser adoptado, se produciría una especie de desarticulación del razonamiento práctico que conduciría a dilemas pragmáticos permanentes e insolubles (tendríamos razones operativas de diversa índole que entrarían en conflicto, sin que hubiera reglas de prioridad para resolver tales conflictos). Por suerte, nuestro razonamiento práctico usual presupone una tal regla de prioridad y ella indica la prevalencia de las razones que tienen las notas distintivas de los principios morales[2].

2.

Una vez que advertimos que es necesario justificar moralmente el orden jurídico para decidir si actuar o no conforme a él, nos enfrentamos con la que he llamado "la paradoja de la irrelevancia moral de ese orden jurídico o (lo que es lo mismo a los efectos de esta discusión) del gobierno". La paradoja aparente consiste en que necesitamos, como acabo de decir, de la moral para decidir si actuar o no conforme al derecho, pero, cuando acudimos a la moral, el derecho se nos hace superfluo puesto que la moral ya nos indica cómo debemos actuar. En mi trabajo he explorado y rechazado varias salidas a esta paradoja hasta dar con una que creo que es exitosa y que conduce a la justificación moral de la democracia. Juan Larreta hace un par de observaciones muy lúcidas que pretenden mostrar que algunas de las salidas de la paradoja que he rechazado son genuinas y que, por lo tanto, no es necesario salir de la paradoja por la puerta que conduce a la justificación de la democracia

Una de las observaciones de Larreta es que los principios morales últimos son de una gran generalidad y que no prescriben conductas específicas; esas conductas se infieren de la conjunción de esos principios y enunciados acerca de circunstancias fácticas, como es la vigencia de un orden jurídico: en esto consistiría la relevancia moral de tal orden jurídico.

En primer lugar, es necesario aclarar que los principios básicos de una teoría de filosofía política y moral pueden tener implicaciones de un alto grado de especificidad. Por ejemplo, de la combinación de los principios de autonomía, inviolabilidad y dignidad de la persona que he defendido en Ética y Derechos Humanos[3] se derivan consecuencias para temas tan particularizados como el de si

---

[2] Véase mi libro *Ética y derechos Humanos*, Buenos Aires, 1984, capítulo III.
[3] En los capítulos IV, V y VI.

debe haber o no divorcio vincular, si la tentativa debe ser punible y, en ese caso, si debe serlo con igual pena que el delito consumado, si pueden ser punibles conductas tales como la omisión de usar cinturones de seguridad en los automóviles o consumir drogas, sí debe anularse un contrato hecho en estado de necesidad, si puede enseñarse religión en las escuelas públicas, si es legítimo imponer un impuesto progresivo a la renta, etc. Dado que éstas son las cuestiones que normalmente regulan las normas jurídicas, sigue en pie la pregunta de si ellas no son superfluas frente a las prescripciones del mismo sistema moral al que acudimos para decidir si debemos obedecer o no aquellas normas jurídicas. Recordemos que Tomás de Aquino decía que las normas jurídicas derivan de lo que él llamaba "derecho natural", por "conclusión", es decir por deducción lógica o por "determinación", o sea por especificación de los detalles que la ley natural no regula; pero las primeras normas jurídicas son obviamente superfluas y no se ve cómo las segundas podrían ser justificadas si no es recurriendo a algún tipo de consideración valorativa que las haría también superfluas.

Es cierto, por supuesto, que cualquier sistema moral, incluido el que yo propongo, debe ser sensible a las circunstancias fácticas y que ellas pueden incidir en la derivación de pautas de conducta concretas a partir de los principios básicos. Así, por ejemplo, la legitimidad *prima facie* de imponer un impuesto progresivo a la renta debe revisarse si se demuestra que las circunstancias sociales son tales que ello afecta a los miembros menos favorecidos de la sociedad. Por lo tanto, es verdad que las implicaciones específicas de nuestro sistema moral pueden verse alteradas por el hecho de la vigencia efectiva de un sistema jurídico, y que, por lo tanto, éste puede ser relevante, en este sentido limitado, para el hombre moral.

Pero la segunda observación de Larreta que también es acertada, aunque es fruto de un equívoco, neutraliza completamente el efecto de la primera. Sostiene Larreta que una cosa es la justificación de la existencia de un gobierno y cosa diferente es la obligación moral de obedecer al Gobierno, y que por lo tanto, puede haber una obligación moral de obedecer normas de gobiernos injustos. Por supuesto que esto es así y yo mismo me preocupé en distinguir ambas cuestiones, aun cuando dije que están interconectadas, ya que el carácter necesario de un gobierno puede ser una razón *prima facie* del deber de obedecerlo. También es verdad que, en ciertas circunstancias, puede haber un deber moral de obedecer gobiernos injustos, así como puede haber un deber moral de obedecer a un *gángster* (por ejemplo, bajo condiciones parecidas a las que señala Larreta respecto de un gobierno).

Pero lo que Larreta no advierte es que, como dije explícitamente, el objeto de considerar la pregunta sobre la obligación moral de obedecer al gobierno fue esclarecer, por esta vía indirecta, la pregunta diferente pero conexa de la necesidad de la existencia de un gobierno. O sea, no me interesa cualquier caso en que se pueda argumentar a favor de esa obligación moral sino casos en que ella derive de razones para justificar la existencia del gobierno (razones que a su vez me interesa elucidar para ver si de ellas derivan razones a favor de un cierto tipo de gobierno).

La distinción que hacemos Larreta y yo entre la obligación de obedecer el sistema jurídico y la justificación de su existencia cancela la fuerza de la primera observación. Esto es así porque, esa distinción muestra que no interesa para nuestro tema la relevancia que puede tener cualquier gobierno sino la relevancia que puede tener un gobierno moralmente justificado. Por cierto, que un gobierno y un orden jurídico pueden ser moralmente relevantes tal como pueden serlo un movimiento terrorista o un terremoto. Pero curiosamente esa relevancia parece darse cuando el gobierno se aparta total o parcialmente de las normas morales; en cambio, cuando se ajusta completamente a esas normas adquiere una suerte de "transparencia" ya que sus prescripciones se superponen con tales normas morales hasta hacerse imperceptibles. Por eso es que la única situación en la que parece darse lo que dice Larreta es, como lo advierto en mi trabajo, la situación en que las prescripciones del gobierno coinciden en lo fundamental con las normas morales a que acudimos para justificarlo y sólo difieren en aspectos relativamente marginales que debemos respetar, convirtiéndose así en moralmente relevantes, ya que para que tengan vigencia frente a los inmorales debemos obedecer las prescripciones que son para nosotros irrelevantes por coincidir con el sistema moral. Pero esta razón para respetar las prescripciones inmorales cesa cuando ya no es un medio necesario para imponer normas morales más importantes.

Por cierto que esta justificación de la obediencia a normas injustas exigiría una permanente evaluación de todas las normas del gobierno, para determinar si ellas coinciden en sus aspectos fundamentales con un sistema moral válido o que consideramos válido. Un gobierno estaría justificado sólo en tanto y en cuanto sea, en términos generales, un buen gobierno. Nuestras razones para aceptar una norma jurídica (en un sentido de "aceptar" que excluye situaciones como las que menciona Larreta) cesarían tan pronto las normas sean considerablemente injustas, y la única forma de argumentar que tendríamos contra cualquiera que desobedece una norma por considerarla moralmente disvaliosa sería demostrándole que está equivocado y que la norma es en realidad justa. Para espíritus poco proclives a considerar posible este tipo de demostración, debe ser especialmente inquietante la anarquía que podría resultar, sobre todo cuando ella se daría no en un mundo deplorable en que cada uno se moviera por autointerés (ya que en este caso, tal vez algunos podrían incidir en las razones prudenciales de otros) sino en un mundo ideal o cercano al ideal en que las acciones y decisiones de cada uno (incluyendo el acatamiento al orden jurídico) se ajustara a sus propias razones: morales. Para quienes creemos, en cambio, que hay campo para una demostración intersubjetiva en materia moral el problema es sólo un poco menos grave, ya que hay que reconocer que esa demostración no está siempre al alcance de la mano ni es siempre suficientemente persuasiva, aún para quienes están dispuestos a participar de una discusión moral y actuar en consecuencia.

El problema es si podemos encontrar una justificación de la existencia de un gobierno y eventualmente de un tipo de gobierno que sea tal que convierta a sus prescripciones en moralmente relevantes para determinar cómo se debe actuar aun cuando ellas sean hasta cierto punto, considerablemente injustas. Farrell me imputa negar que las normas jurídicas sean prudencialmente relevantes para el hombre inmoral; yo sólo he negado que, con la excepción antedicha, sean moralmente relevantes tanto para el hombre moral como (por una razón distinta) para el inmoral.

Creo que la justificación de la existencia de un gobierno está dada por la necesidad de preservar un sistema moral que se considera válido contra quienes lo atacan por no creerlo así, por ignorancia o por mala fe. Esta tesis puede ser enunciada directamente, como lo hago en *Ética y Derechos Humanos*[4] cuando sostengo que la legitimidad de un gobierno depende de su acción en defensa de los derechos humanos, o puede ser expuesto indirectamente cuando se vincula la existencia de un gobierno con valores como el orden, la paz o la seguridad: como digo en el artículo comentado, estos valores se defienden en función de la preservación de ciertos estados de cosas que se consideran legítimos, y, por lo tanto, son secundarios respecto de los principios de los que surge esa legitimidad. A partir de esta justificación de la existencia de un gobierno se puede inferir una justificación de un tipo especial de gobierno: estará justificado aquel gobierno que por su modalidad de actuación o por el procedimiento para su constitución y ejercicio más contribuya a la preservación del sistema moral que consideramos válido. Esta es la justificación de la democracia que sugiere Larreta.

Pero, como vimos, si esta justificación de la existencia de un gobierno y de una forma de gobierno en especial, no se la refuerza con otro tipo de razones no resiste desviaciones considerables de las exigencias morales, está supeditada a un cálculo de consecuencias demasiado contingente y controvertible, y no ofrece razones para observar las prescripciones del gobierno a quienes no las perciben como relevantes para su razonamiento moral. La única forma de completar la justificación sustantiva antes aludida para superar estos problemas es combinándola con una justificación de tipo procedimental de la existencia de un gobierno o de una modalidad especial de gobierno: tales son las justificaciones basadas, por ejemplo, en el derecho intrínseco que tendría una persona o un grupo para gobernar, o en el consentimiento de los gobernados o en el ejercicio de un sucedáneo del discurso moral que favorece el acceso al conocimiento ético. Dada la fal-

---

[4] En el capítulo VIII.

ta de plausibilidad de las otras alternativas procedimentales, conviene seguir explorando la última, que es la que yo he sugerido.

En realidad, este tipo de justificación no agrega razones morales procedimentales para obedecer a las normas jurídicas a las razones morales sustantivas basadas en su contenido que podrían indicar una conducta opuesta y entrar, por lo tanto, en conflicto con las primeras. Lo que hace no es distinguir entre diversos tipos de razones morales sino distinguir entre diversas formas de acceso a esas razones morales asignándoles diferentes grados de confiabilidad. Como una de las formas de acceso al conocimiento ético más confiable es, como trato de demostrar, el procedimiento democrático de creación de normas jurídicas, la democracia es la salida a la paradoja de la irrelevancia moral del gobierno: el hombre moral no puede desatender a las normas jurídicas democráticamente sancionadas, coincidan o no con su opinión ética *prima facie*, ya que ellas pueden revelarle una verdad moral que desconocía.

3.

Farrell y Larreta hacen algunas críticas coincidentes a mi teoría semántica, o sea a la teoría que sostiene que un juicio ético es válido o verdadero si él deriva de un principio que sería aceptado en condiciones de plena racionalidad, imparcialidad y conocimiento de los hechos. Ambos se apoyan en la formulación de esta idea en términos de ciertos seres que reúnen las cualidades apuntadas y sostienen, por un lado, que esto se parece mucho a la teoría del mandato divino, con todas sus dificultades, y, por otro lado, tiene una serie de inconvenientes adicionales relacionados con sus posibles divergencias valorativas, su supuesta pluralidad y su eventual egoísmo.

En primer lugar, es necesario aclarar, como lo he hecho en algún lugar, que cuando hablo de "personas" o "seres" imparciales, racionales y omniscientes ésta es una mera forma de presentación, ya que de ningún modo se presupone que hay o podría haber tales seres. Es menos equívoco hablar de "situación" o de "circunstancia" ideales y aludir a los principios que todos nosotros aprobaríamos o prescribiríamos si fuéramos completamente racionales, imparciales y conociéramos todos los hechos relevantes. Puestas las cosas de este modo, como a veces lo formulo, se evitan una serie de especulaciones que son totalmente ajenas a mi tesis.

En segundo lugar, quiero decir que, sin embargo, no me molesta, que se asocie a mi posición con la del mandato divino. Al contrario, yo mismo he hecho esta asociación al sostener que este enfoque muestra qué hay de verdad en cada una de las teorías de metaética que se han propuesto en el mercado filosófico. Por cierto, que esta analogía no se extiende a los presupuestos ontológicos de la teoría del mandato divino; aquí no se identifica lo correcto con lo que Dios prescribe sino con lo que Dios prescribiría si existiera o con lo que prescribiríamos todos nosotros si fuéramos como Dios; por lo tanto, no se justifica el comentario al pasar de Farrell referido a las dificultades de demostrar la existencia de Dios y no entiendo su alusión entre paréntesis a que esas dificultades también se extienden a la existencia contrafáctica de Dios (si quiere aludir al problema de los juicios contrafácticos en general ésta es obviamente una dificultad real, pero, como se sabe, es muy difícil prescindir de tales juicios). No es correcto lo que dice Larreta de que los inconvenientes de la teoría del mandato divino, se extienden a mi tesis. En primer término, decir que Dios prescribe lo que es correcto no nos parece trivial porque el concepto de Dios contiene más atributos que los de racionalidad, imparcialidad y omnisciencia, por ejemplo, el haber creado el mundo (realmente suena no sólo no trivial sino muy interesante, que quien hubiera creado el mundo prescribiese lo que hay que hacer con él); en cambio, me parece el paradigma de la trivialidad perfecta decir que si fuéramos imparciales, racionales y omniscientes prescribiríamos lo que es correcto hacer. Farrell parece negar el carácter analítico de este aserto, sosteniendo que en esta situación bien podríamos ser egoístas y en consecuencia, no prescribir lo correcto. Pero esta crítica no advierte que la exigencia de imparcialidad excluye al egoísmo, ya que ella implica dar igual peso a todos los intereses propios y ajenos. En segundo término, mientras que en el caso de la teoría del mandato divino, hay un problema respecto de la adscripción a Dios del atributo de bondad, que resultaría vacuo y sin embargo debe tener contenido para una serie de fines, incluyendo la justificación de nuestra obediencia a Dios, no hay un problema similar en mi concepción, porque no tiene sentido predicar bondad como un atributo que tendríamos en la situación ideal ni darlo como fundamento para que ahora hagamos lo que en esa situación prescribiríamos.

La tercera crítica que se hace a esta concepción es una no muy clara aunque interesante que me dirige Larreta y que consiste en sostener que dado que la razón tiene siempre un papel instrumental, yo debo admitir que estos "seres" ideales, por más racionales que sean, tienen fines diferentes o adhieren a valores distintos (por ejemplo, al hedonismo o a una distribución igualitaria de la libertad) y no se ve cómo esas diferencias podrían ser dirimidas, ya que, como veremos enseguida, la discusión queda excluida entre ellos. Si yo no entiendo mal la observación de Larreta, ella no es, en absoluto, aplicable a mi tesis: precisamente toda mi construcción está dirigida a mostrar que la razón no tiene un papel meramente instrumental y que hay procedimientos racionales para dirimir cuestiones respecto de valores o fines últimos. Como ese procedimiento consiste en determinar qué prescribiríamos si fuéramos racionales, imparciales y sapientes, la superioridad del hedonismo holístico o del liberalismo igualitario, por ejemplo, surgirá de ese test, y, si el test es adecuado, queda excluida la posibilidad de que en la situación ideal alguien valore un bien intrínseco y otro valore otro bien, por lo menos en lo que hace a los bienes de tipo social (tal vez los "seres ideales" puedan diferir en lo que hace a ideales personales o modelos de excelencia humana). También es incorrecto por parte de Larreta sugerir que, en mi concepción, la imparcialidad, la racionalidad y el conocimiento pleno permiten "acceder" a principios morales verdaderos. No es que en esa situación ideal se conozcan tales principios sino que los principios verdaderos son, por definición, los que allí se prescribirían (mi tesis es que el conocimiento de tales prescripciones se adquiere a través de la discusión). La cuarta observación a mi tesis semántica que hacen en común Farrell y Larreta se refiere a que en la situación ideal los seres no diferirían entre sí y es, entonces, lo mismo, postular la existencia de un solo ser ideal, con lo que no hay posibilidad de discusión y, por lo tanto, no hay analogía con la situación de una discusión real y con el procedimiento democrático. En primer término, es necesario aclarar que en una situación ideal todos nosotros continuaríamos difiriendo en nuestros atributos físicos y mentales, en nuestros intereses, planes de vida e ideales personales, aunque el rasgo de imparcialidad neutralizaría esas diferencias a la hora de decidir los principios de moral social. Precisamente debe ser por eso que hemos desarrollado un discurso moral que procura determinar qué haríamos en esa situación, ya que ese discurso está dirigido a obtener consenso y en una situación ideal el consenso unánime estaría garantizado a pesar de nuestras diferencias (por cierto, que esto no es lo mismo que tratar de determinar qué ocurriría en una situación en que uno decidiera por los demás). En segundo término, es absolutamente cierto que en la situación ideal no habría discusión, no porque no diferiríamos entre nosotros, sino porque los atributos que tendríamos garantizarían el inmediato consenso. Pero yo nunca pretendo decir que debería haber tal discusión y que las discusiones que tenemos entre nosotros en situaciones reales son análogas o reproducen esa presunta discusión ideal; todo lo que quise decir es que las discusiones reales, bajo ciertas condiciones, maximizan la satisfacción de exigencias que cuando se cumplen en plenitud, como en la situación ideal, garantizan un consenso perfecto. Esto nos lleva al plano epistemológico.

4.

Lo último que acabo de decir muestra que no tiene razón Larreta cuando sostiene que la discusión no tiene valor epistemológico porque no reproduce las condiciones ideales que son suficientes para alcanzar la verdad moral. La discusión real no reproduce una discusión ideal, sino que, a través de la participación de los interesados que hacen saber a los demás cuáles son sus intereses y qué intensidad tienen, hacen notar cuándo no son tomados en cuenta con igual peso que otros, traen al debate información relevante, detectan en los razonamientos ajenos errores lógicos, etc. Esa discusión real maximiza la imparcialidad, la racionalidad y el conocimiento que, cuando se dan en grado supremo, garantizan el consenso unánime sobre ciertos principios, que son, por definición, los principios válidos de moral social.

Larreta tiene razón en que siempre estamos muy lejos en la discusión real de tener conocimiento perfecto, pero ya se sabe que ésa es una de las limitaciones más grandes de toda deliberación y decisión moral, por lo que no es una debilidad de mi enfoque sino una ventaja el incorporarlo como dato y mostrar porqué él hace que la aproximación a la verdad moral sea limitada y presuntiva, sobre todo en cuanto a los juicios morales derivados; con esto quiero decir que la incertidumbre es mucho menor en el caso de los principios morales últimos, que, como vimos al comienzo, son mucho menos sensibles a los hechos.

Deseo destacar especialmente el valor de la discusión amplia entre todos los involucrados para maximizar la exigencia de imparcialidad' esto se basa en el principio enunciado por J. S. Mill[5] y recientemente fundamentado y empleado en conexión con la democracia por Robert Dahl[6], de que nadie es mejor juez de sus propios intereses que uno mismo, al que se debe agregar el de que tampoco nadie defiende mejor sus propios intereses que uno mismo, por lo que el consenso unánime en una discusión real da apoyo a una buena presunción de que se habrá dado el peso debido a todos los intereses involucrados.

5.

Yendo ahora a la discusión regimentada y al acuerdo mayoritario que son distintivos de la democracia y que constituyen sucedáneos imperfectos de la discusión moral libre dirigida al consenso unánime, quiero decir que, cuanto más se aproxima la mayoría a la unanimidad, más alta es la presunción de que más intereses habrán sido tomados en cuenta con el debido peso, maximizándose así la imparcialidad. Es cierto lo que dice Larreta en el sentido de que ello no garantiza que no haya intereses de una minoría que hayan sido dejados de lado, aunque las reglas de participación de todos en la decisión y la libertad de expresión reducen este riesgo. Sin embargo, cualquier otro procedimiento de deliberación y decisión moral, sobre todo la reflexión aislada y la decisión por parte de un individuo o de una minoría, aumentan enormemente este peligro de parcialidad, por lo que sigue siendo verdad que el procedimiento democrático maximiza la imparcialidad, y por ello es el procedimiento más confiable, aunque no único ni infalible, para acercarse a la verdad moral, o sea a los principios aceptados en condiciones de absoluta imparcialidad.

Farrell señala que hay una contradicción entre mi comentario de que una mayoría calificada no es aceptable porque permite a una minoría un poder de veto

---

[5] En *On Liberty*.
[6] En un simposio realizado en Santiago de Chile en 1986.

en favor del statu quo y mi aserto de que cuanto más amplia sea la mayoría, mayor es la presunción de aproximación a la verdad moral. No hay tal contradicción: una cosa es la exigencia de cierta mayoría y otra es la mayoría que se reúne de hecho alrededor de cierta decisión; exigir mayoría simple es la mejor forma de promover que pesen más la mayor cantidad de votos posible.

Hay otra aclaración que conviene hacer a otro punto que menciona Farrell: de ningún modo sostengo que una idea, por el hecho de ser mayoritaria, goce de una presunción de ser verdadera: esto constituiría un burdo convencionalismo que yo rechazo. Mi posición es que lo que goza de una presunción de verdad moral es la decisión deliberada de una mayoría luego de un proceso de amplia y libre discusión. Esto se relaciona con el punto del progreso moral que también menciona Farrell: cuando yo sostengo que el convencionalismo o el subjetivismo social hace poco plausible el progreso moral, no digo que la mayoría no pueda cambiar, sino que un hombre moral debería, bajo esta concepción, impedir este cambio, ya que antes de que ocurra la nueva idea o propuesta resulta falsa y debe ser rechazada.

Mi propia posición, aunque, como vimos es relevantemente diferente del convencionalismo, parecería tener una consecuencia similar y, aunque Farrell no lo dice directamente, lo que creo hubiera sido otra buena crítica, lo insinúa. No se trata de que mi concepción implique una represión de la opinión minoritaria o un desprecio de quienes la sustenten, ya que la libertad de expresión que es esencial al procedimiento democrático excluye lo primero, y el hecho de que la superioridad moral sea de las ideas que concitan el consenso mayoritario y no de los hombres que las sustentan, que pueden componer sucesivamente mayorías y minorías, excluye lo segundo. Lo relevante es que podría carecer de sentido seguir sosteniendo una opinión luego que se haya probado, a través de la discusión colectiva y la decisión mayoritaria, que es probablemente falsa. La respuesta frente a esto consiste en insistir en que si bien ese procedimiento es el más confiable para alcanzar la verdad moral, no es único, ni mucho menos, infalible, y que su valor presuntivo puede ser muy bajo, si la discusión no fue lo suficientemente amplia y participativa y la mayoría no fue grande. Siempre puede ocurrir que un solo hombre demuestre a una mayoría que en la decisión previamente tomada no se dio el debido peso a ciertos intereses, no se tomó en cuenta un dato relevante o se cometió un error de razonamiento. Por otro lado, si bien es posible inferir de sus propiedades intrínsecas que el procedimiento democrático maximiza la probabilidad de que, a través de su continuo ejercicio sobre muchas cuestiones, se acceda frecuentemente a la verdad moral y por eso existe un deber moral de sostenerlo y atenerse a sus resultados, ello implica una generalización sobre el conjunto de las decisiones que se toman de acuerdo a él y no supone que necesariamente cada una de esas decisiones tienen un alto grado de probabilidad de ser verdaderas; hay algunas decisiones que son obviamente falsas ya que la desviación de las exigencias ideales se advierte a primera vista.

6.

Deseo hacer una breve referencia a la democracia directa y representativa y a la democracia absoluta y liberal.

Sobre la primera distinción quiero decir, en primer lugar, que la mayoría de las justificaciones de la democracia que conozco se aplican directamente a la democracia participativa y sólo por extensión a la representativa. En segundo término, es importante aclarar que mi trabajo no se refiere sólo a la democracia política sino a cualquier procedimiento de decisión mayoritario, aún el que se aplica informalmente en un grupo de amigos, por lo que necesito referirme en general al valor de la regla de la mayoría, sea que conduzca a la decisión de cuestiones sustantivas o a la decisión acerca de quién debe decidirlas. En tercer término debo hacer notar que el argumento de Larreta de "la división del conocimiento" excede la defensa de la democracia representativa y justifica un sistema autoritario porque también hay especialistas en elegir especialistas, con lo que deberíamos suprimir las elecciones y dejar que "Executives" elija a las autoridades.

En cuarto lugar, no creo que la democracia directa sea epistemológicamente inferior a la representativa en las cuestiones morales básicas, en las que se trata de elegir entre principios, que, como vimos pueden tener consecuencias muy específicas, y que son relativamente independientes de las circunstancias fácticas; creo que en lo que hace a las cuestiones valorativas fundamentales todos los adultos normales están en condiciones relativamente similares para discernirlas, sobre todo a través de un proceso de discusión amplia en el que se vuelca la información necesaria y se pueden detectar los errores de razonamiento. Finalmente, pienso que es cierto que para decidir las cuestiones éticas derivadas y las cuestiones técnicas puede faltarle a la gente la información y principalmente el tiempo suficiente, y que por lo tanto es necesario delegar en otros la continuación de la discusión moral sobre la base de los principios acordados en forma directa a través de su elección; pero hay que ser conscientes de que este paso hacia la democracia representativa, si bien puede ser necesario para evitar un empobrecimiento inaceptable del conocimiento requerido, es un sucedáneo imperfecto de la democracia directa (así como ésta lo es de la discusión moral libre), ya que implica un retroceso en la satisfacción de la exigencia de imparcialidad, dado el principio mencionado de que nadie es mejor juez de sus intereses que uno mismo.

En lo que hace a la distinción entre democracia absoluta y democracia liberal quiero decir que mi teoría incluye como presupuesto básico que hay derechos individuales que prevalecen aún sobre el beneficio de la mayoría de la población. Es más, defiendo una concepción de los derechos que les da a éstos gran amplitud –sobre todo– a través del reconocimiento de la violación de derechos por omisión, de modo que como vimos al comienzo, aún cuestiones muy específicas de la vida social están reguladas por derechos morales. Sin embargo, el problema reside en cómo conocemos esos derechos, sobre todo frente a alegatos divergentes respecto de su alcance. Sostengo que hay derechos que conocemos con un alto grado de certidumbre a través de un método parecido al método trascendental de Kant: ellos son los derechos que son condición del resto del conocimiento moral al que se accede a través de la reflexión, la discusión o la decisión unánime y mayoritaria. A estos derechos los podríamos llamar a priori y son aproximadamente los que enumera Larreta; el derecho a la vida, a la integridad psíquica, a la libertad de expresión, de culto, el derecho a la educación, etcétera. El cumplimiento de estos derechos es condición para la validez del procedimiento democrático. En cambio, el conocimiento de los demás derechos se obtiene en buena medida a través de la discusión y el acuerdo, que es un método mucho más falible que el anterior. Estos son los derechos a posteriori y comprenden derechos como el de la propiedad de bienes necesarios para el ejercicio de la autonomía.

No hay que confundir la prevalencia de los derechos sobre el interés mayoritario y su prevalencia sobre el voto mayoritario: la primera es una característica de todos los derechos; la segunda es una característica sólo de los derechos a priori. A un mayor grado de certidumbre sobre los derechos corresponden acciones más enérgicas en su defensa: frente a la supuesta violación de los derechos apriorísticos corresponde la rebeldía y el desconocimiento de las decisiones del gobierno que tienen ese efecto; en cambio, cuando creemos que se han violado nuestros derechos a posteriori no corresponde más que protestar y reclamar en el contexto del debate democrático y en última instancia recurrir a medios de presión previstos en el sistema como la huelga o el lock out, pero no podemos ser tan soberbios como para estar absolutamente seguros de que la decisión de la mayoría no es la que hubiéramos adoptado en condiciones ideales.

7.

Farrell tiene razón cuando predice que voy a objetar su justificación de la democracia que habla de derechos y de valores, cuyo sustento es negado por el escepticismo ético que el mismo dice profesar.

La paradoja que Farrell me propone –constituida por el probable rechazo de mi tesis por el voto mayoritario de Uds.– tiene solución, ya que, por suerte, mi enfoque epistemológico se limita a cuestiones de ética normativa (y no todas ellas, como vimos en el caso de los derechos a priori) y no se extiende a cuestiones científicas y filosóficas, en las que no se aplica el requisito de imparcialidad entre diversos intereses. La que no parece tener tan fácil solución es la paradoja implícita en la posición de Farrell cuando admite que la democracia puede no tener justificación: que un hecho no tenga explicación puede ser desconcertante pero no es terriblemente problemático, porque el hecho se produce de cualquier modo; en cambio, que un hecho, como el fenómeno de la democracia, no tenga justificación es muy grave para gente como yo, ya que para ayudar a producir o preservar este hecho no confiamos en nuestras fuerzas y emociones, para contrarrestar fuerzas y emociones contrarias, sino sólo en nuestra argumentación.

LA DEMOCRACIA EPISTÉMICA PUESTA A PRUEBA. RESPUESTA A ROSENKRANTZ Y RÓDENAS*

I

Carlos Rosenkrantz hace un análisis sumamente agudo de la justificación de la democracia sobre la base de su valor epistémico respecto de soluciones moralmente correctas, tal cual la he expuesto en diversos lugares[1]. Creo, sin embargo, que sus críticas no son suficientemente efectivas.

1.
En primer término, debo comenzar diciendo algo relativamente banal pero que tiene relevancia para fijar cuál debe ser la estrategia teórica correcta al tratar este tema: Aunque pocos fenómenos como la democracia gozan de tan generalizada aceptación –sobre todo en los tiempos de la posguerra fría–, la justificación moral de la democracia ha demostrado ser una empresa filosófica inmensamente difícil. Todas las concepciones más conocidas naufragan ante los primeros disparos del análisis crítico: las que no están basadas en la transformación de los intereses de la gente (como las concepciones utilitaristas, economicistas, pluralistas y las basadas en la autonomía y el consentimiento) y también las que presuponen una transformación de tales intereses (como las que invoca la soberanía del pueblo o tienen un cariz perfeccionista). Además, casi todas ellas (con excepciones como la de la teoría del consentimiento) se hacen pasibles de una crítica general que es la que no permite superar la paradoja de la irrelevancia moral del gobierno: cada uno puede determinar que los valores sustantivos a los que la justificación apela se satisfacen o se frustran independientemente de las decisiones del gobierno –democrático o no– y, en consecuencia, esas decisiones son superfluas para la materialización y determinación de los valores en cuestión.

* [N. del E.] Publicado originalemente en *Doxa*, Publicaciones Periódicas Nº 7 (1990), España, pp. 295-305.
[1] En *Ética y derechos humanos*, Barcelona, 1990 y *El constructivimos ético*, Madrid, 1990.

Por tanto, el juego que debemos jugar los filósofos políticos es, según creo, el de proponer la justificación menos expuesta a obvias objeciones, y una vez que se avizora una alternativa con esos méritos tratar de ver hasta dónde resiste, hasta que podamos formular una teoría aún más resistente. La justificación epistémica de la democracia me parece a mí que es por el momento la alternativa teórica menos vulnerable, ya que es la única teoría *prima facie* plausible que da relevancia moral al gobierno –con tal de que precisamente sea democrático–; parece estar orientada en la dirección correcta de asociar la democracia con la moral (superando el cinismo de las concepciones economicistas y afines de postular que la democracia consiste en una dinámica de composición de intereses en un marco moral fijado en forma elitista); produce esa asociación sólo con la dimensión intersubjetiva de la moral (evitando connotaciones perfeccionistas); y todavía encierra un potencial inexplorado de posibilidades de explicación sobre la conexión entre el procedimiento democrático y ciertas exigencias del discurso moral como la imparcialidad.

Pero Rosenkrantz no eligió jugar este juego en su comentario crítico sino otro: en lugar de explorar todas las posibilidades de una teoría cuyos méritos comparativos ha descrito mejor de lo que podría haberlo hecho yo en las dos primera secciones de su trabajo (salvo por omitir la incomparable ventaja de permitir explicar la relevancia moral del gobierno democrático), se conforma con encontrar algunas primeras dificultades para rechazarla. Esto pareciera preanunciar que el grueso del trabajo estará dedicado a presentar las bases de una nueva teoría, que absorba todas las ventajas de las que se deja de lado sin presentar las dificultades apuntadas y las más obvias que tienen las más conocidas. Pero no; al final de su trabajo, Rosenkrantz confiesa con su honestidad habitual que no tiene una teoría acabada sino intuiciones bastante firmes; y cuando nos explica hacia dónde se orientan sus intuiciones, sus someras palabras dejan entrever dos de las concepciones más vapuleadas por la crítica filosófica: la del autogobierno (que nunca pudo superar la objeción de que los únicos que se autogobiernan son los que integran la mayoría, por lo que se cae o bien en una petición de principio o en una justificación utilitarista); y la que está basada en una concepción del bien republicanista (con todos los peligros perfeccionistas que han sido tantas veces señalados). Por cierto que estas concepciones se ven, además, expuestas a los problemas de las justificaciones "intrínsecas" que destaca tan bien Rosenkrantz: sobre todo el de cómo se equilibran los valores que, según ellas, la democracia materializa con los valores que el contenido de las decisiones democráticas pueden violentar.

2.

Me parece que Rosenkrantz adoptó esta estrategia en su ofensiva porque, contrariamente a lo que él insinúa, da más importancia a su primera crítica que a la que expone en segundo lugar: o sea, cree que la justificación epistémica de la democracia tiene un vicio radical de origen y no meramente el inconveniente de que todavía no ha sido suficientemente bien explicada la relación entre el mecanismo democrático y la exigencia moral de imparcialidad. Ese vicio de origen sería que el objeto primario de su justificación está constituido por procesos políticos ideales y nos los que identificamos como democracias reales, y que cuando se proyecta esa justificación sobre la vida política real puede bien legitimar procedimientos de decisión no democráticos –un despotismo ilustrado– y no aquellas democracias reales.

Me da la impresión de que aquí el crítico de la concepción epistémica se confunde. En otro lugar[2], he sostenido que el concepto de democracia, que solemos emplear en la mayoría de los contextos discursivos, es fundamentalmente una noción normativa, ya que salvo por unos pocos rasgos nucleares –como la libertad de expresión y la votación periódica (insuficientes para identificar los fenómenos denotados por el concepto)–, no es posible determinar qué instituciones son centrales y cuáles son periféricas a la democracia sin una concepción justificatoria que da contenido a ese concepto. Esto ocurre con instituciones como la representación, la división de poderes, el control judicial de constitucionalidad, etc., cuyo carácter inherente o no a la democracia no puede determinarse sin recurrir a una tal concepción justificatoria, con el resultado de que las respuestas son diferentes según se acepte por ejemplo una justificación epistémica o una pluralista. Este carácter del concepto de democracia hace que no se pueda caer en lo que, siguiendo a Sartori[3] –quien también insinúa que la democracia que *es* depende de la que *debe ser*–, podemos llamar "hiper-realismo"; ello consiste en partir de las "democracias reales", con todos sus aspectos tanto *prima facie* atractivos como viciosos, y buscar concepciones plausibles que las justifiquen directamente. Lo que justifica una concepción que también identifica al objeto de justificación es necesariamente un fenómeno ideal. Aceptar esto no es incurrir en un utopismo ilegítimo, y tampoco lo es que no haya ningún fenómeno real que no coincida exactamente con el que resulta plenamente justificado por la concepción normativa en cuestión (ninguna concepción de filosofía política puede satisfacerse completamente en la realidad). Un utopismo ilegítimo consistiría en proveer una concepción que proyectada a la realidad no nos permitiera detectar diferencias de valor entre los fenómenos existentes, a pesar de que intuitivamente percibimos grandes distinciones axiológicas entre ellos. Por ejemplo, una concepción justificatoria de la democracia que parificara en valor cero tanto al régimen de Irak como al de Suecia sería ilegítimamente utópica.

---

2 Véanse *Conceptions of Democracy and Institutional Design*, por aparecer y *Filosofía de la práctica constitucional*, Argentina, también por aparecer.
3 Véase *Democratic Theory*, vol. I, Detroit, 1962, cap. I, pág. 8.

La justificación epistémica no lo es, ya que contiene exigencias que proyectadas a la realidad permiten jerarquizar los procesos políticos existentes según el grado de satisfacción plena a tales exigencias. Las exigencias son las de un proceso de discusión en el que participen, con la mayor libertad igualitaria posible –en términos de tiempo, medios de supresión, oportunidad de conocer los hechos relevantes, etc.– todos los afectados por la decisión, en el que cada uno justifique la solución que propone sobre la base de principios que tengan ciertas propiedades formales, y que expresen qué intereses de ellos o de otros, que deberían ser reconocidos, no lo son por los principios alternativos propuestos por los demás, y un mecanismo de formación de la decisión colectiva que compute igualitariamente la propuesta de cada uno y que haga de ella una función directa de la propuesta con mayor número de adhesiones. Por cierto que no hay, efectivamente, ningún proceso político real que satisfaga plenamente todas estas exigencias, pero es fácil componer una escala de mayor a menor aproximación; podríamos comenzar por un cantón suizo, seguir con las democracias escandinavas (que si bien son indirectas tienen altos grados de participación, acceso igualitario a la comunicación colectiva, sensibilidad frente a los cambios en el consenso colectivo, etc.), continuar aún con la mayor parte de las democracias de Europa Occidental, Australia, Canadá... y bastante más lejos vendrán los Estados Unidos (con baja participación, medios de comunicación privados y selectivos, una excesiva dispersión de las expresiones de la voluntad popular, un sistema rígido de formación del gobierno, control de constitucionalidad contramayoritario, etc.); todavía mucho más lejos aparecen las democracias sudamericanas (con un hiperpresidencialismo y corporativismo), y después México, sin todavía posibilidades reales de alternancia; tal vez al fondo de la fila se avizoren algunos regímenes más bien tendentes al partido único y a que los líderes fuertes acostumbren a consensuar sus decisiones en plebiscitos o asambleas populares. Como se ve, en este continuo no aparece para nada un despotismo ilustrado como el que teme Rosenkrantz, ya que, por más méritos que pueda tener en otros sentidos, él carece de una *condictio sine qua non* de la justificación epistémica de la democracia, que es la participación en el debate y en la decisión de los propios afectados por ella (precisamente, por el principio que menciona el crítico de que nadie es mejor juez de sus propios intereses que uno mismo, ya que la imparcialidad de la adopción de los principios propuestos para justificar una decisión se testea verificando si hay intereses de individuos que resultan frustrados sin que haya razones que no se apliquen también a casos en que los intereses de los individuos son satisfechos, estoy convencido de que lo que ha afectado la calidad moral de las decisiones de todos los dictadores argentinos, que en algunos casos pudieron ser bien intencionados, es el de no poderse representar con el peso debido algunos intereses que debieron haber tomado en cuenta).

3.

Voy ahora a la segunda crítica: como advierte bien Rosenkrantz, yo rechazo la visión agregativa de la imparcialidad y las concepciones de la democracia basadas en ella (como la utilitarista, la economicista, la pluralista, y creo que, en el fondo, también las que él ve como más meritorias, ya que deben cuantificar el número de gente que se autogobierna o se perfecciona con la democracia contra quienes se perjudican por las decisiones democráticas). La concepción que defendí en la primera edición de *Ética y derechos humanos* y después dejé de lado era un poco más complicada que lo que Rosenkrantz describe como visión agregativa de la imparcialidad. Yo no distinguía allí bien el plano ontológico del epistemológico en el que se podía asociar el resultado del discurso moral real (y el de la democracia como regimentación de tal discurso) con principios morales válidos, de ahí es que adaptaba la idea de Rawls y hablaba, como recuerda Rosenkrantz, de la democracia como un caso de justicia procesal pura pero imperfecta. Más que una idea agregativa de la imparcialidad defendía una idea, digamos, graduable de la justicia; si la unanimidad es funcionalmente equivalente –bajo ciertos presupuestos– a la imparcialidad y la justicia se define por la imparcialidad, una solución es más justa que otra, aunque no sea la solución justa, si es aceptada por más gente en ciertas condiciones (de amplitud de participación, debate, etc.). La idea tenía su miga porque no coincide con la visión utilitaria (no se trata de maximizar la satisfacción de los intereses más intensos, sino de cuantificar la aceptación), y recoge la intuición de que aun cuando se cometa una injusticia, la injusticia es menor –en igualdad de otras condiciones– si hay menos gente afectada por ellas.

Pero esto pertenece al pasado. La concepción de la democracia que ahora defiendo es explícitamente epistémica y está basada en la confianza de que el procedimiento democrático –definido como lo propuse sucintamente al comienzo– genera, en grados variables según la medida en que se satisfacen esas exigencias, una dinámica de acción colectiva que tiene una tendencia mayor a aproximarse a decisiones imparciales que cualquier otro procedimiento alternativo de decisión. La dinámica no está sólo generada por la publicidad del debate y la necesidad estratégica de obtener el mayor apoyo posible frente a la eventualidad de que se quiebre cualquier coalición mayoritaria, sino también por la participación de todos en el debate y en la decisión y en la oportunidad que todos tienen de hacer conocer a los demás sus intereses; por la exigencia de que las soluciones que se propugnen se justifiquen (lo que si bien no quiere decir que se justifiquen "válidamente", restringe las posibilidades de defensa de ciertos intereses ya que no cualquier expresión de aprobación de esos intereses cuenta como justificación); por la aplicación en el plano colectivo de las relaciones detectadas por los teoremas de Condorcet y otros; y seguramente por muchos otros mecanismos del sistema democrático –incluso psicológicos y educacionales (aquí puede entrar algo del republicanismo que le atrae a Rosenkrantz)– que intuyo pero no puedo describir todavía con la precisión que querría. Creo que si bien estos rasgos estructurales de la democracia no "garantizan" que los participantes harán un uso público de la razón, inducen a que lo hagan con mayor probabilidad que cualquier otro método de decisión.

Francamente no entiendo por qué dice Rosenkrantz que esta dinámica es "tangencial" a las decisiones moralmente correctas. Ciertamente hay casos individuales en que uno puede estar bastante seguro de que la decisión democrática no es moralmente correcta; pero como cuestión general, parece que un procedimiento en el que se den las condiciones antes apuntadas tiende a la larga a producir decisiones más imparciales que las que podría tomar un dictador o un grupo aristocrático (por supuesto, siempre que el dictador o aristócrata no sea uno mismo, pero aquí uno tiene que operar con alternativas realistas). Esto es lo que justifica el deber de observar las decisiones democráticas (siempre que el procedimiento se haya aproximado a las condiciones preestablecidas) aun en aquellos casos en que uno está seguro de que ellas son incorrectas, ya que de lo contrario, el procedimiento se socavaría y se frustraría nuestro presupuesto de que es, en general, más confiable como método de conocimiento moral.

Las dudas de Rosenkrantz parecen estar fundadas en su creencia de que no hay forma practicable de plasmar algunas de las condiciones que generan la dinámica que tiende hacia la imparcialidad de modo de impedir, por ejemplo, la discriminación recurrente de minorías o el procesamiento de preferencias inmorales o no oponibles a terceros. Dejando de lado esta penúltima referencia a la inmoralidad de las preferencias –que el sistema obviamente no puede excluir *a priori* sin prejuzgar–, por supuesto que hay mecanismos para materializar aquellas condiciones: no me voy a referir a lo más obvio referido a la libertad de expresión y participación de todas las partes (que tiene, sin embargo, enorme incidencia en la generación de una mayor tendencia hacia la imparcialidad comparada con otros procedimientos), sino a otros aspectos que se intenta que la democracia absorba en grados importantes. Por ejemplo, el rasgo consistente en que siendo difícil la democracia directa en sociedades complejas, las instituciones mediadoras sean los partidos políticos basados en principios justificatorios o programas y no en intereses crudos como los que representan los grupos corporativos, lo que refleja la exigencia de justificación de los intereses de acuerdo a principios que satisfagan ciertas condiciones formales (este es un rasgo detectado fácticamente aun por los politólogos como Jean Blondel[4]); también es relevante que las decisiones centrales se concentren en parlamentos que maximicen la reproducción de las ideologías justificatorias mediante representantes de los

---

[4] *Introducción al estudio comparativo de los gobierno*, trad. Fernando Calleja, Madrid, 1972.

partidos y con las reglas de debate que procuran reproducir las del discurso moral. Por ejemplo, la existencia de un control de constitucionalidad orientado a resguardar, como lo propone Ely[5], la satisfacción de las condiciones del proceso de discusión y decisión democráticas y trate especialmente de impedir que en ese proceso haya minorías marginadas o insulares, como lo decía el juez Stone en la famosa nota 4 de "Carolone Products"[6]. Por ejemplo, el diseño de instituciones, como el parlamentarismo, elmultipartidismo y el sistema proporcional acorde que requieran el superconsenso de una democracia "consocional", como lo propone Arend Lijphart[7], precisamente para los casos que preocupan a Rosenkrantz de minorías que pueden resultar marginadas por diferencias raciales, lingüísticas, etc. Por ejemplo, la descalificación por vía también del control de constitucionalidad de decisiones que no están fundadas en principios morales intersubjetivas sino en concepciones de excelencia humana (que están entre las no oponibles a terceros en la terminología de Rosenkrantz) y respecto a las cuales el método democrático no tiene valor epistémico ya que su validez no está relacionada con la imparcialidad). Todos estos rasgos estructurales que se trata que una democracia satisfaga derivan de la aceptación intuitiva de una concepción epistémica de la democracia, ya que todos ellos están directamente asociados con la idea de imparcialidad que esta concepción maneja.

4.
Quiero terminar diciendo algo acerca de tal concepción de la imparcialidad. Creo que Rosenkrantz la describe erróneamente como una armonización de intereses sobre la base de principios. El error está en no advertir que la imparcialidad no consiste en subsumir intereses en principios (que pueden ser muy parciales), sino que califica a los principios mismos, o mejor dicho a su adopción. Es por ello que la imparcialidad es una exigencia procedimental del discurso moral, conduciendo a la adopción de principios como resultado de la práctica de ese discurso. Los contornos completos de la idea de imparcialidad deben ser todavía elucidados, pero creo que comprenden las ideas más básicas, en orden creciente de complejidad, de generalidad –el que los principios no deben distinguir situaciones sobre la base de nombres propios o descripciones definidas–; de universalidad –el que los principios deben aplicarse a todas las situaciones que no puedan distinguirse sobre la base de propiedades relevantes para los mismos principios–; de separabilidad e independencia de las personas, como advierte bien el propio Rosenkrantz; tal vez incluso la idea de que los procesos naturales deben afectar a todos los miembros

---

5   Véase *Democracy and Distrust*, Cambridge, Mass, 1980.
6   Véase 304 US 144, pp. 152-153, 1938.
7   Véase *Democracy in Plural Societies*, New Haven, 1977.

del grupo relevante y no sólo a aquéllos sobre los que recaen físicamente. Este conjunto de ideas, y seguramente otras que se me escapan, que integran la de imparcialidad sirven en el discurso moral de criterios reguladores para la adopción de principios sobre el tratamiento armónico de los intereses de la gente; y el ejercicio mismo de la práctica del discurso moral –y en menor grado, el de su versión institucionalizada que constituye la democracia– va induciendo a los partícipes a aplicar tales criterios en la selección de principios.

Para decir lo mismo en los términos de preferencias que emplea Rosenkrantz: la imparcialidad es un calificativo de las preferencias impersonales de segundo nivel que se refieren al tratamiento de las preferencias personales (que versan sobre la propia vida y el carácter de un individuo). La democracia epistémica es una contienda sólo de preferencias impersonales –que son las únicas a las que se pueden aplicar los criterios de imparcialidad–; de ahí la necesidad de justificación de los intereses y la exclusión de actitudes perfeccionistas. Esto no quiere decir que en el debate democrático no se pueden y aun deban exponer intereses o preferencias personales; al contrario, deben exponerse siempre que se los justifique, ya que ellas son el objeto de referencia de los principios o preferencias impersonales y su ignorancia no justificada es el *test* de la parcialidad de estas últimas. La aceptación de los presuntos interesados es, a su vez, el signo de que no se da tal ignorancia, y es por eso que, a mayor aceptación –bajo las condiciones apuntadas– se da efectivamente una mayor presunción de la validez moral de la decisión.

Por cierto que hay todavía muchos puntos oscuros acerca de la relación entre imparcialidad –y, en consecuencia, la moral intersubjetiva– y democracia. Pero tales puntos oscuros constituyen desafíos para fortalecer la justificación epistémica y no signos de que ella está herida de muerte. No es fácil encontrar otra teoría que ofrezca razones para hacer moralmente relevante al gobierno democrático, sin identificar sus decisiones con las moralmente correctas, ocupando una posición intermedia entre tal convencionalismo ético y un elitismo epistémico, sin necesitar hacer un balance entre los valores materializados por el método democrático o sus consecuencias y otros valores que puedan estar violentados por el contenido sustantivo de sus decisiones o sus consecuencias, y permitiendo justificar los límites a la democracia –por violación de sus procedimientos, por incursionar en ideales de virtud personal, etc.– sobre la base de las mismas razones que la justifican. Creo que todavía vale la pena hacer un esfuerzo para profundizar las posibilidades de esta justificación antes de abandonarla por una mejor, y espero que Carlos Rosenkrantz siga contribuyendo con su talento a esclarecer tanto sus aspectos más promisorios como los más dudosos.

II

En cuanto al comentario de Ángeles Ródenas, debo decir, en primer lugar, que hace un análisis muy perceptivo de cómo fue evolucionando mi visión de la democracia a través del tiempo. En efecto, abandoné la idea de que la democracia es una forma de justicia procesal pura pero imperfecta, cuando advertí que ello era una modalidad de lo que ahora llamo "constructivismo ontológico" que presenta una serie de dificultades a mi juicio insuperables. La posición que adopté últimamente, el "constructivismo epistemológico", permite distinguir entre la función constitutiva de la validez de los principios morales que cumplen los presupuestos de la práctica del discurso moral de la función cognitiva que cumple el consenso que se alcanza en la culminación de instancias de ese discurso. A su vez, el proceso democrático de decisión colectiva, al reemplazar la exigencia de consenso unánime de ese discurso por la decisión mayoritaria en un momento prefijado preserva parte del valor epistémico de aquel consenso, gracias a una serie de factores subyacentes a ese proceso que determinan una dinámica de interacción que tiende a la imparcialidad. Sin embargo, la posibilidad de acceso al conocimiento moral en cuestiones intersubjetivas no es exclusiva del proceso colectivo de discusión y decisión democráticas, sino que también puede predicarse, aunque en un grado considerablemente menor de confiabilidad, de la reflexión individual, lo que legitima el aporte que cada uno puede hacer a ese proceso colectivo.

Lo que digo en réplica a la crítica de Rosenkrantz sobre la capacidad de este modelo de permitir legitimar democracias reales se aplica también a las observaciones similares de Ródenas. Si el modelo permite, como ella reconoce, derivar prescripciones para la introducción de democracias más perfeccionadas, debe permitir establecer qué cerca o qué lejos estarán las democracias reales de aquellas democracias más próximas al modelo ideal. La legitimidad de tales democracias reales no es una cuestión de todo-o-nada sino de grado.

En primer lugar, habrá democracias reales, más legítimas que otras, y todas ellas seguramente serán más legítimas, de acuerdo a la justificación propuesta, que estructuras no-democráticas de decisión colectiva. En segundo lugar, lo que importa realmente establecer cuando se discute la legitimidad de una democracia real es si tiene el grado de legitimidad suficiente como para fundamentar nuestro deber moral de basar nuestras acciones o decisiones en las conclusiones, no de nuestra reflexión individual, sino del proceso colectivo de decisión y discusión. En la mayoría de los casos de democracias reales la respuesta debe ser afirmativa, ya que, por imperfectos que sean los procedimientos de discusión y decisión que en ellas se desarrollan, parecen ser más conducentes a orientarse, en general y a la larga, hacia soluciones que contemplen imparcialmente los intereses de los afectados que la reflexión individual y aislada de cualquiera de nosotros.

Por cierto, que la segunda función de mi modelo que señala Ródenas también tiene suma importancia: la de servir de punto de referencia para posibles reformas de los sistemas democráticos existentes para expandir su capacidad epistémica. Pero esta segunda función no sólo se da interconectada con la anterior sino que, a veces, entra en cierta tensión con ella. En primer término, si la democracia existente tiene la mínima capacidad epistémica como para justificar que actuemos según sus determinaciones y no las que provienen de nuestra reflexión individual, es por medio de esos procedimientos democráticos reales que debe propugnarse su perfeccionamiento. No cabe, como muchos adeptos a un elitismo epistémico en materia moral lo propugnan (por ejemplo, la guerrilla de los años 70) recurrir a métodos antidemocráticos para establecer la "verdadera" democracia. Segundo, hay veces que es necesario desconocer alguna decisión democrática como forma de promover el perfeccionamiento del proceso democrático, como deben hacerlo, por ejemplo los jueces a través del control judicial de constitucionalidad (por ejemplo, en el famoso fallo de la Corte Suprema de los Estados Unidos en Brown vs. Board of Education, en el que se desconocieron decisiones democráticas de los Estados favorables a la segregación racial en materia educativa, tomando en cuenta, o debiendo tomar en cuenta –ya que la Corte no es suficientemente explícita sobre el punto– que la segregación educativa afecta a la calidad epistémica del proceso democrático al no permitir la confraternización necesaria para la adopción de soluciones imparciales).

LA RELEVANCIA MORAL EPISTÉMICA DE LA DEMOCRACIA*#

El propósito del presente artículo es demostrar que es posible formular una justificación de la democracia, concebida ésta como un procedimiento de toma de decisiones por la mayoría, al tiempo que presento a dicho procedimiento como una solución a ciertos problemas relativos a los fundamentos de las obligaciones políticas.

En el marco de la controversia suscitada por la propuesta de aprobación de una ley de divorcio, debate que domino la escena política argentina no hace tanto tiempo, el líder de un grupo de tendencia conservadora sostuvo en una entrevista televisiva que en tanto el divorcio era repugnante a las normas morales no encontraba razón alguna para obedecer un plebiscito que lo permitiese (no obstante lo cual propiciaba su realización pues, en su criterio, esto probaría que la mayoría se oponía al divorcio).

Si bien no se trataba de un filósofo, creo que su postura ilustra la tensión entre la filosofía – o, más precisamente, la verdad moral– y la democracia, sobre la cual se han explayado varios autores, entre ellos Michael Walzer (1981). En tanto la teoría democrática parte de la premisa según la cual las personas tienen derecho crear normas aun cuando lo hagan de manera imperfecta, para el filósofo "heroico" de Walzer jamás podría ser correcto hacer las cosas mal y corresponde a quien sabe la verdad acerca de lo correcto intervenir cuando las decisiones democráticas sean incorrectas. Una de las posibles soluciones que se han propuesto a este problema es la "abstención filosófica", que consiste en respetar las decisiones de los ciudadanos que, a diferencia del filósofo, están inmersos en las particularidades de la sociedad y enriquecidos por su pluralismo (Walzer, 1981,393 y sig.). No obstante, a menos que esta inmersión se relacio-

---

* [N. del E.] Versión original en lengua inglesa, "The Epistemological Moral Relevante of Democracy", en Enrico Pattaro (Ed.), *Ratio Juris* Vol. 4 No 1,(1991), pp. 63 a 85, Basil Blackwell & Oxford and Cambrige MA. Traducido al castellano por Gabriela Haymes.

\# El mérito de este artículo corresponde a muchas personas, especialmente a Owen Fiss y Thomas Nagel.

ne con algún tipo de verdad moral superior, no se explica por qué el filósofo debería respetarla y desconocer aquellos principios de conducta que considera correctos y que constituyen, en consecuencia y por definición, razones que justifican acciones (y no meras opiniones)[1].

La propuesta de abstención filosófica pareciera no tomar en consideración que no es sólo el filósofo, sino también el ciudadano común, comprometido con la verdad moral e inmerso en su comunidad, quien enfrenta el dilema entre los dictados de dicha verdad y las decisiones democráticas (tal como lo ilustra mi ejemplo anterior). El problema excede la tensión entre, por un lado, una supuesta verdad moral "universal" (representada por la filosofía) y, por el otro, la democracia, y alcanza al mas amplio conflicto entre cualquier verdad moral (tanto "particular" como "universal") y la democracia. ¿Por cuales razones deberíamos someternos a una decisión democrática si es incorrecta? Quisiera señalar que el problema al que alude Walzer puede ser generalizado, ya que no sólo se presenta en conexión con los procedimientos democráticos de toma de decisiones sino que es la manifestación de un enigma mucho más profundo y significativo, que atañe al gobierno en general: ¿Por qué deberíamos obedecer una norma incorrecta? El problema con el que lidio no se limita a la difícil tarea de justificar la obediencia civil sino que alcanza al de la irrelevancia del derecho para aquella persona que es poseedora de la verdad moral.

Las normas sancionadas por un gobierno no expresan razones autónomas para actuar ya que son reducibles a hechos –conductas, expectativas y actitudes– y ningún hecho constituye en si mismo una razón operativa que justifique una acción[2]. Las normas jurídicas son relevantes para el razonamiento práctico cuando hay principios morales que nos obligan o al menos nos permiten cumplirlas. En algunos casos, esto puede deberse a que el dictado y cumplimiento de las normas modifican el escenario fáctico del que dependen algunas consecuencias moral-normativas. O tal vez este dictado y cumplimiento resuelvan un problema de coordinación

---

[1] Walzer analiza este problema planteado por Wollheim (1967, 71 y sig.), y sostiene que no hay contradicción potencial entre creer que un principio o una política son correctas y creer que es correcto aplicar los principios y políticas votadas por la gente (posiblemente contrarias a las que se creen correctas). Sostiene que la corrección de una política puede ser la razón por la cual se la recomiende y elija mediante el proceso democrático, pero no necesariamente justifica su aplicación. No obstante, si el concepto de corrección moral carece de la dimensión pragmática justificatoria de acciones que se corresponden con tales principios o políticas, debe haber seguramente otro concepto que tenga las mismas consecuencias y que Walzer aplique de manera implícita a aquellas políticas que surgen del proceso democrático. Walzer debería haber explicado por qué este concepto alcanza sólo a las políticas que han sido elegidas democráticamente y la manera en que esto es posible sin recurrir a principios (como los justificatorios de la democracia) de los cuales se derivan conclusiones morales contrarias a los resultados sustantivos del proceso democrático de decisión.

[2] Sobre la cuestión crucial de si los enunciados jurídicos constituyen razones para justificar acciones, véase Nino, 1984b, 1985.

que exigía una decisión colectiva que fuese, con relación a su contenido, moralmente indiferente[3]. Pero el derecho parece poder impactar mucho más profundamente en el razonamiento moral, generando obligaciones que surgen del hecho de que el dictado de una determinada norma fue moralmente necesario. No obstante, cuando intentamos justificar moralmente normas como las del derecho penal o de familia para fundamentar nuestra obligación de actuar conforme a ellas, nos topamos con principios morales que nos señalan la conducta correcta, con prescindencia de tales normas. Entonces, ¿cuál sería la utilidad de estas normas para la persona moral y cuál sería la relevancia moral del gobierno que las dicta? Lo paradójico de estos interrogantes es que para que las normas jurídicas sean operativas y constituyan razones para actuar, debemos recurrir a principios morales que nos permiten u obligan a cumplirlas, cuando, a menudo, son estos mismos principios los que en forma autónoma nos indican la conducta a correcta. De este modo, las normas jurídicas se vuelven irrelevantes para la persona moral[4].

[3] Para una explicación de la relevancia de la función del derecho en la solución de problemas de coordinación, véase Regan 1986, 15 y sig.

[4] El problema de la irrelevancia del derecho para la persona moral descansa en un conjunto de supuestos refutables: (i) que la persona moral vive en una sociedad en la cual el resto de los integrantes son también "santos", (ii) que la persona moral sabe qué es lo que prescribe la moral; (iii) que los principios morales de los que se sirve contienen estándares sustantivos de conducta que se superponen al contenido del derecho. Lamentablemente, un análisis detallado de cada uno de estos supuestos nos distraería del tema central de éste artículo, así que me limitaré a esbozar un breve comentario dogmático de cada uno de ellos:

(*i*) El problema de la irrelevancia del derecho surge aun cuando los restantes miembros de la sociedad en la cual vive la persona moral son distintos a ella. En el caso de que los otros fuesen inmorales, no hay duda de que la persona moral concedería que el derecho es necesario para influenciar sus conductas. ¿De qué manera influirían estas leyes en su razonamiento práctico? Pues no tendrían gran influencia, ya que, a lo sumo, la persona moral podría llegar a admitir que como se necesita del gobierno para inducir a las personas inmorales a obedecer aquellos principios que ella considera correctos, debería tolerarse que las normas jurídicas se alejen ocasionalmente de estos principios, en pos de garantizar la obediencia general a lo que serían las prescripciones moralmente justificadas. En ocasiones, cuando sirviera de ejemplo a los demás, la persona moral debería obedecer normas que no son del todo justas, a menos que la desviación de la norma sea tan grave que desvirtúe un ejemplo que sirviera también para el caso de normas justas.

(*ii*) El enunciado de la irrelevancia parte de que la persona moral conoce qué es lo que los principios morales prescriben. De no mediar esta suposición, ¿surgiría la relevancia del derecho y del gobierno para la persona moral? En principio, si bien luego volveremos sobre este tema, la respuesta es negativa: ¿por qué debería el gobierno conocer los principios morales mejor que un filósofo, un clérigo o cualquier sujeto con un poco de sentido común? Quizás algunas normas sean razones indicativas, en la terminología de Regan (ver nota 5), pero esto se aplica a cuestiones técnicas en vez de morales y esta supeditado al hecho de que los organismos gubernamentales cuenten con más recursos que los particulares para obtener conocimiento relevante.

(*iii*) El enunciado de la irrelevancia moral del derecho también presupone que el sistema moral al cual recurre la persona moral para justificar al derecho puede proporcionar soluciones sustantivas que indican cómo actuar en las situaciones contempladas por las normas jurídicas. Describo a continuación algunos supuestos y explico la razón por la cual deberían ser desestimados:

Creo que detrás del atractivo moral del anarquismo se esconden razonamientos de este tipo (ver, por ejemplo, Wolf 1970)[5]. Al fin de cuentas, el problema en cues-

(1) Los principios morales involucrados pueden ser de naturaleza puramente procesal; algunos de esos principios han sido usados por algunas teorías justificatorias de la democracia y, como tales, no han cumplido su función (es el caso del principio que privilegia el consentimiento de los gobernados). Es sabido que el consentimiento no justifica la asunción de obligaciones que estarían a nuestro cargo aunque no hubiésemos consentido. Otros principios de naturaleza procesal que pretenden justificar al gobierno y al derecho son altamente inviables y están más allá de toda apreciación racional, como los principios que justifican al gobierno en el derecho divino de algunas personas a gobernar.
(2) Los principios morales que justifican al derecho no podrían contener estándares sustantivos de conducta por la simple razón de que toman en consideración sólo valores "formales" como el orden, la paz, la seguridad, etc. Esto coincide con la justificación hobbesiana del gobierno. Pero si se presenta como una justificación moral y no prudencial del gobierno, la omisión de estándares sustantivos de conducta resulta ilusoria. Aquellos valores se fundarían en la necesidad de no frustrar algunos intereses (como el interés en conservar la vida) pero esta preservación de intereses no basta para fundamentar valores como la paz, el orden, etc., ni tampoco al gobierno, ya que la sola existencia de este último implica la satisfacción de algunos intereses y la frustración de otros. Por consiguiente, cuando apelamos a esos valores intentamos que no se frustren aquellos intereses que merecen ser protegidos, sin tomar en consideración los intereses "brutos". Esto implica que hay principios que determinan cuáles intereses son legítimos e indican de qué estándares de conducta pueden ser inferidos.
(3) La persona honesta, para justificar al derecho, recurre a un principio moral que podría ser un principio propio del utilitarismo de la regla que no se aplica a acciones de manera directa sino sólo a normas que, a su vez, remiten a ellas. Pero ya se ha demostrado (ver, por ejemplo, Lyons, 1970) que esta postura presenta numerosas dificultades. Si las normas a las que remite el principio del utilitarismo de la regla fueran ideales, obstaculizarían la distinción entre este principio y el principio del utilitarismo de la acción junto con el requisito de universalización de los juicios morales. Si, por el contrario, las normas fuesen *sociales*, sería complejo explicar por qué el principio utilitario alude sólo a estas normas, que no son más que una serie de conductas y expectativas, en vez de aludir a otro tipo de acciones.
(4) Los principios de la persona moral no siempre ofrecen una solución normativa puesto que podría darse una situación de indiferencia o "empate" moral y, así, la relevancia del derecho para dicha persona estaría justificada en la necesidad de llegar a una solución cuando la moral nada dice. Esto es lo que sucede en situaciones en las que si bien la moral exige resolver un problema de coordinación, la manera en que esto se practica es indiferente en lo que a dicha moral respecta (el ejemplo más recurrente es el del sentido del tránsito). A excepción de estos casos en los que el derecho modifica el escenario fáctico (y que, según Regan, 1986, 18, sólo contribuyen de manera fortuita a la generación de razones para actuar) no queda claro cómo una norma produce estándares de conducta justificatorios cuando no hay motivos para dictar esta norma.

[5] La afirmación de que la nota característica del estado es la autoridad, la potestad normativa, es ilustrativa de la postura que justifica al anarquismo en la necesidad de una aceptación autónoma de los principios morales. Así, la principal obligación del hombre es la autonomía, la negativa a ser regulado. Si todos los hombres tienen la obligación permanente de alcanzar el máximo grado de autonomía posible, no existiría un estado en el que los súbditos sientan la obligación moral de cumplir sus prescripciones. Por lo tanto, la idea de un estado *de iure* legítimo resultaría vacua, y se concebiría al anarquismo filosófico como la única convicción política posible para el hombre ilustrado (Wolf 1970).

Este argumento no toma en cuenta el siguiente hecho: no hay una obligación moral de obedecer una norma injusta, y cuando la norma es justa se convierte en irrelevante para la persona moral. No lo sería, en cambio, para la persona inmoral, quien tendría la obligación moral de obedecerla aun

tión es la dificultad de justificar la transición de la autonomía de la moralidad a la heteronomía del derecho. El sólo hecho de que el gobierno nos ordene hacer algo no justifica moralmente que lo hagamos (si bien puede justificarlo prudencialmente y, por lo tanto, excusarlo moralmente). La decisión de obedecer al gobierno debe ser autónoma y, por ser una decisión que puede afectar a terceros, debemos justificarla en base a un principio moral libremente aceptado. Ahora, si este es el caso, ¿en que medida obedecemos al gobierno en vez de a nosotros mismos? Y si el hombre moral se auto gobernase; ¿cuál seria para él la relevancia moral del gobierno? (además de resolver problemas de coordinación o alterar el escenario fáctico).

Por cierto, este problema tiene consecuencias directas para la justificación de la forma de gobierno democrática. Si la persona moral no necesita del gobierno para llegar a las conclusiones correctas al razonar sobre cuestiones pertenecientes a áreas como el derecho penal, será moralmente irrelevante para él que el gobierno, por ejemplo, sea o no democrático. Si el contenido de una norma jurídica esta determinado por lo que la moral prescribe, debemos cumplir tal norma sin tener en cuenta su origen, ya que lo que estaríamos en verdad obedeciendo es el principio moral que presta validez a dicho contenido. Por el contrario, si el contenido de la norma jurídica es moralmente repugnante, los principios morales a los que acudimos para decidir si optar por su cumplimiento o infracción nos persuadirían de desconocer la norma independientemente su origen.

1. La relación entre verdad moral y discusión moral

Creo, no obstante, que existe una manera de superar estos supuestos problemas, la cual se vislumbra cuando comprendemos que dos de sus presupuestos de carácter meta ético pueden ser cuestionados. El primero refiere a la existencia de un sistema moral completamente independiente de las practicas sociales comprometidas en la constitución, el reconocimiento y el ejercicio del gobierno, que per-

---

la aun cuando no la reconozca como obligatoria. Esto no traería aparejados mayores problemas si la única misión del derecho fuese indicar a las personas de qué manera actuar. Pero la facultad de dictar normas incluye la de coercionar a las personas para que hagan lo correcto, y esto afecta su autonomía. No obstante, la coacción podría encontrar justificación en la aceptación autónoma de principios morales; aun cuando dichos principios tomasen a la autonomía como un valor, la coacción estaría justificada por permitir disuadir actos que afectan, aún más que la coacción, la autonomía de las demás personas (¡es un hecho evidente que una persona ejecutada o mutilada no es plenamente capaz de elegir y cumplir principios morales!). Un abordaje más amplio de este tema se encuentra en Nino, 1984a. En conclusión, la persona moral parecería gozar de un derecho a dictar y hacer cumplir prescripciones dirigidas a las personas inmorales. El problema reside en que como el único requisito sería la corrección de las normas, podría estar justificada una autocracia ilustrada. El anarquismo de facto sólo prosperaría si las personas tuvieran diferentes convicciones morales básicas y la fuerza suficiente como para hacerlas cumplir. Pero no es este el anarquismo filosófico que defiende Wolff.

mite que el ciudadano moral, quien debe recurrir a dicho sistema moral para justificar su obediencia al gobierno y a sus normas jurídicas, puede decidir sin necesidad de considerar aquellas prácticas. El segundo presupuesto es similar al anterior, pero concierne a la esfera epistemológica en vez de la ontológica: sugiere que podemos tener acceso cognitivo a tal orden moral, el cual es independiente de las prácticas propias del gobierno y del derecho, de una manera autónoma en lo que respecta a estas prácticas.

Si no existiera un orden moral independiente del derecho, este último no sería irrelevante para la configuración de razones para actuar.

Por cierto, el convencionalismo, que es una variante social del subjetivismo, niega la independencia del orden moral. Pero las falencias de ésta postura son conocidas: por ejemplo, da a entender que en un debate moral la posición minoritaria es, por definición, falsa y esto la hace incapaz de explicar el progreso moral (que ocurre cuando la mayoría adopta una postura anteriormente minoritaria), generando un conservadurismo moral absoluto.

Hay una variante más compleja y aguda del subjetivismo social que también niega el presupuesto de un orden moral independiente. Se trata de la tesis comúnmente identificada como una especie del constructivismo ético, según la cual las razones morales se construyen mediante la práctica de la discusión moral. Los principios morales serán válidos si surgen de un proceso de discusión con restricciones formales[6] que, naturalmente, no podrán ser morales si no suponemos la existencia de un orden moral independiente.

Sería oportuno cuestionarnos la sensatez de la explicación del vínculo entre verdad moral y discusión moral que propone la tesis anterior. Los principios morales válidos son concebidos por esta como el resultado final de la práctica de la discusión en los casos en los que se obtiene consenso. Pero, ¿cuál sería el tema objeto de la discusión? Ciertamente no serían los principios morales puesto que éstos son el resultado de dicha discusión. Podría entonces tratarse de los intereses de los participantes pero, de ser este el caso, cabría preguntarse qué aspecto de tales intereses está en discusión. Definitivamente no puede ser el hecho de que la persona A tenga un interés de una intensidad 1 y que la persona B tenga un interés de una intensidad distinta, ya que esto no ameritaría una discusión y, en caso de hacerlo, sería muy difícil que progresara la discusión habiendo sido planteada en estos términos. En realidad, lo que se debate es la legitimidad de algunos intereses y esto implica que existen principios morales cuya validez no está subordinada al resultado del debate. De hecho, todo debate moral apela a principios

---

[6] Para esta postura la discusión moral sería una forma de justicia procesal pura, según terminología de Rawls (1971), ya que la validez de los principios morales dependería exclusivamente del resultado de seguir sus pautas.

morales en modo directo o indirecto, cuando las partes defienden tanto los principios morales como aquellas soluciones que los presuponen. De esta manera, si la discusión moral es profunda e ilustrada buscará determinar cuáles son los principios morales que solucionan el problema que dio origen al debate.

¿Cuál es el criterio de validez de los principios morales que interviene en la práctica del debate moral? En otro lugar sostuve que dicho criterio, arraigado en la practica social de la discusión moral, se funda, del mismo modo que ciertas propiedades formales de los principios morales (como la universalidad, generalidad, finalidad, superveniencia, etc.), en la aceptación hipotética de tales principios por parte de los sujetos afectados, en condiciones ideales de parcialidad, racionalidad y conocimiento de los hechos relevantes. Si durante una discusión moral un individuo sostiene la legitimidad de su interés X, creo que lo que quiere decir es que X está respaldado por un principio que los demás aceptarían si fuesen completamente imparciales, racionales y conocieran los hechos relevantes, condiciones éstas que buscamos concurran en las discusiones morales reales puesto que probablemente garanticen la unanimidad.

No obstante lo anterior, deberíamos rechazar la postura precedente que propicia concebir los principios morales como el resultado de la discusión moral verdadera. En todo caso, estos principios serían el resultado de un consenso ideal al que nos referimos en la discusión moral verdadera

La pregunta que corresponde ahora hacerse es si esta crítica del constructivismo implica la inviabilidad de esta solución, la cual demuestra la importancia que tienen tanto la discusión moral como el proceso democrático para el razonamiento moral. La respuesta no necesariamente es afirmativa. En vez, sí sería inviable la variante del constructivismo ontológico que entiende a la discusión moral como una manera de establecer principios morales. Podemos adherir, no obstante, al constructivismo epistemológico para el cual la discusión moral otorga una prelación en el acceso al conocimiento de las razones morales. Entonces, en pos de dar respuesta a nuestros interrogantes, no negaríamos la existencia de un orden moral que es independiente de las prácticas sociales, sino la posibilidad de un acceso *independiente* y aislado a dicho orden[7]. La tesis central del cons-

---

[7] Podemos admitir que hay algo de cierto en el constructivismo ontológico: si bien los principios morales válidos no son los que surgen de la práctica real del debate moral, están constituidos por esa práctica en el sentido de que su validez se supedita a normas implícitas (como la que alude a la aceptabilidad de los principios en condiciones ideales). Esto despierta el interrogante sobre la justificabilidad de la práctica de la discusión moral. En resumen, la pregunta carece de sentido. No podría haber una justificación moral de dicha práctica sin presuponer sus normas, ni tampoco podría haber una justificación prudencial, ya que sus normas establecen que los principios morales que definen son superiores a cualquier otra razón, aún de tipo prudencial. Sí sería posible, en cambio, explicar el surgimiento de esta práctica en escenarios sociales tan diversos así como nuestra tendencia espontánea a participar en ella. Véase Nino, 1984a, capítulo 3.

tructivismo epistemológico sería que la práctica de la discusión facilita el *acceso a la verdad moral*.

En mi visión, el fundamento de esta postura se vincula, por una parte, con la circunstancia de que en la discusión moral procuramos reproducir aquellas condiciones que permiten llegar al consenso ideal y, por otra parte, con el hecho de que la discusión nos conduce a un acuerdo que normalmente refleja dicho consenso. Las pautas a seguir por quienes participan en la discusión obligan a determinar cuáles son los principios que personas imparciales, racionales y omniscientes, con distintos intereses, tendencias e idiosincrasias, estarían dispuestas a aceptar para dar solución a sus conflictos. En tanto gran parte de quienes estén en conflicto decidan participar en la discusión, y siempre y cuando representen aquellos intereses, tendencias y proyectos de vida que, por ser divergentes, originaron tal conflicto; y haya existido un debate profundo que permitió el planteo y la discusión racional de la información relevante, se presume que el consenso unánime que se obtuvo en la discusión real es igual al que, en condiciones ideales, hubieran obtenido quienes son parte de conflictos similares. La participación de los sujetos afectados garantiza que el consenso real obtenido se asemeje, de la manera más próxima posible, al consenso ideal, siempre que hayan sido aceptadas las pautas de la discusión. No existe tal garantía cuando los individuos, de manera aislada, reflexionan sobre cuestiones morales, ni cuando la discusión se circunscribe a personas que comparten la misma idiosincrasia, caso este último que implica renunciar a la imparcialidad pues no se da su debida importancia a los intereses de quienes fueron excluidos de la discusión. Se puede decir que, en principio, no hay nadie mejor que nosotros mismos para juzgar nuestros propios intereses.

Esta visión del conocimiento moral no comparte las conclusiones del convencionalismo ético puesto que, en primer lugar, no todo consenso unánime sería válido, sino que sólo lo sería el consenso obtenido en una discusión en la que se cumplieran en forma plena las condiciones de heterogeneidad, claridad, argumentación racional, información, etc. En segundo lugar, en tanto es imposible cumplir de manera acabada estas condiciones, el consenso gozará solo de presunción de validez, que dependerá del grado de cumplimiento de las condiciones, y que podrá ser revocada si se demuestra que el resultado hubiese sido otro en condiciones ideales.

2. La relación entre discusión moral y democracia

El propósito de éste artículo es establecer un vínculo entre verdad moral y democracia posibilitado por la discusión moral. En la sección previa me explayé sobre la relación entre verdad moral y discusión moral. A continuación, abordaré la relación entre discusión moral y democracia.

Si la discusión que nos otorga prelación en el acceso a los principios morales tuviera lugar en el origen y durante el funcionamiento del gobierno, éste sería necesario para la determinación de las razones morales para actuar. Dado que se describe a la democracia como el gobierno de la discusión por excelencia, ésta postura aportaría una justificación de la democracia. Dicho en otros términos, entenderíamos la democracia como la única forma legítima de gobierno puesto que solamente esta forma de gobierno y no otra no sería relevante para quienes desean adecuar su conducta a la moral. La democracia permite que las discusiones que versan sobre ésta moral se conviertan en una nota esencial del gobierno.

¿Pero cuál sería la relación entre democracia y discusión moral? Una respuesta posible sería la siguiente: la discusión moral no es sólo un medio de conocimiento moral sino también un procedimiento práctico de resolución de conflictos mediante el acceso compartido a tal conocimiento. Estamos ante una práctica social orientada a obtener consenso unánime en lo que respecta a ciertos principios que nos proporcionan la justificación fundamental de las conductas y las instituciones. Con frecuencia quienes se ven afectados por una determinada medida logran un consenso, y en estos casos la práctica de la discusión moral posibilita el conocimiento moral y además cumple con su función social, latente, de evitar conflictos y favorecer la cooperación entre individuos con intereses opuestos. Sin embargo, en algunas ocasiones la discusión moral no resulta efectiva: existe un supuesto en el que, en ocasión de la adopción de una medida, no se obtiene consenso unánime, e intentar llegar a un consenso implicaría favorecer a quienes (la minoría tal vez) propugnan preservar el *status quo*, vale decir, no adoptar decisión alguna. Por consiguiente, en estos casos se impone adoptar una u otra decisión, y se debe optar por el procedimiento que permita un resultado lo más próximo posible al consenso unánime ideal: la decisión por mayoría simple, puesto que el requisito de mayoría calificada otorga a la minoría derecho de veto. De este modo, la democracia como la regla de la mayoría operaria como un sustituto de la discusión moral común pues sería una forma regimentada de esa discusión, a la cual recurriríamos en caso de no obtener consenso en el tiempo necesario.

La conclusión anterior se construye a partir de una hipótesis que, si bien resulta en principio atractiva, su argumentación presenta mayores dificultades, y que dice que el procedimiento de decisión por la mayoría normalmente tiene resultados más próximos al requisito de imparcialidad que los resultados de cualquier otro procedimiento.

Al cotejar el funcionamiento del proceso democrático con el judicial notamos que, en éste último, la imparcialidad depende de que una o varias personas tengan la supuesta firmeza moral y capacidad intelectual que son necesarias para juzgar de manera justa y objetiva los intereses en juego. A esta imparcialidad se suman mecanismos que impiden la intervención de aquellos jueces que tuvieran algún interés particular en el conflicto. Según otras versiones, el valor que la discusión libre y pública tiene para la imparcialidad no nos autoriza a inferir el valor del proceso mayoritario, ya que el primero podría extender el alcance del proceso judicial a la esfera política, y tendríamos a un dictador benévolo cumpliendo el rol juez. Sin embargo se pueden señalar dos obstáculos a la anterior extensión: en primer lugar, el procedimiento de selección democrático, por su cualidad de imparcialidad, favorece la designación de jueces que poseen este último atributo, mientras que no hay garantías de que el procedimiento por el cual surge un dictador fomente su actuación imparcial. En segundo lugar, a diferencia de lo que ocurre en el proceso judicial, es casi imposible mantener aislados los intereses de quienes deciden asuntos políticos de gran envergadura que afectan a la mayoría de las personas.

Es así que todos son parte y juez en este proceso. Resulta oportuno reflexionar sobre la expresión "todos". Ciertamente, la imparcialidad del procedimiento democrático se vería gravemente amenazada si se formara una coalición mayoritaria estable que se opusiera a la minoría, cuyos intereses no son tenidos en cuenta. Por tratarse de un riesgo cierto, y para prevenir sus consecuencias más devastadoras, algunos derechos fundamentales se suspenden durante este proceso, con miras a resguardar a las minorías o intereses vitales. Pero es indispensable dar a este riesgo su dimensión justa; a diferencia de las decisiones de una sola persona o un grupo minoritario, el principal mérito de un procedimiento de decisión por mayoría simple es que los interesados se esfuerzan por obtener la adhesión de la mayor cantidad posible de personas, incluso después de superada la mayoría simple. Pues es sabido que, al quedar excluida, la minoría mejorará su propuesta a los grupos de la coalición mayoritaria e intentará quebrarla hasta último momento. Es esta la razón por la cual quienes procuran formar coaliciones mayoritarias difícilmente se abstengan de atraer a las minorías estables, a menos que los movilicen sentimientos irracionales, de tipo racistas, por ejemplo. Cuanto mayor sea el grado de marginalización de la minoría, menor será el costo de integrarla a una coalición mayoritaria alternativa.

El procedimiento de adopción de decisiones por mayoría, cuando no funciona de manera distorsionada, constituye un fuerte incentivo para los ciudadanos que intentan convencer a otros de la corrección de su propuesta. En estos encuentros, cada participante es abogado y juez al mismo tiempo: expone sus intereses cuando cree que no fueron considerados por su adversario, presenta su propuesta de un modo que convenza al otro de que sus intereses son tenidos en cuenta, atiende los reclamos del otro si éste considera que sus intereses fueron obviados y debe juzgar y refutar la propuesta de su adversario. Lo ideal sería que todo esto se diera en un contexto de publicidad o, al menos, de comunicación suficiente entre los ciudadanos. En consecuencia, la propuesta que haga una persona a un grupo no podrá referirse exclusivamente a sus intereses ni ser completamente indiferente a los de otros grupos, ya que de ser así erosionaría la credibilidad de dicha persona al momento de negociar con éstos últimos.

Será necesario que cada participante del proceso exponga sus intereses, para que todos puedan saber si sus propios intereses han sido previstos por las diferentes propuestas, y que exprese cuál sería en su visión el principio que permite el justo equilibrio entre sus intereses y los de los demás. La necesidad de sumar adeptos a su causa, junto con la manera en que se negocia ese apoyo, son un incentivo poderoso para adoptar una postura imparcial. La tendencia individual a la imparcialidad, fomentada por el proceso de discusión y negociación, tendrá un resultado colectivo: la posibilidad de llegar a soluciones imparciales. Teoremas como los de Condorcet (1985) y Grofman et al. respaldan la anterior afirmación pues, en síntesis, indican que a medida que más de aquellos individuos que tienen mayores probabilidades de adoptar una decisión correcta, toman la misma decisión, por un proceso de decisión por mayoría, se incrementan las posibilidades de que dicha decisión sea correcta, e indican también que la decisión de la mayoría tiene más probabilidades de ser correcta que la del miembro más competente del grupo.

El cumplimiento de los requisitos de tipo procesal para justificar el voto con fundamentos que sean aceptados por votantes imparciales, racionales e informados, sumado a la necesidad de conseguir partidarios, favorecen la formación de una tendencia individual a la imparcialidad. Esta tendencia podrá tener alcance psicológico como resultado del impacto educativo provocado por la exposición a la práctica de la discusión y la decisión democráticas (y al argumento según el cual la mejor manera de parecer justo y confiable es, simplemente, siéndolo; véase Nelson, 1980). El valor del proceso no se verá menoscabado por el hecho de que los participantes no deseen actuar justamente; bastará que defiendan su voto ante los demás e intenten ganar la mayor cantidad posible de adeptos.

De esto no se desprende que siempre la solución de la mayoría será más imparcial y, en consecuencia, más correcta que la de la minoría. El argumento es que las exigencias de la mayoría simple propician un proceso de negociación imparcial y, entonces, los resultados del proceso colectivo tendrán más chances de ser imparciales que las decisiones que hubiese a las que hubiese dado lugar un proceso electoral que favorece a determinadas personas o grupos.

Si la solución ganadora contó con el apoyo de una amplia mayoría – podríamos decir un 70% de los votos contra el 30% y no sólo 51% contra el 49% – nos habilita a pensar que la propuesta mayoritaria es más imparcial que la minoritaria, dado que si no tomara en consideración la mayor cantidad de intereses posibles, hubiese sido difícil convencer a una mayoría tan amplia, y se hubiese expuesto a la coalición al riesgo de que las minorías intentasen quitarle votos. El argumento anterior no justifica el requisito de una mayoría calificada, pues ésta permitiría a la minoría continuar el *status quo* mediante el ejercicio del poder de veto, y la mejor manera de fomentar la formación de mayorías amplias es precisamente permitiendo que gane la mayoría simple. El valor epistémico de una decisión adoptada mediante el proceso mayoritario no surge de que sea más correcta o de que su imparcialidad sea superior a la de la postura vencida, (aunque a menudo así nos parezca) sino que se origina en el hecho de que posiblemente sea más imparcial y, entonces, más correcta que la decisión que hubiesen tomado un individuo o una minoría fuera del marco del proceso democrático.

Esto refuerza la conclusión de que la validez moral de las decisiones adoptadas en un proceso democrático variarán según el mayor o menor grado en que dicho proceso se aparte de las reglas de la práctica de la discusión moral. De lo dicho anteriormente, inferimos que este proceso debería maximizar las posibilidades de un debate abierto, libre y reflexivo previo a la toma de una decisión, en el que participen todos los interesados (no hay duda que las democracias reales distan de cumplir con todas estas requisitos y es por ello que generalmente la presunción de validez de la que gozan sus resultados es débil. La presente justificación de la democracia no sólo pretende dar cuenta de su valor sino también mostrar la manera de maximizarlo). La presunción se verá fortalecida en la medida en que más personas lleguen a una misma conclusión, a diferencia de quienes apoyan soluciones alternativas.

Por otro lado, la fuerza obligatoria de una decisión que contó con el apoyo de una mayoría muy estrecha no se funda en su presunción de verdad moral sino en el hecho de que si no reconociéramos dicha obligatoriedad, no se podrían formar mayorías más amplias.

Para esta postura la democracia tiene un valor epistemológico. Se trata de un método válido para acceder al conocimiento moral, que incluye entre sus componentes esenciales tanto al debate como al acuerdo mayoritario y nos acerca así a la verdad moral. Por otro lado, un individuo que, sin reflexionar, o por vía de la reflexión individual aislada, formula juicios morales, no siempre asume que en condiciones ideales hubiesen sido aceptados unánimemente por los interesados. Es altamente improbable, aunque no imposible, que alguien tome en cuenta la totalidad de los intereses de todas las personas afectadas por una medida si no hubo antes una confrontación de intereses. La discusión con otros, además, nos permite ver los errores de razonamiento que se esconden detrás de algunas convicciones morales.

Aún cuando sepamos que la decisión a la que se llegó en la reflexión individual es correcta y la de la discusión democrática incorrecta, hay buenas razones para obedecer a ésta última pues de lo contrario la última instancia de nuestro juicio moral sería la reflexión individual, lo cual estaría en total contradicción con nuestra creencia de que el proceso democrático de discusión y decisión es, en términos generales, un modo más confiable de llegar a la verdad moral.

Esto nos sugiere que, en general, la persona moral desconoce las razones morales, a pesar de que quiere actuar de acuerdo con ellas. El proceso democrático de discusión y decisión puede posibilitar el conocimiento de principios morales válidos, si bien no siempre de manera certera ni absolutamente confiable, pero existe siempre la posibilidad de modificar la decisión adoptada de acuerdo con las características que creemos que hubiera tenido la decisión en caso de consenso ideal. Cuando la razón para obedecer a las autoridades democráticas es poco convincente resulta necesario complementarla con otra clase de razones, tal vez de tipo consecuencialistas. Pero también funciona en el sentido inverso: el tipo de razón que estamos analizando tiene base en las características intrínsecas del proceso democrático, que contribuyen a la justificación de la obligación de obedecer los resultados de ese proceso cuando sus consecuencias son inciertas o difusas.

4. Autonomía y derechos

¿De qué manera explica esta postura la imposibilidad de pasar de la autonomía de la moral a la heteronomía del derecho y la subsiguiente irrelevancia del gobierno? Parecería superar este problema puesto que la aceptación de las decisiones democráticas no implica someterse a un imperativo o a una prescripción sino admitir ser guiados por una presunción epistémica. Significa también que la democracia es la única forma de gobierno que lo hace moralmente relevante y compatible con la autonomía de las razones morales[8].

Aquí aparece otra fuente de tensión que concierne al concepto de autonomía moral: la tensión entre, por un lado, el conocimiento moral y, por el otro, la decisión moral. Según han sostenido otros autores, si llegamos a los principios morales mediante un método epistémico como, por ejemplo, la discusión y el acuerdo, ¿qué sentido tendría la decisión de adoptar principios morales? Dicho en otros términos, si la moralidad es una cuestión de conocimiento no podría ser entonces el resultado de una decisión autónoma. Modificar el concepto de autonomía moral quizás sea la única alternativa a este problema. No habría autonomía sólo porque

---

[8] Naturalmente, se toma en cuenta sólo un aspecto del derecho a gobernar: la facultad de decirle a los demás lo que deben hacer, y se deja de lado el otro aspecto esencial, que es la facultar de coaccionarlos para que lo hagan. Como dije en la nota (5), quizás esto encuentre razón de ser en la maximización de la autonomía agregativa de las personas, sin olvidar que los actos disvaliosos son aún más nocivos para esa autonomía que la coerción que se necesita para prevenirlos (véase Nino, 1984a). Resta de todos modos encontrar una justificación a la distribución de autonomía provocada por la imposición de penas. Creo que dicha justificación la proporciona el consentimiento que subyace de manera implícita cuando se comete intencionalmente un acto ilícito con conocimiento de que trae aparejada una pena (véase Nino, 1983).

la decisión de adoptar un principio moral fuera individual, precipitada y aislada; para que aquella se configure es necesario poder participar libremente en un debate que sea público, lo más profundo posible y en el que se busque llegar a un consenso unánime o, de no ser este posible, a una mayoría, sin perjuicio del derecho a revisar ese resultado cuando se demuestre que no coincide con resultado hipotético de un consenso ideal. Cuando un principio fue adoptado precipitadamente sin un previo trabajo colectivo de discusión, no estamos ante una manifestación de autonomía moral sino de fanatismo y arrogancia, puesto que la autonomía es una facultad que exige ser ejercida, en parte, en forma colectiva.

No obstante, el individuo conserva su capacidad de juzgar por si mismo el grado de cumplimiento de las condiciones de la discusión moral genuina y si las consecuencias de las condiciones de esta discusión han sido reconocidas. Esto integra el contenido de los derechos fundamentales a priori, que se determinan –acá hay una analogía con el "método kantiano trascendental"– analizando las condiciones del conocimiento de cuestiones morales como los derechos a posteriori, llamados así por haber sido establecidos a través del proceso de discusión moral mismo y no de sus condiciones o presupuestos.

Algunos derechos fundamentales a priori, como la libertad de expresión, pueden derivarse de las condiciones de la discusión moral y del proceso democrático, puesto que estos procesos necesitan de dichos derechos para invocar una prelación en el acceso a la verdad moral. Sería también posible, aunque más complejo, derivar otro tipo de derechos a priori de los presupuestos de la práctica de la discusión moral y su sucedáneo: el proceso democrático. Por citar un ejemplo, si entendemos que el objetivo implícito que se esconde detrás de participar honestamente en la discusión moral es convencer a los otros participantes de que acepten libremente un principio de conducta, esta participación implica que reconocemos el valor de la autonomía moral, del cual podemos derivar un principio mas restringido de autonomía personal. (Nino, 1884a, capítulo 4.)

Creo que el campo del conocimiento moral a posteriori abarca no sólo políticas, en contraposición a derechos (Dworkin, 1977, 90-100), sino también el alcance de éstos últimos, vale decir, la clase de conductas (acciones u omisiones/activas u omisivas) que los infringen, y sus correlativos deberes (sean de tipo pasivo o positivo). El alcance de los derechos tiene incidencia en otra cuestión moral fundamental, quizás también objeto del conocimiento a posteriori, que es la de resolver *conflictos* de derechos (los dilemas morales tradicionales aportan ejemplos de esta clase de conflictos).

Detrás de este enfoque subyace una especie de teoría meta-ética de dos niveles según la cual el primer nivel es el del conocimiento moral a priori y proviene de –los presupuestos y las condiciones del segundo nivel que, a su vez, es a posteriori de los resultados de la discusión moral y del proceso democrático. Esta teoría meta-ética mixta trae aparejada una forma mixta de gobierno: por un lado, un sistema democrático de toma de decisiones que resolverá aquellas cuestiones que exigen una perspectiva imparcial, y, por otro, un procedimiento de control que permita comprobar si las condiciones y los presupuestos del primer nivel son tenidos en cuenta[9].

A cada uno de los dos estratos del conocimiento moral le corresponden distintos grados de certeza. Podemos sentirnos más seguros (si bien tampoco deberíamos confiarnos si carecemos de una formación intelectual correcta y no meditamos el asunto lo suficiente) de nuestras conclusiones respecto de las condiciones y presupuestos de la discusión moral que de las conclusiones obtenidas mediante la reflexión aislada sobre lo que seria aceptable para las personas imparciales, racionales y omniscientes dado que, si no confrontamos nuestra posición con la de otros, seguramente pasaremos por alto muchos de sus intereses.

Los distintos grados de certeza de nuestro conocimiento moral guardan relación con el grado de justificación de nuestras conductas en defensa de las posiciones morales que consideramos correctas (esto también rige para las relaciones internacionales y para las posibles intervenciones extranjeras en defensa de principios morales). Si no existe un procedimiento de control justo que tutele los derechos a priori contra las embestidas de las decisiones de la mayoría, la persona moral no tendrá otra opción que ignorar o resistirse a tales decisiones, por ejemplo, mediante la objeción de conciencia o incluso la desobediencia civil (cf. Nino, 1984a, Capítulo 7). Pero si la conclusión a la que llega el individuo respecto de cuestiones de conocimiento moral a posteriori es distinta a la de la mayoría, se verá compelido, casi sin excepción, a abogar por la continuación de la discusión pública y por que se modifiquen las decisiones colectivas previas, en cuyo caso la persona moral ejercerá su autonomía participando en este proceso y sometiéndose a sus resultados que son, supuestamente, expresión de la verdad moral.

La presunción de validez moral de la que gozan las decisiones democráticas explica por qué contamos con razones morales que nos obligan a obedecer normas que prescriben una determinada conducta cuando, de no ser por dicha prescripción, y si nos guiáramos sólo por nuestro juicio individual, no habría razón alguna para cumplirla o, incluso, tendríamos razones para no cumplirla. El origen democrático de una norma jurídica constituye una razón para creer que exis-

---

[9] Mi postura, en resumen, es que no se justifica trasladar de un proceso democrático a un poder judicial no electivo decisiones importantes respecto del alcance de los derechos, excepto en los casos en que: i. hubiese sido cuestionado el buen funcionamiento del proceso democrático; ii. la norma que ha sido cuestionada se fundase en un ideal de excelencia personal respecto del cual la democracia carece de valor epistémico (dado que su validez no depende de su imparcialidad ante intereses opuestos); iii. estuviese en riesgo la continuidad de la práctica constitucional que otorga eficacia a las decisiones democráticas.

ten razones para obedecer las prescripciones de la norma. La superioridad moral de la democracia radica en que nos proporciona razones para hacer aquello que creemos tener razones para hacer.

BIBLIOGRAFÍA

Condorcet, Marquis de. 1985. *Essai sur l'analise a la probabilité des decisions rengues á la pluralité des voix*. Paris: Flammarion.
Dworkin, Ronald. 1977. *Taking Rights Seriously*. London: Duckworth.
Grofman, Bernard, Guillermo Owen y Scout L. Feld. 1983. "Thirteen Theorems in Search of Truth." *Theory and Decision* 15: 261-78.
Kornhauser, Lewis y Lawrence G. Sager. 1986. "Unpacking the Court." *The Yale Law Journal* 96.
Lyons, David. 1970. *Forms and Limits of Utilitarianism*. Oxford: Clarendon.
Nelson, William. 1980. *On Justifying Democracy*. London: Methuen.
Nino, Carlos S. 1983. "A Consensual Theory of Punishment". *Philosophy and Public Affairs* 12.
——. 1984a. *Ética y derechos humanos*. Buenos Aires: Paidós.
——. 1984b. "Legal Normas and Reasons for Action." *Rechtstheorie* 14.
——. 1985. *La validez del derecho*. BuenosAires: Astrea.
Rawls, J. 1971. *A Theory of Justice*. Cambridge, Mass.: Yale University Press.
Regan, Donald H. 1986. "Law's Halo." *Social Philosophy and Policy* 4.
Walzer, Michael. 1981. "Philosophy and Democracy." *Political Theory* 9: 379-99.
Wolff, Robert Paul. 1970. *In Defense of Anarchism*. New York: Harper and Row.
Wollheim, Richard. 1967. "A Paradox in the Theory of Democracy". En *Philosophy, Politics and Society*. Edit. P. Laslett y W. G. Runciman. Oxford: Oxford University Press.

DE PRÓXIMA APARICIÓN

LOS ESCRITOS DE CARLOS S. NINO

Autor: Carlos S. Nino
Editor: Gustavo Maurino

Volumen 3: *Fundamentos de derecho penal*

Reúne los trabajos del Dr. Nino acerca de los fundamentos filosóficos de la responsabilidad penal, con los cuales produjo su tesis en la Universidad de Oxford. Se incluyen distintos trabajos sobre temas generales de la dogmática penal, así como la relación entre los fundamentos de la autoridad política y el sistema penal

Volumen 4: *Teoría constitucional*

Comprende los innovadores textos sobre teoría constitucional que concentraron la atención del Dr. Nino a partir de 1990. También incluye sus artículos sobre el rol del poder judicial en las democracias constitucionales, junto con una serie de trabajos sobre los derechos fundamentales en los que proyectó y profundizó sus concepciones metaéticas y de filosofía política.

Volumen 5: *Consolidación de la democracia*

Está dedicado a las contribuciones del autor sobre la estructura institucional de los países latinoamericanos y los desafíos que afrontaron a partir de la década de los 80 en su camino hacia el establecimiento de prácticas democráticas de gobierno. En estos escritos se desarrollan temas como la respuesta democrática a las violaciones de derechos humanos perpetradas por las dictaduras y las reformas institucionales deseables para asegurar la legitimidad de las democracias en Latinoamérica.

Se terminó de imprimir en
Artes Gráficas Piscis S.R.L., Junín 845,
(C1113AAA) Buenos Aires, Argentina,
en el mes de marzo de 2007